VI
NA
GRE
COLT
MAILLE

La magia de la cocina

La magia de la cocina

Carme Ruscalleda

Con ilustraciones de Pilarín Bayés

BRIDGE

Primera edición: noviembre de 2017

Diseño de la portada y del interior: Jordi Navarro TemaBCN
Maquetación: Endoradisseny

Traducción del catalán: Olga García
Edición: David Monserrat
Dirección editorial: Iolanda Batallé Prats

Casa Catedral®
Josep Pla, 95. 08019 Barcelona
facebook.com/catedral.books
twitter.com/CatedralBooks
instagram.com/catedral.books

Impreso en Liberdúplex

Depósito legal: B-22.824-2017
Impreso en la UE
ISBN: 978-84-16670-22-2

Llena de ilusión, dedico este recetario a mis nietas,
Mar y Tina,
y muy especialmente a las futuras generaciones,
esperando que puedan disfrutar de un planeta con
alimentos naturales.

Carme Ruscalleda, 2017

Presentación

Desde muy pequeña, la cocina era una de las actividades que más me cautivaban de entre todo lo que sucedía a mi alrededor. El espacio destinado a la cocina era tan rural como el resto de la casa donde vivíamos, situada en el centro de Sant Pol de Mar. Era la casa de una familia payesa, con un zaguán grande para recibir el carro con caballo que llegaba por la tarde, cargado con las viandas para vender en la misma entrada. Vendíamos la producción agrícola: hortalizas, legumbres, vino de la viña y leche de las vacas que teníamos en otra casa, cercana a la que habitábamos. Al fondo de la vivienda, junto a la bodega, había un gran espacio al aire libre, un patio con plantas, lavaderos, pozo, gruta, retrete, gallinero, conejar y el establo para el caballo y el cerdo.

La cocina se encontraba en el centro mismo de la casa, con baldosas rojas, armario esquinero, chimenea, cocina económica, dos fogones de carbón y uno de petróleo. Recuerdo el revuelo que ocasionó la llegada a casa del gas butano, y la primera nevera, que enfriaba con un trozo grande de unas barras de hielo que iban vendiendo por la calle, y más tarde una eléctrica, que aportó a la familia un gran confort alimentario, sobre todo en verano.

Todo se desarrollaba alrededor de la cocina, era como el corazón de la vivienda: desde allí se propagaban aromas que invadían toda la casa, anunciando la escudella, las habas, las alubias o las patatas a la cazuela, el arroz y el asado de los días de fiesta. Sin darme cuenta, aprendí que los productos eran distintos cada temporada, y que traían a nuestra mesa sabores, colores y formas diferentes. En invierno, naranjas, espinacas, acelgas, coles o berzas y escarolas. En primavera, cerezas, albaricoques, nísperos, fresas, guisantes, habas, ajos, cebollas y patatas nuevas. En verano, melocotones de agua, peras, ciruelas, judías verdes, calabacines, berenjenas, tomates, melones, sandías y pepinos. En otoño, melocotones de viña, manzanas, membrillos, calabazas, judías pochas, coliflores y mandarinas.

Aprendí a cocinar de manera natural, ayudando a mi tía abuela y a mi madre. Tengo recuerdos de hacerlo subida en un taburete. Cuando era muy pequeña me encargaba de cocer las judías para cenar; la nuestra era una cocina sencilla y de proximidad, utilizando las hortalizas de temporada, carne y pescado, y una buena variedad de legumbres: garbanzos, lentejas, alubias rodilla de Cristo, del sastre, de la floreta, del carai o del ganxet. Era tarea mía ir a comprar cada día por la tarde-noche el pescado de playa, limpiarlo y tenerlo a punto para que mi madre lo cocinara frito o en caldo marinero, acompañado de las legumbres cocidas y de una buena bandeja de ensalada.

La cocina se ha convertido en el hilo conductor de mi vida: primero en la tienda de mis padres, trabajando las técnicas del cerdo, elaborando embutidos tradicionales; y más tarde, junto con mi marido, Toni Balam, incorporando a la tienda una sección de comida para llevar: croquetas, pasta fresca, fiambres y embutidos creativos, asados, rellenos, estofados y canelones. La tienda fue el punto de partida que nos llevó a ambos a sentir la fuerza y el impulso necesarios para abrir el restaurante Sant Pau en Sant Pol de Mar el verano de 1988.

Trabajando cada día con compromiso y respeto, me hice cocinera profesional, una cocinera autodidacta, formada en la tradición doméstica de El Maresme, y con una inquietud profesional y personal que me lleva a no dejar nunca de estudiar, de descubrir, de probar e investigar. Siento y vivo la cocina como una expresión artística, y me considero muy afortunada por el hecho de haberme incorporado a esta profesión en un momento en que la sociedad contempla nuestro trabajo como una fuente de ideas nuevas e interesantes, y también de propuestas saludables.

Y es que la cocina puede ser también, si uno se lo propone, prescriptora y difusora de productos de culturas gastronómicas de todo el mundo. Por ello pienso que ya nadie duda de que la cocina es cultura, y precisamente por eso es tan interesante viajar y descubrir otras maneras de comer. En 2004 comenzamos a trabajar, desde Sant Pol de Mar, para el Sant Pau de Tokio: no hay duda de que trabajar tan estrechamente con Japón me ha abierto la mente a nuevos productos, nuevos sabores y nuevas técnicas culinarias que han mejorado nuestra tarea profesional.

La idea de este libro proviene de Pilarín Bayés, que rápidamente me animó a participar en el proyecto de escribirlo e ilustrarlo a cuatro manos. Con Pilarín queremos explicar, de manera llana, sencilla, divertida, fácil, y también rigurosa, el concepto *cocina*. Cocinar no es difícil, pero es preciso tener unos conocimientos técnicos de lo que ocurre durante cada proceso de elaboración. Para ello hay que contar con información sobre los productos, datos relacionados con su composición, origen, temporalidad y valores gustativos, nutricionales y saludables. Naturalmente, también es necesario tener claro qué pasos de técnica culinaria hay que seguir para conseguir un plato bien cocinado, y disponer de una cocina correctamente equipada con los utensilios más básicos.

En estas páginas no hablaremos de «trucos» ni de «secretos» culinarios, pero queremos transmitir la magia que contiene la cocina. Así, el libro profundiza en las diversas técnicas culinarias, las más sencillas, las básicas, las que hay que conocer para lograr unos excelentes resultados. Uno de los objetivos de nuestro libro es que os enamoréis de la cocina y que la pongáis en la lista de las cosas más interesantes de vuestra vida.

La gastronomía busca la excelencia en las cosas del comer, y no nos pondremos aquí a cocinar tan solo con la pretensión de alcanzar un resultado mínimamente comestible o de supervivencia. Tenemos que ponernos a cocinar con la voluntad de no perder el tiempo en la cocina. Cocinar

es invertir un tiempo precioso, que se convertirá en gastronomía, salud, nutrición y buenas relaciones con aquellos a los que queremos. Tenemos que ponernos a cocinar con la convicción de que conseguiremos unos resultados excelentes, ¡y de que la cocina buena es la que emociona! Por ello defiendo las emociones de la cocina sencilla, una cocina hecha de detalles, como los que este libro os propone.

Encontraréis las recetas organizadas por capítulos: hervir, freír, a la parrilla, a la plancha, confitar, cocina cruda, estofar, asar, las salsas, los postres, y platos icónicos del mundo. También hallaréis un apéndice en las recetas, para estimularos a ser creativos en la cocina. Tened en cuenta que las recetas de fuera, las que han surgido lejos de mi paisaje, están interpretadas «en clave mediterránea».

Considero que la sociedad moderna ha ido dejando de lado unos valores culinarios que hasta hace pocos años se transmitían de forma natural, como yo misma los aprendí cuando era pequeña. Pero el mundo avanza, la ciencia no deja de ayudarnos a mejorar la cocina, y el mercado moderno no para de crear nuevos alimentos que facilitan la tarea de cocinar en casa. Cada día tenemos a nuestra disposición más información de la composición de los productos elaborados y de los alimentos. Cada día, también, los nutricionistas nos recuerdan lo importante que es cuidar la alimentación para gozar de una buena salud y, en consecuencia, de una vida más longeva.

¡Somos lo que comemos! Por eso es tan importante cuidar nuestra alimentación. Cocinar es una profesión fantástica que continúa motivándome cada día, pero cocinar en casa, de manera particular, es realmente un acto de amor hacia nosotros mismos y hacia aquellos con los que compartimos familiaridad o amistad.

Disfrutar de buena salud es el resultado de cómo comemos, cómo nos movemos y cómo sentimos. Por eso es tan interesante tener conocimientos culinarios, porque son técnicas sencillas que aportarán a nuestra vida más salud y más felicidad.

C. R., 2017

Decálogo del recetario

1.
Los principales cómplices de vuestra cocina son los proveedores. Escoged buenos profesionales que amen su trabajo y os puedan guiar y ofrecer una buena selección de productos de calidad.

2.
Poneos a cocinar con ganas: la ilusión y la autocrítica son ingredientes básicos para conseguir una buena cocina. A la cocina no se va a perder el tiempo, sino todo lo contrario: es una inversión de tiempo para disfrutar de una cocina saludable y *gourmet*.

3.
Sed muy cuidadosos con la limpieza de los alimentos que manipuléis: la buena cocina se distingue por la higiene practicada durante todo el proceso.

4.
Es muy importante disponer de un espacio para cocinar bien organizado, limpio y bien equipado de utensilios y aparatos adecuados a vuestras necesidades.

5.
Antes de poneros a cocinar, debéis tener muy clara la receta que vais a elaborar: entenderla bien y reflexionar sobre ella.

6.
Sed cuidadosos y organizados, y aseguraos de disponer de todos los ingredientes necesarios en el momento de poneros a cocinar.

7.
No escatiméis esfuerzos durante el proceso culinario: es en los pequeños detalles donde se distingue la calidad en la cocina. Cuando estéis cocinando, controlad y probad, pues os ayudará a evitar sorpresas desagradables.

8.
Sed escrupulosos y pulcros, guardad correctamente todos los alimentos, los cocinados y los frescos, siempre protegidos y bien organizados en la despensa o en la nevera. Procurad identificar los alimentos que guardéis en el congelador con el nombre del producto y la fecha, ¡y recordad que los congelados no son eternos!

9.
Para disfrutar al máximo del placer de la cocina debéis ser también exigentes y generosos en la calidad del agua, el pan, el vino y el aceite.

10.
La cocina, si os lo proponéis, es una fuente de salud, comunicación y cultura, y un placer emocionante: no olvidéis el menaje, que es donde lucirá vuestra cocina, y cread un ambiente amable para disfrutar de ella al máximo.

Salud y alimentos

Mi padre, sin ningún argumento científico, defendía lo mismo que su padre: «Buenos alimentos y agua clara». Ahora sabemos que se han hecho investigaciones científicas en el campo de la nutrición que han demostrado que una buena alimentación, además de salud, nos aporta sensación de felicidad.

Disfrutar de buena genética ayuda a encarar la vida con salud. También contribuye a practicar una alimentación equilibrada, con productos frescos y variados, en el ejercicio moderado y en saber si sufrimos por cosas importantes o no. Somos lo que comemos, cómo nos movemos y cómo sentimos.

El doctor Francisco Grande Covián, reconocido nutricionista, defendía que para disfrutar de una buena salud es importante comer un poco de todo y mucho de nada. Los especialistas en nutrición actual nos aconsejan comer productos frescos y estacionales, variados, en raciones de tamaño moderado, y contemplar la buena alimentación como una fuente de salud y placer. También nos recuerdan que existe una legislación muy dura que controla los alimentos procesados. Por tanto, la lectura que debemos realizar es que no hay alimentos malos, sino malos usos o excesos de consumo.

Debemos tener claro que las alergias son una patología y que las intolerancias están provocadas por muchos factores; hoy por hoy, la única solución que ofrece la medicina es la de retirar el alimento de la dieta de los afectados.

Si buscas información sobre dietas especializadas, te aconsejo que te pongas en manos de profesionales de la medicina. Nunca sigas por tu cuenta una dieta para adelgazar; es necesario que un profesional te guíe y que confeccione una dieta a la medida de tus necesidades.

Además, es muy recomendable establecer un horario de comidas ordenado, así como desayunar bien antes de salir de casa, almorzar en torno a las 13:00 o 13:30 y cenar alrededor de las 20:00 o 20:30. Evita irte a la cama con el estómago lleno y practica buenos hábitos: no fumes, no abuses del alcohol y consume habitualmente frutas y hortalizas frescas. Estos son consejos científicos preventivos ante el riesgo de padecer cáncer.

Este recetario quiere que ames la cocina, quiere animarte a organizar tu tiempo para cocinar en casa. La cocina no es ese lugar donde se va a perder el tiempo, todo lo contrario: debe ser un tiempo para la buena salud y las buenas relaciones con aquellos que te rodean.

Técnicas modernas

La cocina, para resumirlo en dos palabras, es producto y conocimiento.

El conocimiento es la cultura que nos ha transmitido la familia, la cultura que aprendemos por nosotros mismos si el tema nos interesa, conocimientos que recibimos cuando vamos a casas de amigos, cuando visitamos restaurantes, cuando viajamos, cuando leemos recetarios de cocina, y la suma de aquello que aprendemos en cada acto que practicamos en la cocina.

El conocimiento culinario que alcanzaremos a lo largo de nuestra vida afinará la técnica que practicaremos cuando nos pongamos a cocinar; por ello, debemos acercarnos al mundo de la cocina con una actitud curiosa, y no dejar de aprender técnicas nuevas, técnicas modernas, para poder elegir según nuestro gusto personal cómo decidimos cocinar.

En los ochenta, el mundo de la cocina se transformó, revolucionó, no solo de forma creativa y gastronómica, sino con una serie de utensilios y maquinaria de nueva tecnología que facilitó el acto de cocinar a los profesionales y también en las cocinas de los hogares. Herramientas más allá de una buena extracción de humos, de una buena cocina de gas o electricidad, de una buena nevera o un buen congelador; más allá de las baterías de cocina para fuegos de inducción, más allá de sartenes o fuentes antiadherentes, o túrmix, batidoras y vasos mezcladores. En este capítulo os presentamos un resumen:

Utensilios de silicona

Podéis encontrar en el mercado una gran variedad de objetos fabricados con silicona. Este material, flexible y antiadherente, permite utilizarlos a temperaturas de **–40 °C** y hasta temperaturas positivas de **250 °C**. Eso sí, no se pueden poner directamente al fuego, porque se dañarían.

Existen moldes de silicona de diferentes formatos y medidas que permiten obtener elaboraciones con formas muy variadas y especiales. Las láminas de cocción de silicona son como tapetes o alfombrillas que podemos colocar encima de una bandeja para hornear diferentes elaboraciones y evitar que se peguen. Las espátulas de silicona flexibles o duras permiten mezclar y recoger las elaboraciones; así como los pinceles de silicona, entre otros.

Hay mallas de cocción para escaldar o cocer alimentos sin que se mezclen con otros ingredientes; es decir, por separado. Son ideales para cocer, en un líquido en ebullición, varios alimentos juntos de manera independiente.

También están disponibles los estuches de vapor, recipientes para cocinar al vapor de forma rápida y saludable, donde los alimentos se cuecen en su propio jugo, lo que potencia el sabor y aroma originales. El estuche de silicona es similar a la cocción en papillote. Son aptos para cocinar en el microondas y en horno de convección.

Biberón

Es un objeto muy usado en la cocina, ya que permite llenarlo de una elaboración líquida o más espesa, y con mucha facilidad, precisión y limpieza nos ayuda a aplicar la elaboración en el plato.

Soplete

Es una herramienta muy utilizada y que ha desbancado, en muchas cocinas profesionales, a la pala de quemar o la acción de pasar por la llama alimentos para eliminar pequeñas plumas de pollo o pelos de la piel del cerdo, o quemar pequeñas pieles de pollo u otras. Generalmente, el soplete es un utensilio de mano que expulsa una llama de fuego y que está alimentado por una pequeña bombona de gas. Es fácil de manipular; por supuesto, con cuidado.

Pinzas

Existe una gran variedad de pinzas muy específicas según el uso o ingrediente que se desee manipular. Las más innovadoras son las de acero inoxidable o las de titanio, largas y finas como las que se emplean en cirugía. Permiten sujetar con delicadeza y precisión ingredientes pequeños y gráciles. En formato más corto y con cierta resistencia, también están disponibles las pinzas para desespinar los filetes de pescado con facilidad.

Sifón

Es un utensilio que permite elaborar espumas. El procedimiento es sencillo: se rellena el sifón con una preparación semilíquida, muy bien colada, que contenga un agente estabilizante como gelatina, claras, fécula o grasa; a continuación, hay que añadir una o dos cargas de gas N_2O (óxido nitroso) y conservarlo en frío durante unos 60 minutos si la mezcla es fría. Las espumas calientes también requieren agentes estabilizantes, pero no gelatina; luego se calienta el sifón al baño maría, controlando que no supere los **65 °C**. Las elaboraciones trabajadas en el sifón, tanto las frías como las calientes, adquieren una textura muy aireada y delicada.

También existe el clásico sifón carbónico, con cápsulas de CO_2 (dióxido de carbono), empleado en la preparación de bebidas carbonatadas.

Pipa de humo

Es un aparato formado por un ventilador y una cavidad donde se queman unas virutas de madera para crear humo. El ventilador dispersa los aromas del humo a través de una goma para redirigirlo al alimento que se desea ahumar. Se trata de un ahumado exprés que crea espectáculo en la mesa cuando se presenta dentro de una campana diseñada especialmente para tal efecto.

Cocción al vacío

Es la técnica que permite cocinar alimentos a baja temperatura. Para poder llevarla a cabo es preciso contar con una máquina de envasar al vacío. El producto que se quiere cocinar se sazona al gusto y se envasa al vacío en una bolsa termorresistente (herméticamente, en ausencia de oxígeno). A continuación, hay que cocer el producto envasado en un baño termostático (Roner)© a la temperatura deseada, siempre por debajo del punto de ebullición. El tiempo de cocción variará en función del producto y del tipo de cocción que se realice, que puede ser directa o indirecta.

La cocción directa se realiza con productos blandos; es decir, delicados, como los pescados, las carnes blancas y algunas piezas de carne roja de categoría extra. La cocción es breve y la temperatura, suave, por debajo de los **65 °C** en el interior del producto. Los alimentos cocinados de esta manera deben consumirse inmediatamente, porque no se pueden conservar. La cocción indirecta se realiza en productos duros, como vegetales y carnes rojas. La cocción es larga y las temperaturas en el interior del producto son elevadas, por encima de los **65 °C**. Este tipo de cocción permite la conservación posterior durante muchos días si está bien refrigerado, y meses una vez congelado. Pero, para poder conservarlo con seguridad, es importante abatir muy rápidamente la temperatura del producto cocinado. La elaboración cocinada al vacío y conservada se debe regenerar; es decir, se debe calentar para poder consumirla. Esto se consigue poniendo la bolsa en el baño termostático a la misma temperatura a la que se cocinó el producto, para mantener así todas sus propiedades organolépticas.

Existen tablas de cocción con el binomio tiempo-temperatura donde se dan las pautas para aplicar esta técnica según el producto y el tipo de cocción.

Abatidor de temperatura

Es un aparato frigorífico que permite enfriar rápidamente la temperatura de los alimentos. Los abatidores son capaces de refrigerar muy rápido, y pasar de una temperatura interna de producto de más de **65 °C** a una de **3 °C** en menos de 90 minutos. También pueden congelar a **–18 °C** en menos de 4 horas.

Cocina con nitrógeno líquido

La industria alimentaria trabaja desde hace mucho tiempo con el nitrógeno líquido para congelar muy rápidamente y de manera individual la mayoría de productos que encontramos envasados en los congeladores de los comercios.

Este sistema se ha adaptado a la cocina profesional para realizar elaboraciones frías en muy poco tiempo, casi al momento. También facilita la preparación de helados y sorbetes con ingredientes que a temperaturas de congelación normales no se podrían hacer, como los alcoholes. El nitrógeno se halla a una temperatura estable de **–196 °C**, y el hecho de introducir un alimento hace que suba la temperatura y, por tanto, se desestabilice, lo que crea la sensación de ebullición y evaporación. Esto lo convierte en una técnica muy espectacular cuando se cocina en presencia de comensales. El principal riesgo es que podemos quemarnos al manipular el nitrógeno, a causa de su baja temperatura, o asfixiarnos, si trabajamos en un espacio pequeño y sin ventilación, ya que consume el oxígeno del ambiente. Por este motivo es importante trabajar con ciertas medidas de seguridad, como protegerse las manos y los ojos, y emplearla en un espacio correctamente ventilado.

Cocina con impresora 3D

Son unas impresoras desarrolladas en la industria alimentaria para elaborar productos 3D, como bases para tartas especiales, galletas elaboradas y artísticas, o piezas con volúmenes. También, para la vida doméstica se han creado impresoras capaces de elaborar tartas, con masas pasteleras, purés de fruta o chocolate. Otro ejemplo son las *pizzas*: la masa, el tomate y la *mozzarella*, preparadas y a punto para hornear. Las impresoras funcionan con unas cargas que, en lugar de tinta, corresponden a las masas o los purés de fruta, de vegetales o de chocolate. Se programa el elaborado que se desea crear, y la impresora se pone en marcha. Se puede dejar cargada y programada, y accionarla por control remoto desde un teléfono inteligente, para que al llegar a casa te encuentres lista la elaboración.

Cocina con microondas

El microondas es un aparato que se inventó en los años cuarenta, muy popular pero a la vez desconocido. Además de calentar, que es su uso más habitual, puede cocer con rapidez. Pero, para obtener el máximo rendimiento, es mejor marcar con antelación el producto para lograr el efecto Maillard (conjunto de reacciones químicas que producen el punto tostado y olor característico) y luego acabar de cocinarlo en el microondas. Recordad que el microondas cuece mediante la fricción de las moléculas de agua que contiene el producto. Por eso, si introducimos el alimento crudo, siempre tendrá aspecto de hervido.

Liofilizadora

La liofilización es una de las maneras más eficaces de extraer el agua de un alimento y preservar sus características. Este proceso se consigue mediante dos variables: temperatura y presión. Por tanto, el primer procedimiento es congelar el producto a temperatura inferior a **−40 °C**, asegurándonos de que toda el agua del producto está en estado sólido, en forma de hielo. Después se introduce en la liofilizadora, donde se le aplica un descenso de la presión y un aumento suave de la temperatura. El cambio de ambos parámetros hace que el agua que contiene el alimento pase de estado sólido a gaseoso (sublimación), lo que da como resultado un producto estable, crujiente y con su color genuino.

Olla a baja presión (Gastrovac)®

Es un equipo que permite la cocción, la fritura y la impregnación al vacío. Su funcionamiento consiste en crear en el interior del recipiente un espacio a baja presión, lo que logra que se alcance el punto de ebullición a temperatura mucho más baja. La principal ventaja de esta máquina es

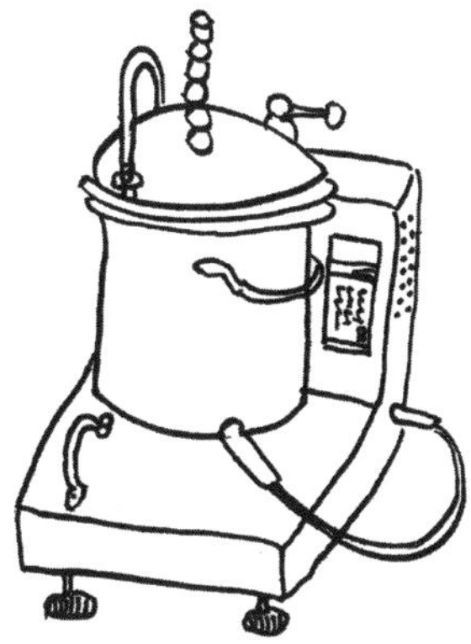

que, al trabajar a temperaturas de cocción reducidas, los alimentos preservan su estructura firme y todos los nutrientes. En el caso de la fritura, la ventaja adicional es que no hay exceso térmico y, por tanto, se alarga la vida útil del aceite.

Pacojet®

Es una máquina que emulsiona y tritura alimentos previamente congelados y preservados en unos botes especiales que se adaptan al aparato. Su característica principal es que las cuchillas, que giran a gran velocidad en contacto con el producto congelado dentro del bote, son capaces de procesarlo en capas extremadamente finas, para así conseguir una textura similar a la de un helado suave y cremoso. Otra ventaja es que puede procesar y emulsionar pequeñas cantidades de un mismo bote, mientras que el resto permanece congelado para un uso posterior. La aplicación más habitual es la elaboración de helados y sorbetes, pero también se le da otros usos, como convertir el agua helada en nieve polvo o preparar rellenos, *mousses* y salsas.

Aparato de destilación (Rotaval)®

Es un aparato que utiliza la técnica de la destilación a baja temperatura usando una bomba de vacío. Permite la destilación de cualquier tipo de producto, tanto sólido como líquido, siempre que contenga humedad. De esta manera se obtienen aromas y esencias muy puras.

Procesador de alimentos (Thermomix)®

Es un aparato muy versátil, diseñado para realizar numerosas funciones, como triturar, picar, montar y emulsionar, entre otras. También cuenta con la opción de trabajar con temperatura, lo que permite

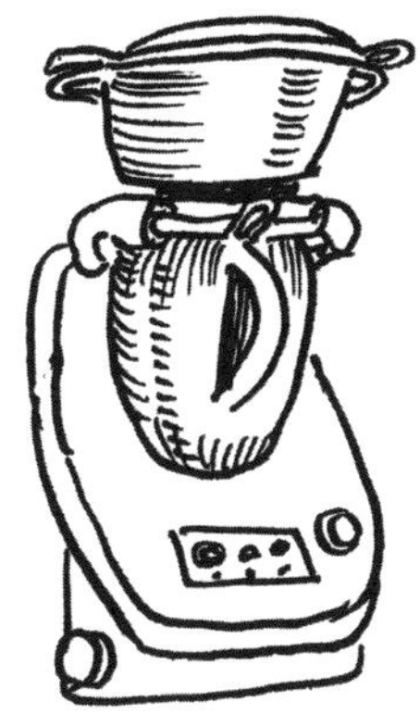

cocinar a fuego suave, hervir y cocer al vapor. El aparato consta de un recipiente con cierre y otros accesorios independientes, que se emplean en el proceso de elaboración elegido.

Licuadora

Este aparato extrae los líquidos de verduras y frutas. Actualmente hay muchos tipos de licuadoras, pero la gran diferencia radica en el tipo de extracción que produce una licuadora corriente o un extractor de zumos (licuadora en frío). Entre ambos, la principal diferencia es la temperatura que se genera durante el procedimiento. Las licuadoras convencionales utilizan cuchillas para extraer el zumo, crean mucho calor y, por tanto, destruyen nutrientes. Las licuadoras en frío extraen el zumo rompiendo y prensando el producto, así obtienen el máximo rendimiento sin producir calor y, por tanto, preservan los nutrientes.

Tipos de cortes profesionales

Cortar es uno de los procesos más importantes a la hora de comenzar a elaborar un plato. En cada una de las recetas de este libro explicamos detalladamente la medida del corte. Es este un recetario para la cocina doméstica, pero te irá bien conocer alguna de las nomenclaturas técnicas de los diversos tipos de cortes que existen en la culinaria profesional y moderna.

Mirepoix. Corte irregular, en forma de dados entre 1-1,5 cm de lado aprox. No importa la regularidad del corte porque normalmente se destina a elaboraciones que no serán visibles en la presentación final del plato; es decir, se utiliza para extraer al máximo su sabor y aroma, y ceder estos a los caldos y salsas. Es un corte que se puede practicar con casi todas las hortalizas, pero las básicas son la zanahoria, la cebolla y el apio. De hecho, se llama también «mirepoix» o «bresa» al conjunto de estas verduras cortadas, que se emplean en la elaboración de caldos y fondos.

Juliana. Corte regular, en tiras finas de aprox. 5 cm de largo por 1 mm de grosor. Es preciso cuadrar el alimento si este es redondo. Se cortan en láminas de 5 cm de largo por 1 mm de grosor y, finalmente, en tiras de 1 mm. Este corte tan perfecto suele utilizarse en la presentación del plato, y puede aplicarse a todos los vegetales, salvo con los bulbos y las hortalizas de hoja, que cuentan con un corte más adecuado a su morfología.

Chifonada. Corte específico para las hortalizas de hoja (lechugas, espinacas, apio, acelgas). Se enrollan las hojas limpias y secas, y se cortan en tiras finas, entre 1 o 2 mm de ancho.

Emincer. Corte irregular de cualquier hortaliza, en láminas muy finas, de un grosor entre 1 y 3 mm. Se trata de un corte adecuado tanto para bases de algunas elaboraciones como para presentar platos.

Brunoise. Corte regular y muy pequeño. El alimento se cuadricula para cortar láminas perfectas de 1 mm de grosor, que a su vez se cortan en tiras de 1 mm, y por último en dados minúsculos de 1 mm. Este corte se puede aplicar a prácticamente todas las verduras. En el caso de los bulbos (ajos, cebollas, puerros), este corte recibe el nombre de «ciseler». Sirve para preparar bases de elaboraciones o presentaciones de platos.

Macedonia. Corte perfecto e irregular, como un cubo de 0,5-1 cm de lado. Se puede obtener de cualquier hortaliza y casi siempre se utiliza para acabar y presentar los platos. El corte da nombre a la famosa ensalada de frutas «macedonia».

AVE
MARIA

01 Crudo

Comer alimentos crudos es la forma más directa y natural de consumirlos. Los nutricionistas recomiendan tomar al día cinco piezas de verduras o frutas frescas y crudas para disfrutar de una buena alimentación y mejor salud. Es muy fácil y muy agradable tener el hábito de incorporar fruta en el desayuno, ensaladas en el almuerzo, y combinar frutas y verduras en meriendas y cenas. Somos lo que comemos: ¡los devoradores y los devorados! **Por eso, es tan importante dedicar atención, prioridad y tiempo a la calidad de los alimentos que consumimos.**

Un alimento crudo entra directamente en nuestro organismo sin ningún tipo de cocción. Por tanto, hay que ser muy escrupulosos respecto a su frescura, higiene y manipulación.

Debemos actuar según nuestro instinto. Aunque los *sushis*, los *carpaccios* y las ostras crudas son placeres gastronómicos de primer orden que triunfan en las comidas con más *glamour*, si tu gusto personal no los disfruta plenamente, no tengas ningún reparo en aceptarlo y decidir que no los tomas porque no te sientan muy bien. No todos los organismos actúan de la misma manera ante un alimento crudo. Por eso, es tan importante conocer y escuchar nuestro cuerpo, que no deja de enviarnos mensajes sobre los alimentos que nos sientan bien y nos proporcionan bienestar, energía y salud.

En la cocina de los alimentos crudos podemos aplicar diversas técnicas, pero siempre es necesario que el producto sea muy fresco, y que lo lavemos y pelemos si es preciso. Podemos servir los alimentos crudos transformados en zumos, sin ningún otro aliño que los sabores de los productos que mezclemos, o cortados en una ensalada y acompañados de una vinagreta, o triturados y aliñados, convertidos en sanas y sabrosas sopas frías. La carne, el marisco y el pescado también podemos trabajarlos en la cocina con aliños que los convertirán en comidas divertidas, apetitosas y saludables.

Es muy importante para todos —niños, jóvenes, adultos y personas mayores— tomar la decisión de consumir alimentos muy frescos y de la máxima calidad que podamos permitirnos, tanto si nos disponemos a cocinar los alimentos como si vamos a consumirlos crudos.

Zumo verde, fresco y tonificante

Para 1 ración

- 50 g de hojas de lechuga
- 50 g de pera
- 50 g de manzana
- 50 g de apio
- 20 hojas de perejil
- 20 hojas de cilantro
- la ralladura fina de la piel de un limón
- 20 ml de zumo de limón

Elaboración

1. Lava los ingredientes y corta en trozos regulares la lechuga, la pera y la manzana (si la pera y la manzana son ecológicas, no es necesario pelarlas). Lava también el limón para contar con una piel bien limpia.

2. Puedes utilizar el aparato que tengas en casa: una licuadora, un extractor (Cold Press Juicer), una Thermomix o un túrmix. Mezcla todos los ingredientes, pásalos por la máquina que tengas o tritúralos bien finos y cuélalos.

3. Toma o sirve el zumo inmediatamente para disfrutar de todas sus propiedades tonificantes.

▸ *Puedes ir cambiando los ingredientes a tu gusto, y utilizar hojas de kale, escarola o diente de león en lugar de lechuga, o sustituir el apio por el pepino. También puedes cambiar la fruta y usar tomates o melón, y perfumarlo con menta y jengibre.*

Ensalada de mezcla de vegetales, queso, manzana, almendra y vinagreta de frambuesa

Para 4 raciones

- ½ pieza de apio muy tierno
- una pieza de Lollo Rosso
- un manojo de rúcula
- un manojo de tatsoi
- 2 manzanas Golden
- 200 g de queso de cabra semicurado
- 50 g de almendra granillo tostada

Para la vinagreta de frambuesa

- 12 frambuesas maduras
- 70 ml de aceite virgen extra
- 10 ml de vinagre de cava
- 1 g de mostaza de Meaux (de grano)
- una pizca de sal y pimienta

Elaboración

1. Lava y retira de las ramas de apio los filamentos que las envuelven. Corta en bastones de unos 5 cm de largo y reserva en la nevera.

2. Lava el resto de vegetales para la ensalada (la Lollo, el tatsoi y la rúcula). Escurre bien y reserva en la nevera.

3. Prepara la vinagreta: aplasta con un tenedor las frambuesas dentro de un bol e incorpora el resto de ingredientes. Con ayuda de un pequeño batidor de varillas, mezcla bien y reserva también en la nevera.

Finalización y presentación

1. Corta el queso en triángulos medianos y la manzana, en barritas.

2. Reparte los vegetales en el fondo de los platos; encima coloca los cortes de queso y de manzana, y aliña el conjunto con la vinagreta bien mezclada y perfectamente repartida. Para finalizar, corona el plato con la almendra granillo tostada por encima.

▸ *Esta ensalada funciona con el tipo de queso que más te guste, ya sea magro o graso, de pasta azul o de pasta blanda o dura. También puedes variar a tu gusto los vegetales y la fruta.*

Sopa fría de tomate y fresón

Inspirada en un *salmorejo*

Para 4 raciones

- **750 g tomates maduros de calidad** (limpios, con piel y cortes regulares)
- **250 g de fresones** (limpios, sin pedúnculo y cortados por la mitad)
- **0,5 g de ajo** (cortado y muy picado)
- **40 g de cebolla** (pelada y muy picada)
- **40 g de pimiento verde** (limpio, con piel y muy picado)
- **5 g mostaza de Meaux** (de grano)
- **250 ml de aceite de oliva virgen extra**
- **12 ml de vinagre de vino**
- **30 g de miga de pan tierno** (remojada en agua mineral)
- **10 g de sal**
- **0,5 g de pimienta blanca**

Elaboración

1. Tritura todos los ingredientes muy finos, cuela y reserva en la nevera.

Finalización y presentación

Puedes servir la sopa fría en tazas o en platos hondos. Añade por encima un hilo de aceite de oliva virgen extra o de aceite de albahaca. Si te apetece, sirve tropezones, como picatostes o vegetales cortados en dados, para aportar a la sopa textura y diversión.

** **Aceite de albahaca:** en un mortero, pica bien finos 10 g de hojas de albahaca con una pizca de sal. Añade 100 ml de aceite de oliva virgen extra. Mezcla, deja reposar 2 minutos, cuela y aliña las sopas.*

Carpaccio de langostinos

Para 4 raciones

- **24 colas de langostinos peladas** (descarta las cabezas)
- **100 g de pomos de coliflor muy fresca y tersa**
- **100 g de dados de calabaza muy fresca**
- **40 g de piñones tostados**
- **50 g de queso Mahón seco cortado en láminas (o parmesano)**

Para la vinagreta

- **100 ml de aceite de oliva virgen extra**
- **10 ml de zumo de limón**
- **10 g de mostaza de Meaux** (de grano)
- **sal y pimienta**

Para las finas hierbas

- **puntitas de cebollino**
- **hojitas de perifollo**
- **hojitas de canónigo**

Elaboración

1. **Corte del *carpaccio*.** Corta por el centro y a lo largo las colas peladas de langostinos, de extremo a extremo. Retira la tripa de cada cola. Prepara 8 láminas de papel sulfurizado o plastificado de cocina de unos 20 x 20 cm cada uno. Sitúa sobre la mesa de trabajo 4 láminas; encima de cada una, coloca 12 medias colas, creando una especie de tapizado redondo y con un espacio vacío de 1 cm entre cada cola. Tapa con las restantes 4 láminas y aplasta sin ejercer mucha fuerza, empleando la base de un cazo para afinar las medias colas y unir los espacios vacíos entre estas. Una vez preparados los *carpaccios* entre láminas, reserva en el congelador para que adquieran cuerpo y consistencia, y así poder colocarlos en los platos. ***Reserva las colas en el congelador durante 1 hora. Si se prolonga este tiempo, se corre el riesgo de quemar este delicado producto y, en consecuencia, de perder calidad gastronómica.***

2. **Vinagreta.** Mezcla los ingredientes de la vinagreta y reserva en la nevera.

3. **Dispón el resto de ingredientes.** Elige una coliflor muy fresca y firme para contar con unos ramitos muy limpios y crujientes. Lo mismo con la calabaza, bien fresca y tersa, ya que serviremos crudas ambas hortalizas.

Finalización y presentación

1. Retira las dos láminas que protegen las colas de langostinos congeladas y coloca los *carpaccios* directamente en platos llanos. Reparte una buena cucharada de la vinagreta bien emulsionada por encima de cada carpaccio para que cubra las colas.

2. Distribuye por encima 5 ramitos de coliflor, 5 dados de calabaza, 10 piñones y una pizca de sal fina. Reparte el queso laminado por encima y las finas hierbas: cebollino, perifollo y canónigo.

3. **Opcional.** Añade 5 puntitos de mostaza verde.

▸ *La receta también es válida para pescados blancos, como rape o dorada, u otros mariscos, como gambas o cigalas. Puedes utilizar la misma técnica para elaborar* carpaccios *de carne. Tan solo habrá que contar con filete de ternera o buey y meterlo un ratito en el congelador, para que la pieza adquiera firmeza y se pueda cortar muy fina, con una máquina cortafiambres o a mano, con un cuchillo bien afilado. A continuación, se coloca sobre un plato llano y se remata con el aliño de la receta.*

▸ *También es muy interesante preparar* carpaccios *vegetales, sustituyendo la carne, el pescado o el marisco por cortes finos de champiñones o boletus, con el mismo aliño.*

Dorada «curada» a la japonesa

Para 4 raciones

- **4 filetes de dorada muy fresca de 140 g cada uno, sin piel ni espinas**
- **1 l de agua de mar alimentaria**
- **200 ml de sake**
- **100 g de alga kombu**

****Para la salsa de soja blanca***

- **150 ml de nata**
- **40 ml de salsa de soja blanca**

Mezcla los ingredientes y reserva en la nevera.

Elaboración

1. Pule los filetes de dorada de posibles restos de piel y espinas, y corta cada uno en dos, de punta a punta. Introdúcelos en un recipiente de cristal y cúbrelos con el agua de mar. Deja reposar durante 20 minutos.

2. Retira los filetes del agua y sécalos con un paño limpio. Envuélvelos con otro paño limpio y seco, y resérvalos en la nevera unos 20 minutos más, para secarlos completamente.

3. Dispón los filetes secos en una bandeja de cocina y alíñalos con el sake por ambas caras. Deja que se marinen 5 minutos.

4. Corta el alga kombu a la medida del largo de los filetes de dorada. Prepara parejas de dos láminas de kombu y en medio coloca el filete de pescado. Envuélvelos con plástico de cocina procurando que los paquetes queden bien apretados, y resérvalos en la nevera. Pasadas 24 horas, ya puedes cortar el filete de pescado en láminas finas y servirlo como si fuese salmón ahumado. Los paquetes de pescado y alga se pueden conservar en la nevera 5 días.

▸ *La dorada curada se sirve fría, a temperatura ambiente. Puedes acompañarla con lentejas cocidas y frías (p. 49) o con arroz cocido a la japonesa (p. 35) y aliñar con salsa de soja blanca.*

Jamoncito de pato hecho en casa

Para 2 jamoncitos

- 2 *magrets* de pato frescos
- 2 kg de sal gruesa
- 1 g de pimienta negra molida

Para la tintura

- 25 ml de aceite de oliva
- 12 ml de vinagre de Jerez
- 1 g de pimentón dulce

Propuesta de degustación

- 4 rebanadas de pan de payés de 1 cm de grosor
- 2 tomates maduros
- 1 manzana Golden
- 1 manojo de canónigos
- 20 pasas de Corinto
- aceite de oliva virgen extra

▸ *Si te sobra jamón de pato, guárdalo en la nevera, entero y bien envuelto con papel de plástico transparente de cocina. Recuerda que debes sacarlo de la nevera antes de servirlo, para poder disfrutarlo a la temperatura adecuada.*

▸ *Si te apetece, puedes utilizarlo, cortado en juliana fina, y añadirlo para coronar una ensalada de mezcla de vegetales y fruta, como col, coliflor, escarola, espinacas, lechuga, manzana, pera, naranja, etcétera. O saltearlo en una sartén con un hilo de aceite de oliva y verdura, arroz o pasta.*

Elaboración

1. En un recipiente de plástico, cristal o porcelana apto para alimentos y con el tamaño adecuado para los *magrets*, introduce la mitad de la sal gruesa y encima coloca los *magrets*, con la piel grasa hacia abajo, en contacto con la sal. Unta la parte magra de los *magrets* con pimienta negra molida y cúbrelos perfectamente con el resto de la sal gruesa. Tapa el recipiente con papel de plástico transparente y reserva en la nevera durante 4 días.

2. Retira los *magrets* de la sal, límpialos muy bien de restos de sal con un pincel o cepillo de cocina. Haz un agujerito en una punta del *magret*, pasa por él un hilo de atar carne y realiza un pequeño nudo para poder colgar el jamoncito.

3. Píntalos por todas las caras con la tintura (la mezcla de aceite, vinagre y pimentón) y déjalos colgados unas 4 horas a temperatura ambiente y oreados.

4. Hay que dejar que los jamoncitos se curen-sequen en un lugar fresco y seco durante 4 días. Para entonces estarán en su punto tierno y delicado, listos para consumir. Huelga decir que puedes dejarlos un par de días más si los prefieres más curados.

Degustación

Cortado bien fino, puedes degustar el jamoncito de pato directamente con palitos de pan tostado, pero te proponemos improvisar unas cocas muy buenas y divertidas:

1. Tuesta ligeramente las rebanadas de pan de payés y unta cada una con medio tomate maduro, repartiendo la pulpa y el jugo. Aliña con un buen cordón de aceite de oliva y una pizca de sal.

2. Por encima de cada rebanada, reparte ¼ de manzana cortada a bastoncitos, unas 12 hojas de canónigos, 5 pasas y 10 lonchitas de jamoncito de pato. Las cocas están listas para presentar y compartir en la mesa.

Tartar de bacalao con empedrado

Para 4 raciones

Para el tartar

- **600 g de bacalao desalado, sin piel ni espinas**
- **la ralladura muy fina de ½ limón**
- **½ diente de ajo y 20 hojas de perejil** (muy picado)
- **0,2 g de pimienta blanca**
- **2 g de mostaza de Meaux**
- **50 ml de aceite de oliva virgen extra**

Para el empedrado

- **500 g de judías del *ganxet* cocidas** (p. 47)
- **100 g de tomate maduro** (la pulpa en daditos)
- **100 g de cebolleta, picada en dados pequeños**
- **100 g de pimiento verde picado en dados pequeños**
- **100 g de pimiento rojo picado en dados pequeños**
- **100 g de aceitunas verdes sevillanas, sin hueso**
- **100 g de aceitunas negras de Aragón, sin hueso**
- **50 ml de aceite de oliva virgen extra**
- **10 ml de vinagre de Jerez**
- **10 tallos de cebollino picado**
- **10 g de mostaza de Meaux**
- **sal y pimienta**

Opcional. Hierbas frescas por encima

Hojas tiernas de perejil, cilantro y perifollo

Elaboración

El tartar. Corta el bacalao en daditos de 1 cm. En un bol, mézclalo muy bien con todos los ingredientes de la lista, y reserva en la nevera.

El empedrado. En otro bol grande, introduce todos los ingredientes de la lista y mezcla delicadamente para no deshacer ni romper ningún producto. Reserva también en la nevera.

La presentación. Reparte el empedrado en platos planos y, en el centro, dispón el tartar. Puedes optar por enmoldarlo con ayuda de dos cucharas, o crear bolas con el aparato de hacer bolas de helado, o darle forma oblonga, como una hamburguesa. Añade por encima las hojas de hierbas frescas, y el plato ya está listo para servir.

▸ *Puedes cambiar de legumbre y preparar un empedrado con judías pintas, garbanzos o lentejas. Otra opción es presentar el bacalao en finas láminas de ½ cm y marinado con los mismos ingredientes que el tartar, en lugar de picado y aliñado.*

RUS
CALLE
DA

02 Hervir

En la cocina, la acción de hervir es cocer alimentos sumergidos en agua o en un caldo. Podemos hervir todo tipo de productos —carne, pescados, vegetales, legumbres y frutas—, y, como siempre, el resultado que obtengamos estará relacionado con la calidad del agua, de la materia prima que utilicemos, del recipiente donde cocinemos y del ritmo y la potencia del fuego.

Un hervido bien hecho es una forma muy sana de comer. Con esta técnica, los productos adquieren una textura agradable y seductora. Por eso, se debe controlar escrupulosamente el tiempo de cocción, porque es muy importante que los alimentos no pierdan su belleza ni sus propiedades nutricionales.

Durante el proceso de cocción, el agua se transforma, adquiere color y sabor. Es decir, si cocemos, por ejemplo, unas judías verdes enteras —si son de una variedad muy fina— o a cortes regulares —de una variedad más grande y ancha—, o guisantes tiernos desgranados, el agua de cocción se convertirá en un caldo transparente como un té verde, muy adecuado para servir en la mesa en una taza aparte o para reservarlo en la nevera y disponer de un caldo perfumado, en este caso de judías verdes o de guisantes, que podremos utilizar para un cocinado que requiera un caldo de estas características.

Escaldar es la técnica de sumergir, en agua hirviendo y durante pocos segundos, generalmente vegetales, con el fin de someterlos a cocciones muy breves, para, a continuación, introducirlos en agua muy fría, preferiblemente con cubitos de hielo, a fin de detener el escaldado. Es una técnica que puede considerarse de precocción. Por ejemplo, escaldamos tomates para poder pelarlos con facilidad, o espárragos verdes, para terminar pasándolos por el fuego o la plancha. Cuando escaldamos vegetales durante muy poco tiempo es importante que el agua contenga una cantidad generosa de sal, ya que el sodio de esta potenciará la clorofila y el resultado será más atractivo.

Blanquear es una técnica que también se usa como precocción. Se trata de introducir productos en agua fría y cocerlos hasta que comience a hervir. La acción progresiva del calor del agua produce un efecto de purificación, limpia los productos blanqueados y arrastra a la superficie unas espumas llenas de impurezas que deben retirarse. Es necesario blanquear partes cárnicas como las mollejas, las tripas, los sesos o productos con sabores muy potentes, como los huesos de jamón, para rebajar y pulir el sabor. También se utiliza para las legumbres: cuando empiece a hervir, se puede realizar un cambio de agua nueva y fría para que vuelva a hervir y continuar la cocción a fuego lento hasta el final. Se pueden blanquear carnes para preparar un guiso o un estofado.

Hervir es sencillo, pero se deben tener en cuenta todos los detalles técnicos para disfrutar plenamente de un buen resultado.

Hervir pasta

Para 2 raciones

- **150 g de espaguetis integrales**
- **1,5 l de agua mineral**
- **15 g de sal**
- **15 ml de aceite de oliva**

Elaboración

1. Pon el agua mineral al fuego en una olla adecuada para la pasta que vayas a cocinar. Cuando hierva, añade la sal, el aceite y la pasta. Remueve para asegurarte de que la pasta queda suelta, mantén la cocción a fuego medio y controla el tiempo que necesita para estar en su punto (unos 8 minutos).

2. Escurre la pasta y sírvela directamente. Mézclala con la salsa que prefieras o solamente con un chorrito de aceite, albahaca y tomate natural picados, y queso curado rallado.

Muy importante: la pasta debe cocerse con abundante agua. **Orientativo:** por 100 g de pasta, 1 litro de agua. Como siempre, conviene atender a la calidad de todos los productos: el agua, la pasta, el aceite...

▸ ***Controla la cocción de la pasta, sigue las instrucciones del fabricante y adáptala a tu gusto, más cocida o más al dente.***
Recuerda: la pasta fresca necesita muy poco tiempo de cocción; la pasta seca, un pelín más; mientras que la seca integral es la que requiere más tiempo.

Hervir arroz

Para 2 raciones

- **150 g de arroz bomba**
- **1 l de agua mineral**
- **10 g de sal**

Elaboración

1. Pon el agua mineral al fuego en una olla adecuada para el arroz que quieras cocinar. Cuando hierva, añade la sal y el arroz. Remueve y mantén la cocción a fuego medio durante 13 minutos. Aparta la olla del fuego y deja reposar 1 minuto. Ya se puede servir; caldoso, con un hilo de aceite de oliva o escurrido.

Arroz que cura y tonifica

Para 1 ración
→ **80 g de arroz ecológico**
→ **½ l de agua mineral**
→ **1 diente de ajo pelado**
→ **100 g de filete de lenguado sin espinas** (o merluza, o rape)
→ **1 cebolleta pequeña cortada fina**
→ **1 zanahoria pequeña rallada**
→ **4 vainas de tirabeques cortadas en juliana**
→ **10 hojas de perejil cortadas en juliana**
→ **aceite de oliva y sal**

Elaboración

1. En un cazo a la medida de la ración, introduce el agua. Cuando rompa a hervir, incorpora el ajo y un hilo de aceite. Añade la cebolla y deja cocer tan solo un minuto. Agrega el arroz y una pizca de sal. Deja cocer durante 9 minutos a fuego medio.

2. Pasado este tiempo, añade la zanahoria y los tirabeques, y deja cocer 2 minutos más.

3. Incorpora el pescado y deja cocer 1 minuto. Rectifica el punto de sal y retira el cazo del fuego.

4. Añade el perejil y remueve ligeramente, con cuidado de no romper el pescado, y añade un hilo más de aceite. Deja reposar 2 minutos antes de servirlo.

Técnica japonesa para cocer arroz

Ideal para preparar *makis, nigiris* y *onigiris*

Para 6-8 raciones
➝ (agua mineral abundante para lavarlo e hidratarlo)
PARA LA COCCIÓN
➝ 400 g de arroz japónica
➝ ½ l de agua mineral
PARA ALIÑARLO
➝ 20 ml de vinagre de arroz
➝ 10 g de azúcar
➝ 5 g de sal

ELABORACIÓN

1. **Lavado-hidratado.** Antes de cocinar el arroz se debe lavar-hidratar. Ponlo en un bol con abundante agua y lávalo. Repite la operación con agua limpia unas 5 veces, hasta observar que el agua queda bien limpia y libre de almidón. Después de remojarlo por última vez, déjalo reposar unos 15 minutos en el agua.

2. **Cocción.** Escurre el arroz e introdúcelo en una olla de unos 22 cm de diámetro. Vierte encima el agua previamente medida para la cocción, tapa la olla y enciende el fuego. Presta atención cuando levante el hervor, para bajar el fuego al mínimo y dejar que se cueza, tapado, durante unos 10 minutos. Aparta la olla y déjala reposar, tapada, 10 minutos más.

3. **Aliño.** En un cazo pequeño, mezcla el vinagre con el azúcar y la sal. Ponlo al fuego solo hasta que empiece a hervir, y retira. Traspasa el arroz que había estado reposando a un bol cerámico y amplio. Vierte por encima el aliño y mezcla delicadamente. Airea el arroz por encima con ayuda de un abanico, para enfriarlo, y resérvalo, protegido con un paño limpio y húmedo, mientras lo vas moldeando según la preparación deseada.

Puedes combinarlo con lo que más te apetezca. Es tradicional en Japón emparejarlo con alga nori para crear las pequeñas y bonitas piezas de *sushi*, *makis* u *onigiris*. También se puede combinar con vegetales marinados o asados, con salmón ahumado o marinado, con gambas escaldadas o marinadas, o con las particulares creaciones que se te ocurran.

Hervir huevos

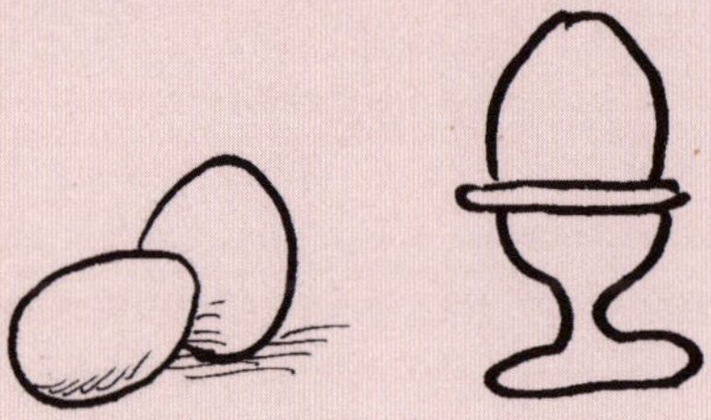

Huevos duros. Introduce en un cazo ½ litro de agua fría, una pizca de sal, 10 gotas de vinagre y un par de huevos con cáscara. Enciende el fuego. Cuando rompa a hervir, baja la potencia y déjalos al fuego durante 9 minutos si quieres que la yema esté cocida, o 6 minutos si te gusta la yema cremosa. Aparta el recipiente del fuego e introduce los huevos en agua muy fría para detener la cocción y retirarles la cáscara. Reserva para combinar y servir a tu gusto.

Huevos escalfados (poché). Selecciona dos huevos muy frescos. Rompe con cuidado la cáscara y pon cada uno en una tacita para controlar su calidad y atemperarlos del frío de la nevera. Pon a hervir un cazo con 1 litro de agua mineral, una pizca de sal y 20 gotas de vinagre. Deja que hierva muy suavemente y remueve el agua para crear movimiento, una especie de corriente circular. Vuelca con cuidado cada huevo reservado en su taza, y observarás que la clara va tomando cuerpo y abrigando la yema interior, y que los huevos casi flotan en la superficie. La cocción se debe mantener muy lenta durante unos 3 minutos. Retíralos con cuidado y recorta los flecos sueltos de la clara para que queden más atractivos. Los huevos escalfados se pueden cocer anticipadamente y luego, con mucha atención, calentarlos de nuevo en agua limpia y caliente.

Huevos cocinados a baja temperatura. Pon 1 litro de agua al fuego en un cazo, con una pizca de sal y 10 gotas de vinagre. Controla la temperatura del agua con un termómetro, pues debe mantenerse a **65 °C**. Introduce un par de huevos y cuécelos 20 minutos. Controla constantemente la temperatura y gíralos cada 3 minutos. Después, apártalos del fuego y déjalos reposar 2 minutos en el agua de cocción. Retíralos y sumérgelos en agua con hielo para detener la cocción y poderlos pelar y servir, o puedes reservarlos individualmente en pequeños boles para calentarlos delicadamente bajo una salamandra o gratinador.

Hervir patatas

Es relativamente fácil hervir patatas. Puedes ponerlas a cocer tanto con agua fría hasta que levante el hervor como directamente en agua caliente (a mí, particularmente, me gusta ponerlas a hervir con agua tibia). Las puedes cocer peladas y en láminas, o en dados, o también enteras, con la piel muy limpia. Sálalas con moderación y consúmelas recién hechas. El tiempo de cocción está relacionado con la variedad de patata o la medida del corte. Como dato orientativo, unos dados de patata de unos 3 cm necesitarán unos 15-20 minutos. Procura controlar la cocción del corazón de las patatas, con ayuda de un cuchillo o una brocheta: la resistencia del pinchazo indicará el punto de cocción. Procura también escoger buenas patatas; ya sabes que en el mercado puedes encontrarlas con el nombre de la variedad del tubérculo. También puedes cocer patatas en el microondas. Elígelas del mismo tamaño, enteras, con piel. Lávalas muy bien, ponlas en un recipiente, pínchalas con un cuchillo y tapa con papel de plástico transparente. Dependiendo de la potencia del microondas, en pocos minutos estarán listas (unos 5-7 minutos).

VARIEDADES DE PATATAS EN EL MERCADO

Patata bufet. Es una de las más recomendables, de piel y carne clara, ovalada y deforme, de fécula finísima, tanto para cocinar cocida como estofada, en puré o al horno. Suele ser una variedad de precio elevado, a causa de la escasa productividad y el alto valor gastronómico.

Patata Kennebec. Es también muy apreciada, la piel es de color amarillo claro y la carne blanca. La forma es ovalada y redondeada, y especialmente recomendable para freír.

Patata Bintje. Es una patata que se adapta a todas las cocciones, principalmente para freír, hornear o estofar. Tiene forma alargada y grande, de piel de color amarillo claro y carne firme.

Patata Monalisa. Es una variedad de piel amarilla y carne de un color más claro, tiene una forma ovalada, alargada y lisa, y es firme para estofar o cocer. Nada recomendable para freír.

Patata Red Pontiac. Es otra variedad aconsejable para cocer o estofar, no para freír. De tamaño grande, piel roja y con muchos ojos, de carne blanca y firme.

Patata Charlotte. Son apreciadas para hacer purés, estofar, hornear o cocer. De forma ovalada y redondeada, de piel y carne color amarillo y textura firme.

Patata Belle de Fontenay. Es otra variedad de calidad, de piel amarilla y carne más clara, con forma ovalada y alargada. Adecuada principalmente para hornear, estofar o cocer.

Patata BF-15. Está especialmente indicada para hornear y gratinar, y hacer purés o estofados. De piel y carne amarilla, tamaño mediano, alargada y regular.

Patata agria. Es muy apreciada, de forma ovalada, piel lisa y carne amarilla, principalmente recomendada para freír, aunque puede utilizarse también para hervir o asar.

Patata Ratte. Es una de las más apreciadas gastronómicamente y, por tanto, de precio elevado. Tiene forma alargada, delgada y pequeña, de piel color amarillo y carne clara, es muy gustosa y se recomienda especialmente para cocer con piel, hornear o asar al rescoldo, o para preparar purés elegantes, debido a la finura de su fécula.

Patata vitelotte o violeta. Es la más vistosa y diferente de todas. Posee piel y carne de color violeta, de forma alargada y pequeña. Se puede comer cruda, cortada muy fina, en una ensalada; o fría, cocida previamente con piel y luego pelada, cortada y aliñada; o frita, cortada muy fina, como patatas chips; o salteada con mantequilla, cortada en juliana.

Patatas al tenedor

Para 2 raciones

- 500 g de patatas, peladas y cortadas en dados regulares
- ½ l de agua mineral
- 50 ml de aceite de oliva virgen extra (o 50 g de mantequilla de vaca)
- sal y pimienta blanca

Elaboración

1. Cuece las patatas con el agua al punto de sal, 20 minutos aprox. Deja que baje la temperatura de cocción dentro de la misma agua. Escúrrelas.

2. Traslada las patatas a un bol y trabájalas con un tenedor. Añade el aceite de oliva (o la mantequilla) y continúa aplastando la mezcla unos minutos más. Afina el punto de sal y pimienta, y sírvelas recién hechas.

Patatas enmascaradas

Para 4 raciones

- 1 kg de patatas, peladas y cortadas en trozos regulares
- 1,5 l de agua mineral
- 300 g de butifarra negra, sin piel y cortada en dados
- aceite de oliva virgen extra
- sal y pimienta

▸ *Si quieres preparar un plato más completo, puedes servir las patatas enmascaradas en compañía de una loncha de panceta bien dorada en una sartén, o con un par de filetes de lomo a la plancha o un par de huevos fritos.*

La patata enmascarada es una elaboración sencilla y tradicional de la cocina catalana, concretamente de la comarca de El Berguedà. Es un plato de payés que se prepara en zonas de montaña, sobre todo durante los meses de frío.

Elaboración

1. Pon las patatas a cocer en agua y sala con moderación. Mantenlas al fuego aprox. 20 minutos. Deja que descienda la temperatura de cocción con las patatas dentro del agua. Escúrrelas.

2. En una sartén con un hilo de aceite, dora ligeramente la butifarra sin piel.

2. Incorpora las patatas y aplástalas con ayuda de un tenedor. Trabaja la mezcla durante unos minutos para unir y enmascarar las patatas. Sírvelas recién hechas.

Patatas Parmentier

Se denominan «Parmentier» algunas elaboraciones de la cocina francesa. El nombre tiene su origen en la persona que popularizó el consumo de la patata en Francia, Antoine-Augustin Parmentier, en una época en que no se consideraba un alimento apto para el consumo humano. Gracias a su labor divulgativa, logró que se extendiese el cultivo de este tubérculo, y, por ello, platos refinados con patata se llaman «Parmentier». La elaboración más conocida es la Parmentier de patata, un puré cremoso y exquisito de este tubérculo. Actualmente, cualquier preparación que sea un puré o crema que contenga un poco de patata se denomina también «Parmentier».

Para 4 raciones

- **700 g de patata, pelada y cortada (en dados de unos 2 cm)**
- **1 puerro, la parte blanca, bien limpia, cortada en rodajas finas**
- **100 ml de aceite de oliva virgen extra**
- **½ l de agua mineral**
- **una pizca de nuez moscada**
- **sal y pimienta blanca**

Elaboración

1. Cuece al vapor las patatas, sazonadas con una pizca de sal, durante 25 minutos, hasta que estén muy tiernas (puedes cocerlas al modo tradicional, pero hervidas con muy poca agua, para conservar todo el sabor de la patata).

2. En otro cazo, sofríe el puerro en el aceite muy lentamente. Debe quedar cocinado, pero sin adquirir nada de color. Afina el punto de sal.

3. Incorpora las patatas al cazo con el puerro y añade el agua (si has cocido las patatas en agua, puedes aprovecharla). Tritura de manera muy fina hasta conseguir una crema muy ligera y cremosa. Afina el punto de sal y añade la pimienta blanca y la nuez moscada. Las patatas Parmentier están listas.

Parmentier con trufa *Melanosporum*

La trufa de invierno, la negra Melanosporum, es un producto que ha cautivado a los *gourmets* de todo el mundo. En el Mediterráneo, el tiempo para consumirla y disfrutarla fresca es en invierno, a precio de oro. Permítete el lujo de llevarla a tu mesa, pues es una vianda tan sublime como una melodía bien afinada. La trufa no es excelente todos los años: se trata de un producto silvestre y, como tal, la naturaleza manda. Busca un buen proveedor de trufa fresca, en el que confíes para comprarle un producto tan delicado, caro y excepcional. La trufa se debe consumir rápidamente cuando está madura. Por tanto, conviene que no esté mucho en la nevera para que no pierda sus propiedades. No obstante, si la vas a conservar tres días en casa, merece la pena que la guardes en la nevera dentro de una caja hermética junto con los huevos frescos y muy limpios (o granos de arroz). El perfume de las trufas impregnará los huevos a través de los poros de las cáscaras (o los poros del arroz) y podrás preparar una tortilla, un revuelto o unos huevos fritos (o un arroz blanco) con aroma a trufa, que puedes reservar para otros usos.

Para 6 raciones

- **200 g de trufa fresca Melanosporum**
- **130 g de chalotas, picadas muy finas**
- **1 kg de patatas de gran calidad, preferiblemente bufet o Ratte**
- **400 ml de agua mineral**
- **50 g de mantequilla de vaca**
- **50 ml de aceite de oliva virgen extra**
- **150 ml de nata líquida**
- **sal, nuez moscada**
- **pimienta blanca y pimienta negra**

(**Opcional:** una mandolina para laminar las trufas al final de la elaboración)

Elaboración

1. Cuece las patatas, con piel y bien limpias, en agua fría con sal, a fuego medio y durante unos 25-30 minutos, según el tamaño de las patatas.

2. Limpia las trufas bajo el grifo con un cepillito de cocina, para eliminar cualquier rastro de tierra, y luego usa un pelador para quitar la rugosa piel exterior. Reserva el 25 % de las trufas limpias y enteras en la nevera, protegidas con papel transparente. El resto desmenúzalo bien con un tenedor y reserva el granulado obtenido en un bol bien tapado en la nevera.

3. Mientras tanto, sofríe en un cazo grande con aceite de oliva y a fuego suave las chalotas picadas hasta que estén ligeramente doradas (unos 15-20 minutos). Añade las trufas desmenuzadas y continúa el sofrito 2 minutos más. Incorpora el agua mineral caliente, lleva a ebullición y salpimenta.

4. Pela las patatas cocidas, córtalas en trozos y ponlas en un bol grande con el sofrito anterior (**punto 3**). Incorpora también la nata líquida, la mantequilla y una

pizca de nuez moscada, y tritura todo junto bien fino. Rectifica el punto de sal y pimienta, y ya está lista la Parmentier.

Presentación. Sirve la Permentier caliente en platos hondos y, por encima, reparte las trufas reservadas, laminadas con la mandolina, a modo de virutas muy finas.

Patata y col cocidas con bacalao a la santpolenca

Para 4 raciones

- 1 kg de patatas
- 2 coles o berzas de invierno, pequeñas y verdes
- 3 l de agua mineral
- 4 trozos hermosos de bacalao desalado de la parte del morro (de unos 200 g cada uno, o 500 g del seco y desalar en casa)
- 1 diente de ajo
- 200 ml de aceite de oliva virgen extra
- 1 huevo
- sal

▸ *Puedes preparar la receta de patata y col cocidas también con pescado fresco —cortado en trozos de 1 cm y sin espinas—, como rape, breca o pagel, dorada, cabracho o lenguado.*

Elaboración

1. Pela las patatas y córtalas en trozos medianos, desgajándolas, y resérvalas en agua.

2. Lava las coles y deshazlas hoja a hoja; retira, si es necesario, la parte más gruesa del nervio. Resérvalas también en agua.

3. Pon una olla al fuego con el agua mineral y las patatas, añade sal y tapa el recipiente. Cuando se levante el hervor, déjalas cocer a fuego medio 10 minutos.

4. Incorpora a la olla las hojas de col. Tapa y deja cocer 8 minutos más.

5. Baja el fuego al mínimo y agrega a la olla el bacalao. Deja cocer a fuego muy lento medio minuto y aparta la olla, que debe reposar, tapada, 5 minutos más.

6. Aprovecha los 5 minutos de reposo para dejar lista la salsa. Con el túrmix, prepara una mayonesa con el huevo, el ajo picado, el aceite y la sal. Coloca la batidora tocando el fondo del recipiente y comprueba cómo las revoluciones del aparato van emulsionando. Levanta el túrmix muy despacio para ligar perfectamente la mayonesa. Después vierte 400 ml del jugo caliente de la olla dentro del mismo recipiente y vuelve a triturar. Conseguirás una salsa cremosa y blanca, perfumada de ajo y del agua de cocer la patata, la col y el bacalao.

▸ *Puedes optar por servir directamente en platos hondos. Reparte las patatas, la col y los trozos de bacalao, muy caliente y escurrido al sacarlo de la olla, y cubre por encima con la salsa generosamente. Para una presentación más especial, utiliza un aro que sirva de molde y ve colocando las hojas de col y, dentro, reparte el bacalao y las patatas aplastadas con un tenedor; aliña con la salsa y cubre con hojas de col como si fuese un ravioli gigante. Presenta en la mesa la salsa caliente en una salsera, para que cada comensal se sirva a su gusto.*

Técnica para desalar bacalao seco en casa

Compra bacalao seco de gran calidad, córtalo en trozos e introdúcelo en un recipiente acorde a la cantidad de bacalao. Con la piel hacia arriba, cúbrelo de agua mineral y guárdalo en la nevera durante 5 días. En ese tiempo no se habrá desalado, sino solo hidratado. El sexto día cámbialo a un recipiente más grande y con agua nueva, a razón de 4 litros de agua mineral por ½ kg de bacalao seco. Disponlo con la piel hacia arriba y dentro de un escurridor de plástico para conseguir que el bacalao no toque el fondo del recipiente, que es donde se concentrará la sal que perderá el pescado. Déjalo en remojo durante 12 horas más en la nevera. Prueba el punto de sal por si fuera necesario desalarlo más tiempo.

Recuerda. Un bacalao seco es como una momia o un fósil, y el proceso de remojo lo que consigue es devolverlo a la vida. Por ello, un bacalao desalado es tanto o más delicado que un pescado fresco, y se debe procurar consumirlo lo antes posible. En mi opinión, aquellos que dicen que no les gusta el bacalao es porque han vivido una mala experiencia con este producto, y les parece que sabe a cadáver, ¡y es todo lo contrario! El bacalao seco (*Gadus morhua*) es un producto gastronómico fantástico que requiere ser tratado con mucha delicadeza, y que se adapta a un montón de técnicas culinarias. **Una curiosidad:** desde el punto de vista nutricional, se considera un pescado blanco; en cambio, el bacalao salado concentra las grasas saludables y por eso se puede clasificar como pescado azul, y aportará al organismo las propiedades de este tipo de alimentos.

Hervido de primavera a la santpolenca

Para 1 ración

Para el hervido

- **1 l de agua mineral**
- **10 g de sal**
- **40 g de patatas tiernas, cortadas en dados de 2 cm**
- **30 g de zanahorias mini, bien limpias y sin pelar**
- **50 g de guisantes, tiernos y desgranados**
- **20 g de de habitas, tiernas y desgranadas**
- **20 g de espárragos verdes** (5 cm de la parte de la punta, sin pelar)
- **130 g de rape en cortes finos**
- **una pizca de sal**

Para la salsa

- **50 g de mayonesa con un toque de ajo** (p. 43 mayonesa de bacalao a la santpolenca)
- **100 ml del caldo de cocción**

Opcional para la presentación

- **un chorrito de aceite de oliva virgen extra**
- **6 puntas de salicornia**
- **2 brotes de germinado de guisante**
- 2 **flores de guisante**

Elaboración

1. En un platito, prepara los trozos de rape y sálalos con moderación.
2. En un cazo amplio, pon al fuego el agua mineral y los dados de patata. Cuando rompa a hervir, sala con moderación y mantén la cocción a fuego medio durante 5 minutos.
3. Agrega las zanahorias y deja cocer 2 minutos más.
4. Incorpora los guisantes, las habitas y los espárragos, y deja que se cueza todo junto 3 minutos más.
5. Con el cazo ya fuera del fuego, añade el rape, tapa y deja reposar durante 3 minutos.

Finalización y presentación

1. Escurre los vegetales y el pescado, y conserva el caldo de cocción.
2. Dispón los alimentos hervidos en un plato semihondo. Mezcla los vegetales y el pescado.
3. Aliña por encima con la salsa caliente, elaborada con 100 ml de caldo de cocción y 50 g de la mayonesa con ajo triturada en el túrmix.
4. **Opcional.** Remata la presentación del hervido con un chorrito de aceite de oliva virgen extra, los brotes de salicornia y los germinados y flores de guisante.

Muy importante para cocer legumbres

La calidad. Controla la calidad y la procedencia de las legumbres que compres. También hay que controlar que sean «del año» (las legumbres son un alimento seco que es preciso consumir dentro del plazo óptimo). Si fuesen más viejas, necesitarían más tiempo de cocción y el resultado gastronómico sería inferior.

La hidratación, el remojo. Antes de ponerte a cocinar legumbres es preciso hidratarlas-remojarlas y revisar que no contengan impurezas o piedrecitas.

La calidad del agua. Es muy recomendable cocinar las legumbres con agua mineral, a fin de obtener unos resultados impecables.

El recipiente: olla, cazo o cacerola. También es recomendable cocinar las legumbres en recipientes de calidad. Si es de acero inoxidable, se puede usar para poner a remojar las legumbres y seguidamente cocinarlas. Cuando estén cocidas y frías, resérvarlas en la nevera en el mismo recipiente inoxidable.

La potencia del fuego. Las legumbres se deben cocer a partir de agua fría, y justo cuando rompa a hervir, espumar las impurezas de la superficie y bajar la potencia del fuego para continuar con un hervor muy lento, lentísimo. Mantener la olla tapada y salar al final. (Los garbanzos también se pueden cocer con agua hirviendo.)

El tiempo de cocción. Estará relacionado con la variedad de legumbre; por tanto, se deberá controlar durante la cocción el momento ideal para apartar la olla del fuego. Con carácter orientativo, unas alubias requerirán una cocción lenta de unos 90 minutos; unos garbanzos, una cocción lenta de unos 50 minutos; y, unas lentejas, unos 40 minutos.

El reposo. Procura reservar las legumbres cocidas dentro de su propio caldo de cocción en la nevera, para mantenerlas impecables de textura y, si te apetece, utiliza el caldo para elaborar otras recetas a partir de las legumbres cocidas al punto.

Hervir alubias

Para 4 raciones

- **300 g de alubias secas**
- **1,5 l de agua mineral**
- **10 g de sal**

Elaboración

1. Lava las alubias en un colador bajo el chorro del agua y ponlas en una olla de acero inoxidable con agua mineral. Deja que se hidraten-remojen a temperatura ambiente durante 8-12 horas.

2. Pon la olla a fuego medio y controla que rompa a hervir. En ese momento, espuma la superficie y baja la potencia del fuego a un mínimo «muy mínimo». Tapa la olla y deja que se cuezan durante 60 minutos. Pasado ese tiempo, pruébalas para comprobar el punto de cocción, agrega la sal y decide si es necesario añadir más tiempo. Restarán, 30 minutos aprox., aunque esto dependerá de la variedad de alubia que estés cociendo. El objetivo es conseguir unas alubias finas de textura y piel, enteras y delicadas. Si pasado el tiempo óptimo de cocción notas que están pellejudas, una técnica para ayudar a afinar la piel es añadir a la olla un vaso de agua mineral fría, y continuar la cocción a fuego lento unos 15 minutos más.

3. Puedes servirlas directamente de la olla, con ayuda de una espumadera para que queden bien escurridas, y en el plato aliñarlas con un buen chorrito de aceite de oliva.

Salteado de alubias, col, coliflor y butifarra negra

Para 2 raciones

- **250 g de alubias cocidas,** bien escurridas del caldo de cocción (p. 47)
- **70 g de butifarra negra sin piel, cortada en trozos** (de 2 cm)
- **130 g de hojas de col**
- **130 g de coliflor**
- **18 ml de aceite de oliva**
- **18 g de grasa de cerdo**
- **sal**

Elaboración

Disponte a cocer los vegetales. Pon una olla al fuego con 1.500 ml de agua mineral y 20 g de sal. Cuando rompa a hervir, incorpora la coliflor, muy limpia y cortada en ramitos, como sugiere el propio producto. Déjala cocer unos 5 minutos. Si es muy tierna, estará lista; si no, déjala cocer un pelín más. Resérvala sin pasarla por agua y hielo. En la misma agua, cuece la col, también muy limpia y con las hojas sueltas y libres de los nervios más gruesos. También, si es tierna, con unos 5 minutos estará lista; si no, cuécela un poco más. Resérvala, como la coliflor, sin pasarla por agua y hielo, y cuando esté fría, aprieta las hojas para escurrir el agua del interior; corta en trozos rústicos y regulares y reserva.

Salteado en la sartén. Pon al fuego una sartén de unos 24 cm de diámetro con el aceite y la grasa. Cuando esté caliente, añade las alubias bien escurridas y ve salteándolas a fuego medio durante 3 minutos (la técnica de saltear consiste en practicar cada 30 segundos unos movimientos rotatorios con la propia sartén, para provocar un impulso en el producto que lo haga girar sobre sí mismo). Incorpora la col y los ramitos de coliflor, y continúa con el salteado 3 minutos más. Ahora es el turno de la butifarra, que se saltea 1 minuto más. El plato está listo. Sírvelo directamente de la sartén al plato. (Este salteado es una auténtica delicia; las legumbres son tan recomendables como las verduras; procura comprar el cerdo de buena calidad.)

Hervir lentejas

Para 4 raciones

- 300 g de lentejas secas
- 1,5 l de agua mineral
- 10 g de sal
- 1 hoja pequeña de laurel

Elaboración

1. Lava las lentejas en un colador bajo el chorro del agua y ponlas en una olla de acero inoxidable con el agua mineral. Déjalas hidratar-remojar a temperatura ambiente durante 8-12 horas.

2. Pon la olla a fuego medio, añade la hoja de laurel y controla que rompa a hervir. En ese momento, espuma el agua, baja la potencia del fuego a un mínimo «muy mínimo», tapa la olla y déjalas cocer durante 25 minutos. Pasado este tiempo, pruébalas para comprobar el punto de cocción, echa la sal y decide si requieren más tiempo. Aproximadamente necesitarán unos 15 minutos más, pero este tiempo dependerá de la variedad de lenteja que utilices. El objetivo es conseguir unas lentejas finas de textura y piel, enteras y delicadas. Si pasado el tiempo óptimo de cocción notas que están pellejudas, una técnica para ayudar a afinar la piel es añadir a la olla un vaso de agua mineral fría, y continuar la cocción a fuego lento unos 15 minutos más.

3. Puedes servirlas directamente de la olla, con ayuda de una espumadera para que queden bien escurridas, y aliñarlas con un buen chorro de aceite de oliva.

▸ ***Atención.*** *En el mercado puedes encontrar una gran variedad de lentejas —verdes, rojas, pardinas, beluga, del Puy, etcétera—, y algunos productores recomiendan no hidratarlas antes de cocinarlas porque son de cocción muy rápida. Precisamente por eso se debe controlar con atención lo que se cocina, para no tener sorpresas desagradables, como que las lentejas se deshagan. En tal caso, una buena solución será triturarlas con un buen chorro de aceite de oliva y un toque de puerro sofrito para crear una sabrosa crema de lentejas.*

Ensalada de lentejas

Para 2 raciones

- **200 g de lentejas cocidas** (p. 49)
- **50 g de queso manchego curado, cortado en dados** (de 1 cm)
- **4 filetes de anchoa en salazón, cortados en trozos** (de 2 cm)
- **3 tomates maduros sin piel ni pepitas, cortados en dados** (de 1 cm)
- **1 manzana, en dados** (de 1 cm)
- **15 g de almendra en bastones tostada**

Para la vinagreta

- **6 hojas de albahaca y de perejil picadas**
- **2 g de mostaza de Meaux**
- **30 ml de aceite de oliva virgen extra**
- **7 ml de vinagre de Jerez**
- **sal y pimienta**

Elaboración

En un bol de presentación del tamaño adecuado, dispón las lentejas, los dados de queso, los trocitos de anchoa, los dados de tomate, los dados de manzana y la almendra en bastones. Remueve con delicadeza los ingredientes y aliña por encima con la vinagreta bien mezclada. La ensalada está lista para degustarla.

Hervir garbanzos

Para 4 raciones

- 400 g de garbanzos secos
- 1,5 l de agua mineral
- 20 g de sal
- 5 g de bicarbonato de sodio
- (10 g de sal más y 1.500 ml más de agua para cocerlos)

Elaboración

1. Lava los garbanzos bajo el chorro del agua en un colador y luego pásalos a una olla de acero inoxidable con el agua mineral y los 20 g de sal. Déjalos hidratar-remojar a temperatura ambiente durante 8-12 horas.

2. Escúrrelos del remojo, ponlos de nuevo en la olla y añade el bicarbonato. Remueve con delicadeza, como si les hicieras un masaje. Déjalos reposar con el bicarbonato durante 3 minutos. Enjuágalos bajo el grifo y escúrrelos.

3. Pon de nuevo los garbanzos en la olla, ahora con el agua mineral para cocerlos y la sal. Enciende el fuego a media potencia y tapa la olla. Como siempre con las legumbres, hay que estar atento a que rompa el hervor para bajar el fuego al mínimo. Cuando lleven cociendo unos 40 minutos, controla el punto por si necesitan más tiempo.

Atención. ¡Los garbanzos nunca deben perder el hervor durante la cocción!

Recuerda. También puedes poner los garbanzos a cocer desde el paso **número 3**, directamente con el agua hirviendo.

Sopa mezclada de garbanzos, vegetales y pelotillas

Para 2 raciones

- **200 g de garbanzos cocidos** (p. 51)
- **1 l del caldo de cocer los garbanzos**
- **1 hoja de laurel**
- **100 g de carne picada de cerdo Duroc**
- **10 g de piñones, partidos por la mitad**
- **10 hojas de perejil, picadas finas**
- **50 g de zanahoria, cortada emincer**
- **50 g de apio, cortado emincer**
- **50 g de puerro, cortado emincer**
- **6 tallos de cebollino en trocitos** (de 2 cm)
- **sal y pimienta blanca**
- **aceite de oliva virgen extra**
- **una pizca de harina de trigo para las bolitas de carne** (pelotillas)

Elaboración

1. Amasa la carne picada de cerdo con los piñones y el perejil, salpimenta y forma pequeñas bolas (pelotillas) de 1 cm de diámetro. Enharínalas ligeramente y resérvalas en la nevera.

2. Pon al fuego una olla pequeña con el litro de caldo de los garbanzos y la hoja de laurel. Cuando comience a hervir, añade la zanahoria, el apio y el puerro. Al levantar otra vez el hervor, deja cocer 1 minuto.

3. Incorpora las bolitas y deja cocer a fuego medio durante 2 minutos.

4. Aparta la olla del fuego y agrega los garbanzos cocidos, el cebollino picado y un hilo de aceite de oliva. Retira la hoja de laurel, y ya puedes servir la sopa.

Caldo vegetal

Para 4 raciones
→ 1,4 l de agua mineral
→ 100 g de zanahoria en dados (de 1,5 cm)
→ 100 g de puerro y apio en dados (de 1,5 cm)
→ 100 g de nabo en dados (de 1,5 cm)
→ 100 g de patata en dados (de 1,5 cm)
→ 10 g de sal

Elaboración

1. Pon agua al fuego en un cazo u otro recipiente adecuado. Cuando comience a hervir, agrega los vegetales y espera a que arranque el hervor de nuevo. Sala y mantén a fuego medio durante 8 minutos.

Dos ideas para servir el caldo

1.ª Directamente en boles y con tropezones, como una minestrone vegetal. Añade por encima un hilo de aceite de oliva.

2.ª Cuela todo el caldo (reserva la mitad en el congelador para el día que lo necesites). Con el túrmix, tritura bien finos todos los vegetales cocidos junto con la mitad del caldo y un dado de mantequilla, y sirve el puré vegetal en tazas.

Caldo dashi

Este es un caldo de la cultura japonesa, muy saludable, sabroso y muy interesante, porque le puedes dar muchos usos culinarios.

Para 4 raciones
→ 1 l de agua mineral
→ 15 g de alga kombu, en un solo corte
→ 5 g de *katsuoboshi* (bonito seco y laminado muy fino)

Elaboración

1. Introduce en el agua el alga kombu y reserva en la nevera durante 8 horas en un recipiente de acero inoxidable.

2. Pon al fuego el recipiente con el alga y el agua y, justo en el momento en que comience a hervir, retira el alga (no debe hervir).

3. Añade el katsuoboshi y espera a que empiece a hervir. Retira el recipiente del fuego y, cuando observes que el laminado de *katsuoboshi* ha caído de la superficie al fondo, es el momento de colar el caldo y reservarlo en la nevera.

Dashi de romesco

Para 4 raciones
→ 1 l de caldo dashi (p. 53)
→ 120 g de salsa romesco (en la p. 235, capítulo de salsas)

Elaboración

1. Mezcla el caldo dashi con el romesco y tritúralo bien fino. Ponlo a fuego solo hasta que comience a hervir. Aparta, tritura de nuevo, cuélalo y listo para servir.

Sopa de pescado

Para 4 raciones
→ 400 g de rape, sin piel ni espinas, y salpimentado ligeramente
→ 20 ml de aceite de oliva virgen extra
→ 150 g de zanahoria, cortados en juliana
→ 150 g de puerro, cortados en juliana
→ 50 g de apio, cortado en juliana
→ 100 g de ajetes, cortados en juliana
→ 50 g de cebolla, cortada en juliana
→ 1,5 l de agua mineral
→ ½ hoja de laurel
→ una pizca de hinojo
→ 20 ml de jerez seco
→ 15 g de sal

Elaboración

1. En una olla del tamaño adecuado, pon el aceite y enciende el fuego. Cuando esté caliente, incorpora el rape y rehoga 30 segundos por cada cara. Retira el rape de la olla y córtalo en dados regulares de 2 cm para añadirlos a la sopa en el último momento.

2. En el mismo aceite perfumado del rape, añade todos los ingredientes vegetales y rehógalos 3 minutos mientras los vas removiendo.

3. Agrega a la olla el jerez seco y la sal, y deja que se cocine 30 segundos más.

4. Es el momento de añadir a la olla el agua mineral caliente. Cuando rompa el hervor, deja cocer a fuego medio 5 minutos.

5. Añade el rape reservado y cortado en dados, junto con los jugos que haya soltado durante el reposo, y deja cocer todo junto solo 15 segundos más. Retira el laurel y el hinojo, y espuma la superficie. La sopa se puede servir y degustar.

▸ ***Para aquellos a los que no les gustan las sopas con tropezones.*** *Se puede triturar la sopa al final de la cocción y servirla como un puré vegetal y de pescado fantástico.*

▸ ***La misma receta se puede utilizar para preparar fumet de pescado.*** *Tan solo hay que sustituir los trozos de rape por pescaditos de roca bien limpios y, sin retirarlos en ningún momento de la cocción, seguir los pasos de la técnica de la receta. Al final, colar el caldo obtenido para preparar arroces o fideuás, o suquets que requieran un caldo de estas características.*

Escudella y *carn d'olla*

Para 8 raciones
→ 8 l de agua mineral + 50 g de sal
Carne de ternera
→ 400 g de huesos, de la pata y rodilla
→ 400 g de morcillo
Carne de cerdo
→ 30 g de manteca añeja (o un hueso pequeño de jamón)
→ 300 g de huesos del espinazo
→ 200 g de panceta
→ ½ manita
→ ½ oreja
→ 200 g de morro
→ 1 butifarra negra
→ 1 butifarra blanca
Carne de ave
→ 1 pechuga de gallina
Carne de cordero
→ 200 g de garrón de cordero lechal
Para la pelota
→ 200 g de carne picada de ternera
→ 200 g de carne picada de cerdo
→ 1 huevo
→ ½ diente de ajo picado
→ 15 hojas de perejil picadas
→ una pizca de harina de trigo
→ 30 g de miga de pan desmenuzada

Elaboración

1. Lava bien las carnes y los huesos. Amasa los ingredientes de la pelota, creando la forma típica (más bien ovalada) de pelota, y reserva en la nevera. Pela y lava todos los vegetales y ten a mano las legumbres.

2. En una olla de tamaño adecuado, añade los 8 litros de agua mineral, las carnes, los huesos y las legumbres ya remojadas. Enciende el fuego, tapa la olla y controla el momento en que rompa a hervir para eliminar la espuma que irá apareciendo en la superficie. Echa la sal, tapa la olla y deja cocer a fuego medio 1 hora.

3. Incorpora los vegetales a la olla (menos las patatas y la col), tapa de nuevo y continúa la cocción 45 minutos más.

4. Incorpora a la olla las patatas y la pelota (enharinada por todas las caras), y continúa la cocción 10 minutos más.

5. Añade la col a la olla y deja cocer 10 minutos más.

6. Por último, las butifarras (pinchadas, para evitar que revienten). Debe cocerse todo junto 5 minutos más. Afina el punto de sal y apaga el fuego. La escudella ya está lista.

7. Con cuidado, traspasa a otra olla 4 litros del caldo para cocer en él la pasta elegida. Procura que las carnes queden dentro de la otra olla con caldo, para que las mantenga calientes hasta el momento de llevarlas a la mesa.

8. El modo tradicional de disfrutar de la escudella es servir el primer plato de caldo con la pasta y, de segundo, presentar una bandeja con las carnes, los vegetales, las legumbres y la pelota para servir al gusto de los comensales.

▸ *La escudella y* carn d'olla *constituye una comida completa. Por eso, es normal que sobre parte de las carnes. En tal caso, te proponemos elaborar unas croquetas o una terrina.*

Las legumbres
↠ 200 g de alubias en remojo (hidratadas)
↠ 200 g de garbanzos en remojo (hidratados)
Los vegetales
↠ 3 zanahorias
↠ 3 puerros
↠ 1 cebolla
↠ 1 rama de apio de unos 20 cm
↠ 1 nabo
↠ 1 chirivía
↠ 4 patatas
↠ ½ col verde
La pasta
↠ Al gusto: *galets*, pistones, fideos o arroz

CROQUETAS DE *CARN D'OLLA*

En el capítulo «Freír» tienes la preparación de las croquetas de setas (p. 95). Puedes sustituir las setas picadas por «carn d'olla» picada y seguir la receta como propone el libro.

TERRINA DE *CARN D'OLLA*

Prepara una terrina forrada con papel de plástico transparente. Llena la terrina con la «carn d'olla» un pelín tibia, por capas, alternando las carnes deshuesadas y las verduras, y procurando que las partes gelatinosas, como la oreja, la manita, el morro, el morcillo, las butifarras y la pelota, queden bien repartidas y la terrina bien montada. Una vez llena, tapa-cierra con la lámina de plástico y reserva en la nevera, con un peso encima para ayudar a unir los componentes de la terrina. Al día siguiente, retira el plástico y ya la puedes servir en lonchas finas, en caso de ofrecerla fría con ensalada y vinagreta, o en lonchas gruesas, marcadas en una sartén antiadherente por cada cara y recién calentadas 4 minutos al horno a **190 °C.**

Bullabesa

Para 4 raciones

- **75 ml de aceite de oliva virgen extra**
- **250 g de cebolla grande, pelada y cortada en dados pequeños**
- **150 g de puerro, limpio y cortado pequeño**
- **400 g de tomate maduro, rallado sin piel ni semillas**
- **2,5 kg de pescado de roca** (congrio, salmonete, gallineta o cabracho...) **bien limpio de escamas y espinas. Reserva los filetes de los pescados más grandes; el resto, en trozos** (como mínimo, debes contar con 600 g de filetes de pescado limpio).
- **50 ml de Pastis** (licor de anís)
- **2 dientes de ajo, pelados y cortados por la mitad**
- **150 g de bulbo de hinojo, cortado en dados medianos**
- **1 hoja de laurel**
- **1 trozo de piel fina de naranja** (6 cm aprox.)
- **8 hebras de azafrán**
- **2 l de agua mineral**
- **500 g de patatas, peladas y cascadas en dados medianos y regulares**
- **sal y pimienta**

La bullabesa es un plato típico de la región de Provenza, en el sur de Francia. Su origen es modesto: se utiliza una gran variedad de pescados en su elaboración, la mayoría de roca. Antiguamente este plato de pescadores se comía en dos servicios: de primero, la sopa acompañada de una rebanada de pan seco untada con ajo y salsa *Rouille* (una especie de alioli con un poco de pimentón) y, de segundo, los pescados hervidos. En la actualidad, se presenta en un solo servicio y se utilizan pescados más nobles, e incluso, marisco.

Elaboración

1. En una cazuela amplia, con el aceite precalentado, sofríe la cebolla y el puerro, hasta que tomen un ligero color dorado (unos 10-15 minutos).

2. Incorpora el ajo y el hinojo, y continúa sofriendo 5 minutos más. Añade el tomate y deja que se cueza hasta reducir el agua del tomate. Salpimenta, agrega la hoja de laurel, la piel de naranja y el azafrán. Mezcla bien todo junto y vierte el licor de anís.

3. Encima del sofrito ya elaborado, dispón los pescados cortados en trozos para conseguir un buen caldo-salsa de pescado. Mezcla bien y deja sofreír los pescados hasta que empiecen a deshacerse. Salpimenta y añade el agua mineral muy caliente. Deja que levante el hervor y mantén a fuego medio durante 20 minutos. Terminada la cocción, pasa el caldo-salsa por un colador chino, aplastando muy bien para que suelte todos sus sabrosos jugos.

4. Pon al fuego el caldo colado en una cazuela amplia. Agrega las patatas y, al comenzar a hervir, mantén el fuego a potencia media durante 15 minutos. Incorpora los filetes reservados de pescado limpios de espinas y previamente salados, y deja cocer todo junto unos 2 minutos más. Pasado este tiempo, aparta la cazuela del fuego y deja reposar, tapada, durante 5 minutos. Ya se puede servir la bullabesa, en platos hondos, con el pescado, el jugo y las patatas, acompa-

***Para la salsa* Rouille**

- **1 huevo**
- **200 ml de aceite de oliva**
- **1 diente de ajo**
- **la pulpa de 2 ñoras**
- **70 g de patatas** (cocidas en la bullabesa)
- **una pizca de pimentón picante**
- **sal**
- **4 rebanadas de pan de payés, tostado o frito** (al gusto)

ñada de la salsa *Rouille* y las rebanadas de pan tostado (o frito).

Para la salsa *Rouille*. Elabora con un túrmix un alioli tradicional con aceite, ajo, sal y huevo. Una vez emulsionado, añade la pulpa de la ñora, la patata cocida y el pimentón picante, y tritura todo hasta obtener una salsa cremosa y consistente.

- *En la cocina lo más importante es la calidad de los productos y la frescura, en este caso de los pescados. La receta tradicional reclama que contenga una buena variedad de estos (como mínimo debe haber cuatro clases diferentes).*
- *Hay muchas recetas de bullabesa: con o sin patatas, con el pan tostado o frito, con o sin marisco... La gracia está en que puedes adaptarla a tu gusto personal y al presupuesto que tengas.*
- *Para obtener la pulpa de las ñoras hay que ponerlas en remojo con agua mineral tibia, bien abiertas y sin semillas, durante 30 minutos. Pasado este tiempo, la pulpa interior se hidrata y, con ayuda de una cucharilla o un cuchillo, se puede despegar de la piel.*

Sopa de cebolla

Para 4 raciones

Para el caldo base

- **3 alas de pollo**
- **150 g de puerro, en trozos grandes**
- **150 g de cebolla, en trozos grandes**
- **150 g de zanahoria, en trozos grandes**
- **50 g de apio, en trozos grandes**
- **2 l de agua mineral**

Para la sopa de cebolla

- **500 g de cebolla de Figueres, en emincer fina** (dulce)
- **30 g de mantequilla de vaca**
- **20 ml de aceite de oliva virgen extra**
- **10 g de harina de trigo**
- **50 ml de vino de Oporto**
- **80 g de queso emmental, rallado grueso**
- **16 rebanadas pequeñas de pan, cortadas muy finas y tostadas** (al horno 15 minutos a 130°C)
- **sal y pimienta negra**

Elaboración

1. En una olla al fuego con el agua mineral, sumerge las alas de pollo bien limpias. Cuando rompa el hervor, espuma la superficie y añade el puerro, la cebolla, la zanahoria y el apio, y sala con moderación. Deja cocer a fuego medio durante 40 minutos. Cuela y reserva el caldo.

2. En otra olla, agrega la mantequilla y calienta el aceite, y sofríe la cebolla hasta que comience a dorarse (serán unos 8 minutos). Salpimenta.

3. Añade la harina y rehógala medio minuto. Vierte el vino de Oporto y 1,5 litros del caldo base, hirviendo. Deja cocer todo junto a fuego bajo y tapado, durante 20 minutos. Afina el punto de sal, y ya está lista la sopa de cebolla.

TRES OPCIONES PARA SERVIR LA SOPA

Primera opción. Coloca en la base de los platos hondos 4 rebanadas de pan pequeñas, cortadas muy finas y tostadas, y escalda con la sopa hirviendo por encima. Corona con el queso rallado al gusto.

Segunda opción. Dispón en boles hondos un par de rebanadas de pan finas, escalda por encima con la sopa hirviendo, corona con un huevo crudo y reparte el queso rallado. Bajo un gratinador, deja que se forme una costra dorada.

Tercera opción. Degustación de tres quesos: de vaca curado (emmental), de oveja, fuerte y cremoso (roquefort), y de cabra sabroso (Garrotxa). Desmenuza en el fondo de los boles un poco de roquefort y tapa con dos rebanadas de pan; encima, dos lonchas de queso Garrotxa, y tapa con dos rebanadas más de pan tostado. Vierte la sopa bien caliente y, por encima, distribuye el queso emmental. Introduce los boles bajo el gratinador al rojo vivo.

Sopa de vegetales, mejillones, arroz y fideos

Para 4 raciones

- 2 kg de mejillones, de roca, pequeños y de gran calidad
- 4 l de agua mineral para la precocción de los mejillones
- 50 ml de aceite de oliva virgen extra
- 200 g de zanahoria, en dados pequeños
- 200 g de puerro, en lonchas finas
- 50 g de ajetes, en rodajas finas
- 100 g de cebolleta, en rodajas finas
- 50 g de rama blanca de apio, en rodajas finas
- 100 g de guisantes, tiernos y desgranados
- 100 g de judías verdes, en dados pequeños
- un atadillo de perejil y ½ hoja de laurel
- 2 l de agua mineral para la sopa
- 100 g de arroz bomba
- 100 g de fideos finos del número 2
- sal

ELABORACIÓN

1. **La precocción de los mejillones.** Comprueba que todos están enteros, sin ninguna concha rota. Ráspalos con un cuchillo bajo el grifo y quítales la fibra marina de las puntas. Pon al fuego un recipiente amplio con unos 4 litros de agua mineral. Cuando rompa el hervor, introduce unas 20 piezas de mejillones. En cuanto observes un ligero gesto de apertura (a los 30 segundos aprox.), sácalos con una araña (especie de espumadera más ligera) y resérvalos en una bandeja amplia y fría. Repite la operación con el resto de los mejillones. A continuación, retira las conchas y comprueba que en el interior de la carne no hay restos de las fibras marinas. Cuela con un colador muy fino el jugo que han soltado en la bandeja donde reservaste los mejillones cocidos. Reserva en la nevera la carne limpia de los mejillones con sus jugos colados.

2. **La sopa.** En una olla al fuego del tamaño adecuado para las 4 raciones, añade el aceite y rehoga todas las verduras salvo los guisantes. Sala con prudencia, incorpora el arroz y los 2 litros de agua mineral muy caliente. Deja que se cocine durante 9 minutos. Agrega los guisantes y los fideos, y continúa la cocción 5 minutos más. Aparta la olla del fuego y añade ahora los mejillones reservados con su jugo colado. Afina el punto de sal. La sopa está lista.

▸ *Es una sopa escandalosamente colorista, perfumada de mar y vegetales, y con la textura magnífica de los mejillones.* ***La misma receta admite variantes, ya que la puedes preparar con almejas o berberechos, o también con dátiles de mar.***

Técnica rápida para cocinar cremas de verduras

Para 4 raciones

- 30 ml de aceite de oliva
- 30 g de mantequilla de vaca
- 200 g de puerro a rodajas finas
- 600 g de la verdura elegida
- 1,5 l de agua mineral
- 30 ml de nata líquida
- sal y pimienta blanca

Puedes prepararlas con...

- ALCACHOFAS, EN TROZOS (DE 1 CM)
- O ESPÁRRAGOS, EN TROZOS (DE 2 CM)
- O CALABACINES, EN TROZOS (DE 2 CM)
- O CALABAZA, EN DADOS (DE 2 CM)
- O GUISANTES DESGRANADOS
- O CHALOTAS, EN DADOS (DE 2 CM)
- O HABAS DESGRANADAS

¡O UNA MEZCLA DE VARIAS!

Elaboración

1. En una olla adecuada al tamaño de las 4 raciones, calienta el aceite y la mantequilla, y sofríe el puerro a fuego medio durante 5 minutos.

2. Incorpora el vegetal elegido y sofríe todo junto unos 2 minutos más. Salpimenta con prudencia y añade el agua mineral hirviendo. Deja cocer a fuego medio 6 minutos.

3. Incorpora la nata líquida y continúa la cocción solo 1 minuto más. Prueba el punto de sal, tritura muy fino, cuela la crema obtenida y ya está lista.

▸ ***Si quieres una crema más ligera, también funciona muy bien sin la mantequilla ni la nata.***
▸ *Si te apetece, añade algún tropezón al servirla: desde los clásicos picatostes fritos hasta unos taquitos de butifarra negra salteados en la sartén. O marisco: almejas sin concha, colas de gamba o langostinos marcados a la plancha o escaldados, o, sencillamente, lo que se te ocurra.*

Sopa de ajo y pan integral

Para 4 raciones

- **80 ml de aceite de oliva virgen extra**
- **4 dientes de ajo, laminados finos**
- **8 tostadas de pan de molde integral, tipo biscote**
- **sal**
- **1 l de agua mineral**

Elaboración

1. En una olla de tamaño adecuado, calienta el aceite y sofríe los ajos laminados, solo hasta dorar.

2. Añade las tostadas, el litro de agua mineral hirviendo y la sal, y deja cocer durante 4 minutos.

3. Tritura en la misma olla con el túrmix, y la sopa ya se puede servir.

▸ *También puedes elaborar la sopa con tostadas tipo biscote, pero de pan blanco.*
▸ *Si te apetece, puedes añadir por encima tropezones, como unos trocitos de butifarra blanca o negra, marcados en la sartén, un huevo escalfado, queso rallado o unas colitas de langostinos peladas y también pasadas por la sartén.*

Paella pícnic de arroz largo con langostinos

Puedes disfrutarla tanto fría, al aire libre, como caliente en casa.

Para 4 raciones

- **400 g de arroz largo**
- **agua mineral**
- **sal**
- **20 langostinos**
- **10 g de fécula de patata**
- **170 ml de aceite de oliva virgen extra**
- **200 g de puerro, muy picado**
- **100 g de ajetes, muy picados**
- **4 pimientos del piquillo en conserva, cortados en tiras finas**
- **100 g de guisantes pelados y muy tiernos** (o 100 g de calabacín, en bolitas de la parte de la piel)
- **20 tallos de cebollino, picado en trozos** (de 1 cm)
- **50 g de queso parmesano**
- **sal y pimienta blanca**

Elaboración

1. Cuece el arroz largo en agua mineral con sal (procura dejarlo al dente). Una vez cocido, escúrrelo y extiéndelo sobre una superficie limpia, fría y plana, para que se enfríe rápidamente.

2. Separa las colas de los langostinos. Pela las colas y córtalas en canal, de extremo a extremo, retira los intestinos y reserva bien limpias en la nevera.

3. Corta las cabezas en trozos pequeños y sofríelos durante 5 minutos con el aceite medido (que no te asuste la cantidad de aceite, la necesitarás para aliñarlo todo). Añade un poquito de sal y pimienta. Después del sofrito, cuela el aceite perfumado de marisco.

4. Sofríe durante 10 minutos a fuego medio el puerro y los ajetes en el aceite perfumado de las cabezas de langostino. Añade las tiras de pimiento del piquillo, dale un par de vueltas al sofrito, y retira del fuego.

5. En un cazo con agua hirviendo y generosa de sal (al 6 %), escalda los guisantes (o las bolitas de calabacín) durante ½ minuto. Enfríalos inmediatamente en agua salada y hielo.

6. Enharina con la fécula de patata sutilmente las medias colas de langostino reservadas y cuécelas en el agua anterior (al 6 % de sal) solo durante 15 segundos. Retíralas del agua y extiéndelas sobre una superficie plana, y deja que se enfríen completamente.

Montaje de la paella pícnic

En un bol donde puedas mezclar bien todos los ingredientes, pon el arroz frío, escurrido y suelto; añade por encima el sofrito, también frío, de puerro, ajetes y pimiento con todo el aceite, y luego el cebollino picado y los guisantes (o bolitas de calabacín). Mezcla con delicadeza, y afina el punto de sal y pimienta, si lo necesitas. Para una mayor belleza en la mesa, puedes poner toda la mezcla en un reciente tipo paella de un buen material apto para reservar alimentos (no de chapa férrica), sino de hierro colado, o material esmaltado, así como inox. De esta forma, podrás presentarlo como una paella cuando añadas por encima los langostinos, hundiéndolos un pelín en el arroz. Añade el queso rallado por encima, cubriendo toda la paella y protege la superficie con papel transparente. Reserva en la nevera. (Sin duda, en vez de una paella, puedes utilizar una bandeja de cocina.)

▸ *Es una paella fría, ideal para salir de pícnic. ¡Pero también puedes servirla caliente! En tal caso, retírala de la nevera 30 minutos antes de consumirla y hornéala con el horno precalentado a* ***200 °C*** *(sin el papel transparente) durante 8 minutos. ¡La paella está lista para presentarla en la mesa!*

Sopa de judías pintas, col, coliflor, arroz y fideos

Para 4 raciones

- 250 g de judías pintas
- 2 l de agua mineral
- 100 g de panceta del cuello de cerdo Duroc
- un *bouquet* con 1 ramita de apio, 1 puerro, 1 ramita de perejil y ½ hoja de laurel
- 100 g de butifarra negra, cortada en dados (de 2 cm y sin piel)
- 250 g de coliflor, en trozos pequeños
- 250 g de col, en chifonada
- 100 g de arroz bomba
- 100 g de fideos gruesos

Elaboración

1. La vigilia, pon en remojo las judías pintas en una olla de acero inoxidable con los 2 litros de agua mineral, durante un mínimo de 8 horas en un ambiente fresco.

2. Pon al fuego la olla con las judías hidratadas y el agua, y agrega el *bouquet* vegetal y el trozo de panceta. Enciende el fuego y, cuando rompa a hervir, espuma las impurezas de la superficie. Tapa y mantén a fuego medio-suave unos 50 minutos. Retira de la cocción el *bouquet* y la panceta. Corta la panceta en dados de 1,5 cm y resérvala. Desecha el *bouquet*.

3. Añade el arroz a la olla y deja que se cueza 10 minutos a fuego medio.

4. Incorpora los fideos, la coliflor y la col, y continúa la cocción 5 minutos más.

5. Finalmente, añade a la olla los dados de butifarra negra y los de panceta. Deja cocer 2 minutos más. Afina el punto de sal, y ya puedes presentar la sopa en la mesa.

▸ *Es una sopa ideal para los amantes de las legumbres. Puedes elaborarla a tu gusto, con otras variedades de judías y vegetales.*

03 A la brasa

Muy probablemente, la técnica de cocinar a la brasa es la más antigua del mundo, pues surgió a raíz del descubrimiento del fuego y del acto de cocinar, quizá por accidente. Desde entonces los alimentos se pudieron comer con mayor facilidad y con mejor sabor y digestión.

Como todas las técnicas culinarias, la brasa merece cuidado y conocimientos, que podemos pulir con la práctica. Cocinar a la brasa es una de las maneras más complejas de hacerlo, y a la que conviene prestar atención exclusiva.

La combustión que se utilizará para cocinar a la brasa será parte importante del éxito. Los *gourmets* más puristas recomiendan la leña de encina, por la limpieza de sabor que aporta a los alimentos y porque es la que más potencia calorífica y duración alcanza. Pero cocinar con leña merece un espacio grande, abierto y adecuado para encender el fuego, con conocimientos y experiencia para manipularlo y mucha precaución, para evitar incendios.

En los hogares modernos, con los utensilios creados especialmente para barbacoas, o para los hornos adaptados para cocinar a la brasa, es común y práctico usar carbón. En el mercado existe una gran oferta de diversas calidades de carbón, y encontrarás también de encina; si no, procura comprar un buen carbón, de la máxima calidad que puedes permitirte.

Para encenderlo con facilidad también contamos con una gran oferta de productos, como geles, líquidos y pastillas, creados especialmente para barbacoas. Igual de importante será elegir uno de calidad, que no aporte malos sabores a los alimentos que vas a cocinar.

Es bueno que las parrillas sean gruesas y de acero inoxidable, lo que facilitará la limpieza. Si son de otro metal, procura mantenerlas en perfectas condiciones de higiene. Son muy prácticas las parrillas dobles, que permiten emparejar productos de un mismo tamaño, unos al lado de otros, cerrar la parrilla sobre sí misma y, con un solo movimiento, dándole la vuelta, permite trabajar de manera ágil. También son muy prácticas las parrillas diseñadas exclusivamente para pescados grandes, que atrapan-abrigan-protegen el pescado, hecho que permite poder darles la vuelta sin dañarlos.

Puedes cocer a la brasa todo tipo de vegetales: endivias, pimientos, berenjenas, cebollas, tomates, espárragos, alcachofas, etcétera, y disfrutar de una parrillada vegetal variada. Por supuesto, también productos del mar: gambas, cigalas, langostas o bogavantes abiertos a lo largo y cocinados por la parte del caparazón; pescados de tamaño grande, como doradas, rodaballos, lubinas o sargos; y también más pequeños, como salmonetes, sardinas o herreras. Lo más popular es cocinar a la parrilla productos cárnicos: butifarras, costillitas y filetes de pierna de cordero, muslos y pechugas de pollo, codornices y pichones abiertos a lo largo, chuletas y chuletones de buey o ternera, etcétera.

La cocina a la brasa permite la creatividad de montar brochetas, emparejando vegetales y carnes, y combinando así sabores y colores.

En el momento de ponerse a cocinar a la brasa, hay que ser buen observador, es preciso controlar el tiempo de cocción y, sobre todo, la distancia entre las brasas y los alimentos. Lo ideal es poder graduar las parrillas; es decir, colocarlas a diferentes alturas en relación con el grosor de los productos que se vayan a cocinar. Por ejemplo, alimentos de un tamaño mediano, como las costillitas de cordero o las sardinas, unas gambas o unas butifarras, o unas alcachofas, requieren una distancia de la parrilla a las brasas de unos 15 o 18 cm. Las piezas de tamaño grande, como una lubina, se deben asar a mayor distancia de la fuerza calorífica e invertir más tiempo de cocción, con el fin de llegar al interior sin quemar el exterior.

Siempre debemos estar pendientes del fuego para evitar accidentes domésticos. Presta mucha atención durante todo el proceso: la preparación, la manipulación y la cocción. Recuerda que se debe comenzar a cocinar cuando las brasas están al rojo vivo, sin llamas. La brasa es una cocción sin grasa añadida; buena parte de la grasa infiltrada en el tejido cárnico o en la carne picada, en el caso de las butifarras, se funde durante la cocción y aporta sabor, aroma y textura. El sabor que las brasas otorga a los productos es realmente agradable y cuenta con muchos seguidores, pero recuerda que no es bueno consumir productos a la brasa excesivamente quemados. La caramelización de los productos convierte las piezas en bonitas y tostadas, pero a menudo pecan de excesiva exposición y, en consecuencia, se queman. Controla el punto de cocción de los productos a la brasa: consumirlos muy tostados-quemados es perjudicial para la salud.

También es posible utilizar la fuerza de las brasas para cocinar a través de un recipiente. Un ejemplo es cocinar en una paella con brasas de sarmientos, o en un wok, como tradicionalmente cocinan algunas culturas asiáticas.

Recuerda: como en todas las técnicas culinarias, la calidad y la frescura de los productos elegidos serán parte muy importante del éxito de la brasa.

Escalivada

Para 4 raciones

- 2 pimientos rojos medianos
- 2 pimientos verdes medianos
- 2 berenjenas medianas
- 4 cebollas tiernas medianas

Para el aliño

- aceite de oliva virgen extra
- flor de sal

Elaboración

1. Conserva todos los productos enteros, con la piel, y lávalos cuidadosamente.

2. Disponlos directamente sobre las brasas y ve dándoles la vuelta por todas las caras. La cocción durará unos 10-15 minutos.

3. Es normal que la piel exterior de los productos escalivados quede quemada. Retíralos del fuego y distribúyelos por familias en bandejas, y cubre estas con papel de horno para mantener el calor de la cocción, que os facilitará la tarea de pelarlos. Déjalos tapados durante 20 minutos.

4. Pélalos para disfrutar de un interior cocido limpio y muy sabroso.

5. Presenta en una bandeja colectiva o en platos individuales, combinando los bonitos colores de los vegetales, siempre bien aliñados con aceite de oliva virgen extra y flor de sal.

OPCIONAL. La escalivada también se puede cocinar a la llama, cociendo los productos por todas sus caras, y en 8-12 minutos aprox.

Gambas a la brasa

Para 4 raciones

- **20 gambas**
- **sal**
- **aceite de oliva virgen extra**

ELABORACIÓN

1. Saca las gambas de la nevera, sálalas con moderación y déjalas reposar 10 minutos con la sal.

2. Coloca las gambas encima de la parrilla, añade más sal y ponlas sobre las brasas al rojo vivo, a una distancia entre ambas de unos 15 cm. Deja que se cuezan 1 minuto y medio por cada cara (este tiempo es relativo al tamaño y grosor de las gambas, y al gusto personal del punto de cocción del marisco).

3. Presenta 5 por plato. Añade una pizca más de sal y un chorrito de aceite de oliva virgen extra.

OPCIONAL. Acompaña con una rebanada de pan artesano bien untado con tomate, aceite y sal.

Costillas de cordero a la brasa

Para 4 raciones

- **16 costillas de cordero** (o chuletas)
- **sal**

ELABORACIÓN

1. Saca las costillas de la nevera, sálalas con moderación y déjalas reposar 3 minutos con la sal.

2. Coloca las costillas encima de la parrilla y sitúalas sobre las brasas al rojo vivo, a una distancia entre ambas de unos 15 cm. Deja que se cuezan 2 minutos por cada cara (este tiempo es relativo al tamaño y grosor de las costillas, y al gusto personal del punto de cocción de la carne).

3. Sirve 4 en cada plato.

OPCIONAL. Acompaña con un *bouquet* de ensalada verde y un montoncito de legumbres cocidas, aliñado con aceite de oliva virgen extra.

Brochetas de *magret* de pato con champiñón, tomate y calabacín

Para 4 raciones

- 2 *magrets* de pato de un peso aproximado de 350 g cada uno
- 8 champiñones
- 16 tomates cherry
- 8 calabacines mini
- sal y pimienta
- aceite de oliva virgen extra
- 8 brochetas para cocinar a la brasa

ELABORACIÓN

1. Retira la grasa de los *magrets* y corta en dados la carne (en total, unos 32 tacos de tamaño regular). Salpimenta y deja que repose durante 10 minutos.

2. Lava los champiñones y los calabacines mini, y córtalos por la mitad. Lava los tomatitos y déjalos enteros.

3. Monta las brochetas ensartando y combinando los productos. Cada una debe tener: 4 trozos de carne + 2 trozos de champiñón + 2 trozos de calabacín + 2 tomates. Alterna los productos para hacer las brochetas más atractivas (2 por comensal).

4. Coloca las brochetas sobre la parrilla y sitúalas sobre las brasas al rojo vivo a una distancia de 15 cm. Deben cocerse 2 minutos por cada cara (este tiempo es relativo al tamaño y grosor de los productos, y al gusto personal del punto de cocción de la carne).

5. Sirve 2 brochetas en cada plato.

OPCIONAL. Acompaña con pasta recién cocida (receta en p. 33), mezclada con salsa pesto (receta en p. 247).

A *l'ast*

Es la técnica de ensartar-atravesar con una barra piezas enteras, como pollos, conejos o cochinillos, para asarlos bajo un fuego que puede ser de brasa, de placas eléctricas o de gas, o incluso al horno con el mecanismo especial para poder asar con este sistema. La barra «l'ast» permite ir girando la pieza que se asa lenta y continuamente con un mecanismo manual o automático. En estos casos, al tratarse de piezas enteras, es preciso que estén limpias, aliñadas con sal, pimienta y grasa, y bridadas para mantener una bonita forma. Dado que las piezas van *sudando* durante la cocción, conviene situar una bandeja debajo para ir recogiendo los jugos y al mismo tiempo ir pintando con estos las piezas durante toda la cocción.

Recuerda: como en todas las técnicas culinarias, la calidad y la frescura de los productos que elijas serán parte importante del éxito del asado a «l'ast».

Pollo a *l'ast*

Para 4 raciones

- **1 pollo de calidad de unos 1.250 g**
- **10 g de sal**
- **3 g de pimienta negra**
- **10 hojas secas de orégano**
- **10 hojas secas de tomillo**
- **la piel de medio limón** (rallada fina)
- **50 g de grasa de cerdo**
- **50 ml de vino rancio**

Elaboración

1. Partiendo de un pollo de calidad entero, con piel, descarta el cuello y las patas. Lávalo a fondo, por dentro y por fuera.

2. Mezcla la sal, la pimienta, las hojas secas, la ralladura de limón y la grasa hasta crear una pasta con las manos. Extiéndela muy bien por dentro del pollo. Con la grasa que te haya quedado en las manos, frota el exterior masajeando y embrídalo para que mantenga la forma. Ya puedes ensartarlo en la barra.

3. Asa el pollo con el tipo de fuego de que dispongas: brasas, gas o electricidad. La distancia entre la pieza y la fuerza calorífica debe ser de unos 15 cm y en continua rotación, con el fin de asar el pollo a través de la piel.

4. El tiempo de cocción es más bien largo. Coloca una bandeja honda debajo del pollo, para recoger los jugos y la grasa que irá soltando. Cuando la pieza lleve 30 minutos girando y asándose, añade el vino rancio a los jugos que ya se habrán depositado en la bandeja. Mezcla bien y, cada 5 minutos, pinta la pieza con un pincel. El tiempo total orientativo de cocción para un pollo de 1.250 g es de 60 minutos.

OPCIONAL. También puedes asar el pollo entero, en el horno, en una bandeja honda, con los mismos ingredientes. El tiempo de cocción será de 90 minutos aprox. Los primeros 30 minutos asa el pollo a **180 °C**, y los siguientes 60 minutos, a **160 °C.** Añade en el fondo de la bandeja un vaso de agua mineral y el vino rancio. Cada 15 minutos, moja la pieza con el jugo de la bandeja. Terminada la cocción, cambia el pollo a una bandeja de presentación, cuela el jugo de la bandeja y decanta y descarta la grasa. Vierte la salsa oscura y natural de la cocción en una salsera para acompañar en la mesa.

▸ *Con la técnica a «l'ast» también puedes asar un conejo entero de 1,250 kg, o un cochinillo entero con un peso aproximado de entre 4 y 5 kg, aunque la barra deberá ser la adecuada para soportar tal peso. Puedes seguir los mismos pasos, pero suprimiendo el vino rancio por un zumo de naranja y un vaso de agua para mezclarlos con los jugos de la cocción, e ir pincelando la pieza cada 15 minutos. El tiempo aproximado de cocción será de 2 horas y media.*

Al espetón

Es una técnica tradicional de la costa andaluza y, generalmente, el fuego se enciende con madera de olivo, en la playa o el campo. Se necesitan unas simples cañas, que se cortan de una longitud aproximada de 40 cm y se parten por la mitad, de extremo a extremo; una de las puntas se corta a modo de flecha muy afilada, que es por donde se ensartan las sardinas enteras, con cabeza y tripa. También pueden asarse otros pescaditos o calamares pequeños.

Recuerda: como en todas las técnicas culinarias, la calidad y la frescura de los productos que elijas serán parte muy importante del éxito del espetón.

Sardinas al espetón

Para 4 raciones

- **40 sardinas de tamaño medio**
- **4 cañas cortadas especialmente para el espetón**
- **una buena brasa**
- **sal**
- **un lugar en el exterior, en la playa o la montaña, con control antiincendios**

Elaboración

1. Lava las sardinas sin quitarles la cabeza ni las tripas. Embadúrnalas con sal y reserva durante 20 minutos.

2. Ensarta 10 sardinas en cada caña, bien alineadas y planas, procurando pinchar la carne por debajo de la espina.

3. Para asar los espetones de sardina es necesario preparar alrededor de la brasa un montículo de arena donde clavar las cañas, muy cerca de la fuente de calor, a unos 15-20 cm de distancia, o un dispositivo que sujete los espetones para que se asen correctamente.

4. La cocción dependerá del tamaño de las sardinas (unos 2 minutos por cada cara). Se asan por el lado de la espina, para que la carne no se rompa al darles la vuelta. Un buen modo de calibrar, si las sardinas están listas, es observar si los ojos se les vuelven blancos y las colas doradas; en caso afirmativo, es señal de que hay que girarlas para que se asen por la otra cara.

5. Presta atención a la cocción, para que las sardinas queden doradas por fuera y tiernas por dentro.

6. Sírvelas sin el espetón. La tradición andaluza las acompaña con unas patatas con alioli. También puedes servirlas con unas patatas al rescoldo (receta en p. 77).

Al rescoldo

Es la manera de cocinar alimentos directamente en contacto con las brasas, o enterrados bajo estas, mientras van perdiendo fuerza calorífica. Generalmente se asan vegetales, pues la cocción es muy rápida, y como las pieles quedan enmascaradas por la cocción es fácil pelarlos y servirlos limpios.

La popular escalivada (p. 70) se puede cocinar tanto a la llama como al rescoldo. Hay técnicas más modernas, como envolver los alimentos con papel de aluminio, y otras más especializadas de cocinar carnes enterradas en brasas.

Recuerda: como en todas las técnicas culinarias, la calidad y la frescura de los productos que elijas serán parte importante del éxito a la hora de cocinar al rescoldo.

Patatas rellenas

Para 4 raciones

- **8 patatas de un peso aproximado de 180-200 g**
- **100 g de cebolla, picada en ciselar**
- **100 g de pimiento verde, picado en *brunoise***
- **10 hojas de perejil, cortadas en chifonada**
- **10 hojas de cilantro, cortadas en chifonada**
- **10 ml de aceite de oliva virgen extra**
- **1 g de pimentón dulce**
- **1 g de pimienta negra molida**
- **5 g de sal**
- **8 hojas de papel de aluminio de un tamaño aproximado de 20 x 30 cm**

ELABORACIÓN

1. Mezcla bien en un bol la cebolla, el pimiento, el perejil, el cilantro, el aceite de oliva, la sal, el pimentón y la pimienta.

2. No peles las patatas, solo lávalas escrupulosamente. Luego sécalas y córtalas por la mitad a lo largo. Con ayuda de un utensilio para hacer bolas, vacía un poco el interior.

3. En la mesa de trabajo, rellena con la mezcla vegetal la parte que habías vaciado en las patatas. Junta las dos mitades y envuelve cada patada con una lámina de papel de aluminio.

4. Si dispones de unas brasas, entierra los paquetes de patata para asarlas al rescoldo durante unos 40 minutos.

5. Puedes presentarlas directamente en su envoltorio o sin él, ¡como más te guste!

OPCIONAL. También puedes asar los paquetes de patata al horno, a **180 °C** durante unos 45 minutos.

A la llama

Como su nombre indica, es la técnica de cocinar productos directamente sobre una llama. Dado que la agresión de las llamas quema mucho el producto, estos se cocinan íntegramente, con su piel. Es el caso de los puerros, las cebolletas, los *calçots*, los pimientos o las berenjenas. Una vez cocinados en las llamas, será fácil pelarlos, para disfrutarlos plenamente.

La agresión de las llamas provoca que los vegetales se cocinen con los vapores y humedades propios de cada producto. Cuando ya estén listos, hay que envolverlos por grupos con papel de horno y dejarlos reposar. Así mantendrán la temperatura, y el propio calor acabará de cocinar el alimento y permitirá retirar el exterior quemado por las llamas, para saborear un interior asado, concentrado y pulcro.

La costumbre más *gourmet* y purista es utilizar los brotes resultantes de la poda de las cepas, llamados sarmientos, que se pueden encontrar en el mercado. Los conocedores de productos cocinados a la llama detectan al probarlos qué combustión se ha utilizado, pero también puedes cocinar a la llama con una combustión de gas que, aunque el resultado no sea el mismo, sí es aceptable.

Recuerda: como en todas las técnicas culinarias, la calidad y la frescura de los productos que elijas serán parte muy importante del éxito de cocinar a la llama.

Calçots a la llama

Para 4 raciones

- **48 *calçots* (variedad de cebolla)**

Es muy importante contar con...

1. Un espacio abierto adecuado para encender un fuego, con todas las garantías de seguridad para evitar incendios.

2. Una parrilla lo suficientemente grande para extender los 48 *calçots*.

3. Una cantidad suficiente de sarmientos para obtener una buena llama para asar los *calçots*.

4. Papel de estraza o de periódico para envolver los *calçots* y que reposen antes de servirlos.

5. Salsa para mojar los *calçots* (p. 235).

> ▸ *¡Organizar una* calçotada *es realmente una fiesta! Se trata de una comida ideal, sabrosa y muy divertida que se puede celebrar en otoño e invierno, cuando esta cebolleta está en su mejor momento. Los* calçots *son un gran primer plato, un entrante magnífico.*

6. Es tradicional presentarlos en la mesa sobre tejas calientes, para que mantengan la temperatura durante la degustación.

7. Es práctico comerlos en un espacio abierto, por la ceniza que desprenden al pelarlos. Si los preparas en casa, recuerda que debes proteger la mesa con papel.

Elaboración

1. Extiende los *calçots* sobre la parrilla. Deben estar íntegros, con todas las hojas, las raíces y la tierra que tengan. Durante la cocción, todas estas partes se quemarán, protegerán el interior y ayudarán a poderlos pelar en el momento de degustarlos.

2. Enciende los sarmientos procurando que ardan totalmente y que las llamas ocupen todo el ancho de la parrilla. Las llamas prenden rápido y también se acaban rápido; por eso, es necesario tener previamente preparados los *calçots*.

3. Con las llamas muy vivas, colócalos encima de la parrilla. Retíralos para darles la vuelta cuando observes que el lado que toca las llamas está negro.

4. Aparta la parrilla del fuego para poder dar la vuelta a los *calçots* (si trabajas con parrilla doble es más ágil, ya que solo hay que girarla). Las llamas tendrán menos fuerza ahora. Los *calçots* estarán listos cuando veas que se abren por la parte quemada y del interior comienza a salir una espuma cremosa. Aparta entonces la parrilla del fuego.

5. Forma grupos de 12 *calçots* y envuélvelos con papel de estraza o 4 hojas juntas de papel de periódico, y déjalos reposar unos 10 minutos antes de presentarlos en la mesa.

> ▸ *Para comerlos, hay que estar dispuesto a ensuciarse las manos (una buena solución es usar guantes de cocina). Con una mano hay que hacer una ligera presión en la punta de la raíz del* calçot *y, con la otra mano, estirar la parte verdosa interna de la cola, para desprender el calçot asado y limpio del interior, y desestimar todas las capas de cebolla quemadas. Despójalos de las capas quemadas uno a uno y mójalos en la salsa antes de degustarlos.*

A la plancha

Cocinar a la plancha es una técnica muy saludable porque nos permite cocinar alimentos vegetales, cárnicos o marinos, sin ninguna o muy poca grasa añadida.

Los productos cocinados a la plancha quedan sellados por el impacto de la fuerza calórica, al tiempo que fija y potencia los sabores de los alimentos.

Es preciso ser muy cuidadoso con mantener la plancha limpísima para disfrutar de sabores puros y nítidos. Si decides cocinar carne y pescado al mismo tiempo, es mejor hacerlo por separado o, en todo caso, colocarlos en la plancha con suficiente distancia el uno del otro. Es terrible probar una butifarra con sabor a gamba, o comerse unas costillitas de cordero con gusto a salmón.

¡Haz lo posible por equipar tu cocina con una buena plancha! Si te lo puedes permitir, compra una de cromo, pues te facilitará tanto la tarea de cocinar como la de limpiarla. Pero no hay ningún problema si tienes en casa una plancha tradicional. Las de superficie gruesa —de hierro fundido o colado— son también muy buenas.

Cuando vayas a cocinar a la plancha, caliéntala con suficiente antelación para trabajar sin problemas.

Nunca, repito, nunca rocíes con aceite una plancha caliente. Es un gesto común, pero nada recomendable. Las planchas llegan a unos **350 °C** y verter aceite directamente es un error porque se volatiliza, se quema y se convierte en un producto peligroso para la salud y con muy mal sabor, como ahumado-quemado.

Cuando estés cocinando a la plancha debes ser muy observador para decidir en qué momento dar la vuelta a los alimentos. Cuando la parte que está en contacto con la plancha adquiere una aureola tostadita, significa que ha llegado el momento. Hazte con una buena pala-rasqueta y unas pinzas para poder girar las piezas.

Es recomendable que los productos que vayas a cocinar con esta técnica estén a temperatura ambiente, para lograr una mejor respuesta de la plancha, más rapidez y mejores resultados.

Hortalizas y frutas a la plancha

1. Cuando se vaya a utilizar la plancha, lo primero que hay que hacer es encenderla para empezar a cocinar con la plancha muy caliente.

2. Los productos vegetales se pueden poner directamente, enteros, sobre la plancha si son pequeños, como espárragos verdes, setas o fresas. Si se trata de piezas más grandes, como calabacín, berenjena, pimiento, manzana o pera, córtalas en trozos de 1 o 2 cm de grosor.

3. Productos delicados, jugosos y en trozos, como el tomate o la cebolleta, o frutas como los higos, el melón o la sandía, ponlos en la plancha encima de papel sulfurizado para evitar que se quemen.

4. Presta atención a la cocción: cuando se cree la aureola dorada en los trozos, hay que darles la vuelta y salarlos. Continúa atento para dejarlos en su punto.

5. Cuando presentes los platos, añade un poco más de sal, una pizca de pimienta blanca, si sois amantes del picante, y, sobre todo, un chorrito de aceite de oliva.

Marisco a la plancha

1. Disponte a cocinar ya con la plancha bien caliente.

2. El marisco de piel blanda como las gambas y los langostinos se deben poner enteros en la plancha caliente, con las cabezas, si disfrutas con los corales de los mariscos. En este caso, sé generoso con la sal cuando los vayas a cocinar, y cuando les des la vuelta al observar la aureola dorada, vuelve a salarlos con generosidad. Sirve en los platos y añade un buen cordón de aceite de oliva virgen extra.

3. Los mariscos de caparazón duro, como cigalas, bogavantes y langostas, se deben cortar en canal de arriba abajo, luego salar la carne con moderación y colocarla en contacto con la plancha. Sala también la parte exterior del caparazón y fíjate en la aureola doradita para darles la vuelta. Sirve en bandejas o en platos individuales con un buen chorrito de aceite de oliva virgen extra.

4. Los moluscos también puedes prepararlos a la plancha, directamente, vivos y cerrados. La fuerza del calor los abrirá y os permitirá, cuando estén bien abiertos, añadir una gota de aceite dentro de su concavidad. No quemarás el aceite y conseguirás unos moluscos en su punto.

Pescado a la plancha

1. Disponte a cocinar ya con la plancha bien caliente.

2. El pescado es un producto delicado y de carne frágil. Posiblemente es también el alimento más difícil de cocinar a la plancha. Podéis cocinar enteros las sardinas o los lenguados, o en rodajas si son muy grandes, como la merluza, el rape, el salmón... Una técnica muy recomendable es tener el pescado a temperatura ambiente; sécalo y ponle sal y unas gotas de aceite en cada lado. «Masajea» el pescado para mezclar la sal y el aceite. Esta acción creará una costra que sellará el pescado, sea entero o en rodajas. Te será útil una rasqueta para girarlo. Gíralo cuando veas la aureola tostada. Añade un poco de aceite de oliva virgen en el momento de servir.

3. Si estás cocinando un trozo o un pescado grande, márcalo con la plancha por los dos lados, y seguidamente ponlo en una bandeja de horno del tamaño del producto, sobre papel de horno. Añade un poco de aceite de oliva y unas gotas de jerez seco, y acábalo de cocinar al horno bien caliente entre **190** y **200 °C.** Para un pescado grande, marcado por ambos lados, serán entre 4 y 5 minutos de horno.

Tienes que prestar atención al punto de cocción, observa y autocritícate. Así irás afinando la técnica.

Carne a la plancha

1. Disponte a cocinar ya con la plancha bien caliente.

2. Puedes cocinar a la plancha cortes de carne de diferentes grosores, por lo que debes prestar atención al tiempo de cocción adecuado de cada uno, para lograr que el interior quede jugoso y tierno.

3. Es muy recomendable que no cocines la carne directamente sacada de la nevera, es mejor mantenerla a temperatura ambiente unos 15 minutos.

4. Si la carne está mojada o sanguinolenta, es preciso secarla.

5. Sala o salpimenta justo en el momento de cocinarla, y, como el pescado, vierte encima unas gotas de aceite y aplica un ligero masaje, para que se forme durante la cocción la costrita tan apreciada que crea la plancha.

6. Si vas a cocinar cortes muy gruesos, como filetes o entrecots, márcalos a la plancha por cada cara y termina de cocerlos en el horno a **190- 200 °C** durante el tiempo que consideres según la pieza. A modo orientativo, un filete grueso, marcado en la plancha por cada cara, necesitará unos 4 o 5 minutos en el horno.

Siempre debes estar pendiente del punto de cocción que quieras conseguir. Sé muy observador y autocrítico cada día que cocines; si estás atento, afinarás la técnica.

Para acompañar productos cocinados a la plancha

Ensalada de tomate, lechuga y cebolla

Pasta cocida (receta en p. 33)

Alubias cocidas (receta en p. 47)

Lentejas cocidas (receta en p. 49)

Garbanzos cocidos (receta en p. 51)

Vegetales en tempura (receta en p. 94)

Patatas fritas clásicas (receta en p. 101)

Recuerda: como en todas las técnicas culinarias, la calidad y la frescura de los productos que elijas serán parte muy importante del éxito de cocinar a la plancha.

1878
ALGUAIRE-NYC

04 Sofreír

Llamamos sofreír a la acción de cocer alimentos, generalmente vegetales, cortados en trocitos o picados y con una pizca de grasa, que puede ser vegetal o animal (también se puede sofreír carne picada o pescado picado).

Con el acto culinario de sofreír se pretende fijar los sabores de los productos que se cocinan mediante la reducción y la pérdida de jugos durante el proceso de cocción, y, a un tiempo, lograr un bonito color dorado y un sabor marcado y concentrado.

Cocinar un buen sofrito es la base de platos tan apreciados como un arroz o unas patatas a la cazuela, una paella, un estofado o una salsa. En este recetario encontrarás a menudo la recomendación y acción de sofreír, pero en este capítulo se recogen, principalmente, recetas de sofritos monográficos para prepararlos con antelación y reservarlos en pequeñas porciones en el congelador, para futuras comidas. De esta forma, con unas existencias bien ordenadas en el congelador, con el nombre del producto y la fecha de elaboración, agilizarás muchísimo el trabajo en la cocina, sobre todo en esas recetas que requieren largo tiempo de elaboración.

Debes plantearte la acción de sofreír como la elaboración de una confitura con vegetales, sin añadir azúcar, solo dedicando tiempo, control y fuego lento.

Sofrito de cebolla

Para 10 porciones pequeñas en el congelador

- **2 kg de cebollas** (preferiblemente de la variedad Figueres)
- **40 ml de aceite de oliva virgen extra**
- **1 l de agua mineral**

Elaboración

1. Pela y pica la cebolla. Córtala a mano o a máquina, pero no debe ser triturada, como un puré de cebolla, sino picada muy pequeña.

2. En una olla del tamaño adecuado, vierte el aceite y el agua, y añade la cebolla. Cuece a fuego medio (el agua ablandará la cebolla, lo que hará que se cueza de manera uniforme). Remueve de vez en cuando, sin perder de vista la cocción (unos 30 minutos).

3. Cuando el agua se haya evaporado y el aceite vaya sofriendo, es el momento de cambiar el recipiente por una cazuela grande. Después, sigue sofriendo a fuego muy lento (unos 30 minutos más).

4. De nuevo traslada la cebolla de la cazuela a una sartén grande, y prosigue con el sofrito (unos 30 minutos más), ¡también a fuego lentísimo!, y removiendo con frecuencia. Es el momento de decidir si quieres continuar con el sofrito para que quede más dorado y oscuro, o te gusta como está. **Es recomendable no añadir sal, para poder utilizarlo más fácilmente en los guisos que desees**, y salarlo al final a conveniencia.

5. Deja que se enfríe, divídelo en 10 bolsitas (aptas para congelación), escribe el nombre y la fecha de elaboración, y reserva en el congelador. Calcula que cada bolsita será el resultado de sofreír 200 g de cebolla fresca. Dale una vida máxima de 6 meses, y **recuerda: ¡un producto congelado no es eterno!**

Sofrito de puerro

Para 10 porciones pequeñas en el congelador

- **1 kg de puerro, peso neto** (mejor si es de la parte blanca del puerro)
- **30 ml de aceite de oliva virgen extra**
- **½ l de agua mineral**

ELABORACIÓN

1. Corta a cuchillo los puerros bien limpios (preferiblemente la parte blanca).
2. En una olla a fuego medio, cuece el puerro junto con el aceite y el agua, removiendo a veces hasta que se evapore el agua (unos 20 minutos).
3. Traspasa el puerro a medio cocer a una cazuela grande. Continúa el sofrito a fuego lento (30 minutos). Retira del fuego. **Es recomendable no añadir sal, para poder utilizarlo después con otros guisos.**
4. Deja que se enfríe, divídelo en 10 bolsitas (aptas para congelación), escribe el nombre y la fecha de elaboración, y reserva en el congelador. Calcula que cada bolsita será el resultado de sofreír 100 g de puerro fresco. Dale una vida máxima de 6 meses, y **recuerda: ¡un producto congelado no es eterno!**

Sofrito de pimiento

Rojo o verde, o mezclado

Para 10 porciones pequeñas en el congelador

- **1 kg de pimientos muy carnosos, de una sola variedad, rojos y verdes** (también puedes sofreírlos mezclados)
- **50 ml de aceite de oliva virgen extra**

ELABORACIÓN

1. Lava los pimientos y, con un cuchillo bien afilado o un pelador, pélalos. Pícalos en trozos pequeños de ½ cm.
2. En una olla a fuego lento con el aceite, deja que se cueza. Remueve de vez en cuando (unos 10 minutos) y aparta del fuego. **Es recomendable no añadir sal, para poder utilizarlo más fácilmente en los guisos que desees, y salarlo al final a conveniencia.**
3. Deja que se enfríe, divídelo en 10 bolsitas (aptas para congelación), escribe el nombre y la fecha de elaboración, y reserva en el congelador. Calcula que cada bolsita será el resultado de sofreír 100 g de pimiento fresco. Dale una vida máxima de 6 meses, y **recuerda: ¡un producto congelado no es eterno!**

Sofrito de tomate

Para 10 porciones pequeñas en el congelador

- 4 kg de tomates maduros
- 50 ml de aceite de oliva virgen extra

ELABORACIÓN

1. Lleva a ebullición 8 litros de agua del grifo en una olla. Con un cuchillo bien afilado, haz una cruz en la piel de cada tomate y escáldalos en el agua de 10 en 10 solo durante 15 segundos, y ve retirándolos del agua. Una vez que todos estén escaldados, córtalos en 4 partes, para poder retirar fácilmente la piel y las semillas del interior. Pica los pétalos de pulpa limpia de los tomates a cuchillo, en trocitos pequeños, o pásalos por el pasapurés grueso. Lo que interesa es una textura de pulpa de tomate a trozos, no tan fina como un puré.

2. En una olla a fuego lento con el aceite, deja que el tomate se cueza. Remueve de vez en cuando y aparta del fuego después de 45 minutos aprox. **Es recomendable no añadir sal, para poder utilizarlo más fácilmente en los guisos que desees, y salarlo al final a conveniencia.**

   Deja que se enfríe, divídelo en 10 bolsitas (aptas para congelación), escribe el nombre y la fecha de elaboración, y reserva en el congelador. Calcula que cada bolsita será el resultado de sofreír 200 g de pulpa de tomate fresco. Dale una vida máxima de 6 meses, y **recuerda: ¡un producto congelado no es eterno!**

PRIVAT

05 Freír

Freír es la técnica de cocinar productos sumergidos en un aceite caliente y a temperatura controlada. Freímos alimentos de tamaño regular o en trozos finos o medianos. Un frito bien elaborado alcanza un resultado sabroso y goloso, una textura sellada y crujiente de atractiva belleza tostada y dorada. No obstante, la salud nutricional de un frito dependerá de los productos y grasas utilizados.

Podemos freír una gran cantidad de alimentos, desde patatas cortadas de mil formas diferentes; hortalizas a rodajas como calabacín, calabaza o berenjena; hojas y pencas de acelgas, setas enteras o laminadas, flores de calabacín; y también carnes, pescados, mariscos, huevos, frutas o masas elaboradas.

Los corazones de alcachofa, las salchichas o los huevos se fríen directamente en aceite, pero generalmente antes de freír se suele aplicar a los productos una capa fina de harina o se añade una especie de piel de textura granulosa de pan rallado o panko (de origen japonés), o unos baños espesos a la romana u otros más sutiles como los de la tempura (de la cultura japonesa). Es común freír masas elaboradas como croquetas, buñuelos, churros, chuchos (cilíndricos, rellenos de crema y recubiertos de azúcar, tradicional en Cataluña) o donuts.

Cuando freímos es muy importante el recipiente que utilicemos. La mejor opción es una sartén, mejor una sartén «parisien» honda. Una freidora con termostato para regular la temperatura del aceite también es un buen utensilio.

Pero lo más importante de todo es no usar el mismo aceite para freír vegetales, carnes, pescados o masas dulces o saladas. Cada producto merece un aceite puro, para poder disfrutar de su sabor una vez frito. También es muy importante elegir un aceite de calidad. Por mi formación mediterránea, considero que es muy buena opción freír con aceite de oliva, pero hay otros aceites, como de girasol, soja o sésamo, muy utilizados y adecuados para freír.

La clave del éxito es tener cuidado con la temperatura del aceite para no quemarlo a la primera fritura. Te recomiendo controlarlo con un termómetro de cocina, que es una herramienta fácil de usar y las frituras te quedarán en su punto. Una temperatura orientativa para freír es **160-170-180 °C**, adaptada y adecuada según el producto. Evita trabajar a una temperatura en la que el aceite humee; ese humo avisa de que es demasiado alta (**190-200 °C**).

Si vas a freír productos que requieren abundante aceite y van dejando restos de harina o panko, o pequeños posos en el fondo de la sartén, es recomendable colar el aceite después de cada fritura, para no continuar friendo con partículas en la sartén y, en consecuencia, quemar el aceite. Si fríes piezas planas, o rebozados que no requieren una piscina de aceite, procura ocupar con piezas rebozadas toda la base de la sartén, para que el aceite trabaje por igual. Evita espacios vacíos, porque un aceite caliente sin producto para freír se quema con facilidad. ¡El aceite de las frituras no es eterno!, se debe renovar con frecuencia.

Un buen utensilio para retirar los productos de la fritura es una espumadera llamada «araña». Seguidamente, se deben dejar sobre papel de cocina para servirlos impecables.

Barus

Carne picada, rellena y rebozada

Para 4 raciones

- **500 g de carne picada fina de cerdo** (de filete de aguja, preferentemente de la raza Duroc)
- **1 huevo batido**
- **10 g de sal**
- **1 g de pimienta negra**
- **4 lonchas finas de queso edam** (de barra)
- **4 lonchas finas de jamón cocido** (York)
- **pan rallado, para rebozar**

ELABORACIÓN

1. Mezcla muy bien la carne picada fina con el huevo batido, la sal y la pimienta, hasta obtener una masa integrada, y luego divídela en 4 bolas.

2. Espolvorea sobre la superficie de trabajo el pan rallado y reboza las bolas de carne de una en una. Con la mano, aplástalas para agrandarlas y hacerlas cada vez más finas. Con un rodillo, extiende cada bola hasta conseguir una pieza de carne rectangular, rebozada, de 15 x 20 cm aprox.

3. Dentro de cada uno de los 4 rectángulos, dispón una loncha de queso y una de jamón cocido, y cierra la pieza de carne sobre sí misma para atrapar el relleno. Aprieta la carne contra el relleno y cierra los bordes con ayuda de un tenedor para asegurarte de que los *barus* quedan bien sellados.

4. Resérvalos en la nevera hasta el momento de freírlos en aceite de oliva (admite congelación). Como la carne está picada y muy finita, con el aceite a **170 °C** la fritura será muy rápida (1 minuto por cada cara), aunque siempre hay que controlar el punto de cocción, que debe ser a tu gusto. Retira los *barus* del aceite y colócalos sobre un papel de cocina para servirlos calientes y escurridos.

Acompáñalos, por ejemplo, con pasta fresca cocida en su punto, aliñada con una cucharada de tomate maduro rallado y pasado por la sartén con un hilo de aceite y unas hojas de albahaca, sal y pimienta. No te olvides de incluir un pequeño bol con ensalada.

▸ *Puedes variar a tu gusto tanto el tamaño como la forma de los* barus. *También puedes modificar el relleno; por ejemplo, poniendo una lámina fina de mató o requesón y aceitunas negras picadas, o una lámina fina de sobrasada y piñones picados.*

Vegetales en tempura: flores de calabacín rellenas

Para 12 flores

Para la pasta de tempura

- **150 g de harina de trigo**
- **150 g de almidón de maíz** (Maizena)
- **325 ml de agua mineral muy fría**
- **1 g de levadura química Royal**
- **sal y pimienta**

Para las flores

- **12 flores de calabacín** (preferentemente machos)
- **2 calabacines muy tiernos, cortados en dados pequeños**
- **12 tallos de cebollino, escaldado 2 segundos**
- **aceite de oliva virgen extra**
- **sal y pimienta**
- **harina de trigo**

Pasta para la tempura

En un bol, mezcla todos los ingredientes con ayuda de un batidor de varillas, y reserva en la nevera. (Se trata de una masa que se debe utilizar y mantener muy fría. Cuando vayas a utilizarla, procura trabajarla de nuevo con el batidor de varillas, para garantizar una buena textura de tempura.)

Flores rellenas

En una sartén con un hilo de aceite, saltea los dados de calabacín solo 2 minutos. Salpimenta al gusto y reserva en un plato para que se enfríe. Limpia con un paño húmedo las flores de calabacín; ábrelas con delicadeza para comprobar que también estén limpias en el interior. Con cuidado y sin romperlas, rellénalas con el salteado de calabacín ya frío. Cierra las puntas de los pétalos y átalos con los tallos de cebollino escaldados. Reserva las flores rellenas en la nevera.

Fritura

Calienta aceite de oliva en abundacia en una sartén y mantén la temperatura a **170 °C**. Pasa las flores sutilmente por harina de trigo y, a continuación, por la mezcla de tempura fría de la nevera, bien ligada. Escúrrelas tan solo 3 segundos y ponlas a freír, de 4 en 4, en el aceite caliente. Deja que se frían solo 30 segundos por cada cara, retíralas sobre papel de cocina y sala con moderación. Ya están listas para degustar.

> ▸ ***Puedes aplicar la técnica de la tempura con otros vegetales, sin rellenarlos, como boletus laminados, hojas enteras de espinacas, láminas de nabo Daikon, brotes de coliflor, etcétera. También es interesante freír en tempura rodajas o gajos de manzana sin piel, o láminas de plátano cortadas a lo largo y de 1 cm de grosor.***

Croquetas de setas

Para 40 croquetas de 25 g cada una

Para la pasta

- 50 ml de aceite de oliva virgen extra
- 100 g de puerro, picado muy fino
- 500 g de setas frescas, silvestres o de cultivo (picadas en *brunoise*)
- 100 ml de agua mineral
- ½ l de leche de vaca
- 100 g de harina de trigo
- 50 g de almidón de maíz (Maizena)
- sal y pimienta blanca
- una pizca de nuez moscada rallada
- 30 tallos de cebollino picados finos

Para el rebozado

- 30 g de harina de trigo
- 3 huevos batidos
- 100 g de panko (o pan rallado)

Para la fritura

- 400 ml de aceite de oliva

▸ *Puedes variar el sabor de las croquetas; por ejemplo, en lugar de setas picadas, puedes usar carne asada o cocida que te haya sobrado de un cocinado, o una mezcla de queso rallado y butifarra de perol.*

La pasta

1. En una cazuela amplia con el aceite medido, sofríe el puerro a fuego medio 15 minutos. Salpimenta con moderación.

2. Añade a la cazuela las setas picadas y deja que se cocine todo junto a fuego medio 10 minutos más. Luego salpimenta con moderación. Vierte el agua mineral y continúa la cocción durante 3 minutos más.

3. En un recipiente aparte, mezcla muy bien la leche, la harina y el almidón con una pizca de sal y pimienta, e incorpóralo a la cazuela. A fuego medio y sin dejar de remover, trabaja la masa hasta observar burbujas. Verás también que la masa se vuelve brillante y se despega de las paredes y del fondo de la cazuela. Es el momento de agregar el cebollino picado y una pizca de nuez moscada. Ajusta el punto de sal y pimienta, y trabaja la masa solo 15 segundos más.

4. Vierte la masa en un recipiente forrado con papel sulfurizado, tápalo con este papel. Cuando esté fría será el momento de modelar y rebozar las croquetas.

Rebozado

A la hora de modelar, puedes optar por la clásica forma oblonga, o ser más creativo y recrear la forma de una pequeña seta, con sombrero y pie. Sea cual sea, pásalas primero por harina, después por el huevo batido y, finalmente, por el panko o pan rallado. Reserva en la nevera hasta el momento de freírlas (admite congelación).

Fritura

Vierte abundante aceite en una sartén y calienta a **170 ºC**. Fríe las croquetas de 6 en 6. Sécalas sobre papel de cocina y mantenlas calientes para servirlas impecables. Controla la cocción a tu gusto.

Croquetas de pollo

O gallina, o carne de cocido o asada

Para 6 raciones

- 400 g de la carne elegida (cocida o asada), picada fina a mano o con la picadora
- 150 g de cebolla, picada muy fina
- ½ l de leche de vaca
- 3 yemas de huevo
- 100 g de harina de trigo
- 50 g de fécula de maíz (Maizena)
- sal, pimienta blanca y nuez moscada
- 3 claras de huevo
- pan rallado o panko
- aceite de oliva virgen extra

Elaboración

1. En una sartén honda o una cazuela adecuada al tamaño de los ingredientes, sofríe la cebolla con un hilo de aceite virgen extra. Debe quedar dorada (unos 30 minutos aprox.).

2. Incorpora la carne picada y remueve durante 1 minuto.

3. Mezcla en un bol aparte, con un batidor de varillas, la leche, la harina, la Maizena, las 3 yemas de huevo, la sal, la pimienta y una pizca de nuez moscada. Agrega esta mezcla al sofrito de cebolla y carne, y continúa la cocción a fuego medio, sin dejar de remover, hasta que la masa quede fina y brillante, y se despegue de las paredes del recipiente (10 minutos aprox.).

4. Reserva la masa cocinada en un recipiente forrado con papel sulfurizado, para enfriarla y poder crear la forma oblonga y tradicional de las croquetas. Pásalas por las claras y rebózalas con pan rallado o panko, y fríelas en abundante aceite caliente, a **170 °C**.

5. Retira las croquetas de la fritura sobre papel absorbente. Ya las puedes presentar y degustar.

Croquetas de gamba

O de cigala o langostino

Para 6 raciones

- **500 g de gambas medianas muy frescas**
- **100 g de chalota, picada muy fina**
- **50 ml de jerez seco**
- **½ l de agua mineral**
- **400 ml de leche de vaca**
- **3 yemas de huevo**
- **100 g de harina de trigo**
- **50 g de fécula de maíz** (Maizena)
- **sal y pimienta blanca**
- **4 dientes de ajo y una ramita de perejil, picado muy fino**
- **3 claras de huevo**
- **pan rallado o panko**
- **aceite de oliva virgen extra**

Elaboración

1. En una cazuela con un chorrito de aceite bien caliente, sofríe rápidamente las gambas (2 min.) y salpiméntalas. Retíralas de la cazuela, pélalas y reserva, por un lado, las colas y, por otro, las cabezas y las cáscaras de las colas. Pica las colas en trozos de 1 cm y reserva en la nevera.

2. En la misma cazuela, con el aceite perfumado del marisco, sofríe la chalota picada hasta que esté dorada, unos 10 minutos, y salpiméntala.

3. Añade las cabezas y las cáscaras de las gambas, el jerez seco y el ½ litro de agua caliente, y deja que se cueza todo a fuego lento durante 15 minutos. Pásalo por el colador chino, apretando bien, y reserva el jugo obtenido.

4. En un bol, y con ayuda de un batidor de varillas, mezcla 100 ml del jugo de la cocción con la leche, la harina de trigo, la Maizena y las yemas.

5. En una sartén honda o cazuela del tamaño adecuado, y con un poquito de aceite de oliva virgen extra, sofríe el ajo y el perejil picados (**mucha atención porque debe quedar un sofrito dorado, no quemado**). Incorpora rápidamente la mezcla del **punto 4**. A fuego medio, y sin dejar de remover, continúa la cocción hasta que la masa quede fina y brillante, y se despegue de las paredes de la cazuela (serán 10 minutos aprox.). Finalmente añade el picadillo de las colas de gamba, cocínalo todo 1 minuto más y ya está listo.

6. Reserva la masa cocinada en un recipiente forrado con papel sulfurizado, para enfriarla y poder crear la forma oblonga y tradicional de las croquetas. Pásalas por las claras y rebózalas con pan rallado o panko, y fríelas en abundante aceite caliente, a **170 °C**.

7. Retira las croquetas de la fritura sobre papel absorbente. Ya las puedes presentar y degustar.

Buñuelos dulces

Para 1 kilo de masa (unos 65 buñuelos de unos 15 g cada uno)

- **500 g de harina de trigo**
- **150 g de azúcar**
- **70 ml de licor de anís seco**
- **1 g de matalahúva picada fina** (o semillas de anís verde o estrellado)
- **25 g de levadura fresca de panadería**
- **4 huevos**
- **la ralladura fina de medio limón**
- **una pizca de canela en polvo**
- **1 g de sal**
- **50 ml de leche de vaca**
- **75 de mantequilla de vaca pomada**

▸ ***Buñuelos rellenos de chocolate.*** *Puedes preparar con la misma masa unos buñuelos rellenos. Mezcla a partes iguales chocolate sin leche y mantequilla. Funde al baño maría y deja que se enfríe para disponer de una textura cremosa y firme. Con la masa de buñuelos elaborada en el punto* ***4****, añade un dado de la crema de chocolate, cierra la masa atrapando en el centro el chocolate y ya puedes continuar con el punto* ***5*** *de la receta. Obtendrás unos buñuelos más golosos.*

Elaboración

1. Calienta la leche hasta **20 °C** y deshaz en ella la levadura.

2. Amasa todo junto, con el resto de ingredientes, durante unos 10 minutos.

3. Deja reposar la masa en un lugar tibio a **35 °C** para provocar la fermentación. Lo ideal es dejar que leve en la fermentadora a **35 °C** durante una hora y media aprox.

4. La masa habrá levado cuando haya doblado su volumen inicial. Córtala en porciones y moldéala en forma de bolas. Con los dedos, haz un agujero en el centro para facilitar la cocción de los buñuelos.

5. Fríe los buñuelos con aceite de oliva a **165-175 °C**, hasta conseguir un bonito color dorado. Fríe de 6 en 6 y sécalos sobre papel de cocina.

6. Rocíalos con un poquitín más de anís y rebózalos en el azúcar mezclado con la canela en polvo.

▸ ***Chuchos*** *Puedes seguir la misma técnica de la masa de buñuelos, únicamente hay que aplicar unos pequeños cambios. Sustituye el licor de anís por solo 30 ml de leche de vaca y elimina la matalahúva y la canela. Aparte, hay que preparar el relleno, una crema pastelera (receta en p. 277), que, una vez fría y cuajada, debes cortarla en barritas de 8 x 1,5 cm y congelarla. Con la masa elaborada como en el punto* ***4****, toma una porción de 50 g, estírala y coloca en el centro una barrita de crema pastelera congelada, cierra la masa sobre sí misma dándole forma alargada para atrapar la crema. Continúa con la receta en el punto* ***5****. Como los chuchos son piezas más grandes que los buñuelos, fríelos de 2 en 2 a 160 °C (ten en cuenta que necesitarán un poco más de tiempo de fritura que los buñuelos). Cuando estén dorados, retíralos sobre papel de cocina, rebózalos en azúcar y sírvelos fríos. Durante la fritura, la crema recuperará la textura original. Ya puedes disfrutar de unos chuchos caseros.*

Panecillos fritos

Para 20 panecillos

Para la masa del pan frito

- 1,4 kg de harina de trigo de fuerza
- 100 g de harina de trigo floja
- 2 huevos
- 30 g de mantequilla de vaca fundida
- 10 g de levadura de panadería seca
- 40 g de azúcar
- 200 ml de leche entera de vaca
- 10 g de sal

Para el relleno

- 600 g de salmón ahumado en lonchas
- 80 g de mostaza verde Maille
- 4 aguacates en láminas
- 80 hojas de mizuna
- 80 puntas verdes de cebollino

Para la mayonesa de remolacha

- 2 huevos
- 20 g de mostaza Dijon
- 200 ml de aceite de oliva virgen extra
- 15 gotas de salsa tabasco
- 60 ml de zumo licuado de remolacha
- sal y pimienta blanca

Elaboración

Masa para el pan frito. Mezcla el azúcar y la levadura con la leche caliente a **30 °C**, y deja reposar 10 minutos. Aparte, mezcla las dos harinas con la sal, los huevos y la mantequilla fundida. Une las dos mezclas preparadas y trabaja la masa resultante hasta que esté lisa y fina. Déjala reposar dos horas en un ambiente tibio, a unos **24 °C**. Estira la masa reposada hasta la altura de 1 cm de grosor y divídela con un cortapastas según la forma que desees. Puedes crear panecillos ovalados o redondos (con o sin agujero central), cuadrados o alargados. Coloca los panecillos elaborados sobre una bandeja plana de horno y encima de papel sulfurizado; tápalos con otra bandeja para protegerlos de la segunda levada y déjalos en un lugar tibio (a unos **24 °C**) durante 1 hora. Fríe los panecillos en abundante aceite de oliva a **160 °C,** por ambas caras, hasta que adquieran un bonito color dorado. Retíralos de la sartén (comprueba que estén cocidos por dentro) sobre papel de cocina hasta que se enfríen y se puedan montar los bocadillos.

Mayonesa de remolacha. Introduce todos los ingredientes en el vaso del túrmix y monta-tritura como si se tratara de una mayonesa en su punto de sal y pimienta. Reserva en la nevera dentro de un biberón de cocina.

Finalización y presentación

Corta los panecillos por la mitad y a lo largo, y reparte en el interior el salmón, las hojas de mizuna, las láminas de aguacate y las puntas de cebollino. Aliña con unos puntitos de mostaza verde y unos cordones de mayonesa de remolacha.

▸ *Son unos panecillos delicados y deliciosos que puedes ofrecer de acompañamiento en una comida, como el pan. Experimenta con otros rellenos y sírvelos de postre, como rellenos de hojas de lechuga o de menta, láminas de fresas y chocolate sin leche caliente.*

Huevos

Fritos

Calienta 300 ml de aceite de oliva en una sartén de unos 18 cm de diámetro hasta que alcance los **170 °C.** Rompe los huevos con cuidado dentro de una taza para controlar la calidad impecable y atempéralos del frío de la nevera. Échalos a la sartén; la cocción será muy rápida. El aceite caliente recibe y abriga el huevo, creando unos bordes que forman puntillitas doradas en solo unos 20-25 segundos de cocción. Retíralos con cuidado con una espumadera y sírvelos con una pizca de sal gruesa por encima.

Los huevos son muy nutritivos e interesantísimos en la cocina. Los encontrarás en la lista de ingredientes de muchas recetas, tanto en la cocina dulce como en la salada. Como en todas las elaboraciones de cocina, el éxito del resultado final de la receta estará relacionado con la calidad de los huevos que compres.

Otra técnica. En una sartén a fuego medio con tan solo un hilo de aceite, echa un par de huevos cuando el aceite esté caliente y espera a que la temperatura cueza y cuaje la clara y caliente la yema. Retira con una espátula ancha y sirve también con una chispa de sal marina.

Tortilla

Es la técnica de cocer dos huevos batidos. En casa resulta muy práctico disponer de una sartén destinada exclusivamente a las tortillas, que esté en perfecto estado, de unos 18 cm de diámetro. Para su elaboración pon la sartén al fuego con un hilo de aceite; cuando esté caliente, vierte ligeramente los huevos batidos con un pellizco de sal. Remueve un poco con una espátula para que cuajen sutilmente y, a continuación, dóblala dos veces sobre sí misma. Defiendo las tortillas de piel delicada y poco doradas, de interior blando, cremoso y jugoso, con una lágrima de huevo batido que se escapa al cortarla.

El sabor neutro de los huevos permite añadir un montón de combinaciones: con tubérculos, con verduras, con hierbas aromáticas, con legumbres, con embutidos, con marisco, con pescados, con frutas, con especias, etcétera.

Revueltos

Se trata de una técnica aún más delicada que la de la tortilla. En una sartén ligeramente caliente y con muy poco aceite y una punta de mantequilla, vierte dos huevos batidos con sal y una cucharada de nata líquida. Ve removiendo suavemente con el batidor de varillas, siempre con el fuego al mínimo. Debe quedar como una crema de textura semicuajada y brillante.

Patatas fritas

Es una manera muy golosa de comer patatas, y es preciso cuidar su variedad, que debe ser la adecuada para freír, así como la calidad del aceite. También hay que estar atentos a la cantidad que comemos: las patatas fritas despiertan un hambre sin freno. Recuerda elegir la variedad de patata apropiada para freír si quieres un buen resultado. Las de variedad agria son las más recomendables.

Patatas chips

Para 2 raciones

- **250 g de patatas** (agria o Kennebec)
- **1 l de aceite de oliva**

1. Pela y corta las patatas muy finas con la mandolina, en láminas de 1 mm de grosor, y ponlas en un bol con 3 litros de agua para lavarlas y eliminar la fécula. Reserva dentro del agua.

2. Calienta el aceite hasta **170 °C** en una sartén honda (también puedes usar una freidora). Saca del bol 50 g de patatas, sécalas muy bien y ponlas a freír. Durante la cocción, remueve con delicadeza hasta observar que van quedando secas y doradas. Retíralas de la sartén con una araña directamente sobre papel de cocina. Sálalas cuando estén frías y reserva en una caja hermética.

Patatas fritas clásicas

Para 2 raciones

- **250 g de patatas** (agria o Kennebec)
- **1 l de aceite de oliva**

1. Pela y corta las patatas en barritas de tamaño regular. Introdúcelas en un bol con agua abundante para eliminar la fécula. Mantenlas sumergidas en el agua.

2. Calienta el aceite hasta **170 °C** en una sartén (también puedes usar una freidora). Seca muy bien las patatas y échalas a la sartén. Durante la cocción, remueve con delicadeza hasta observar que van quedando secas y doradas. Retíralas del fuego con una araña, sécalas y sálalas sobre el papel de cocina. Ya están listas para servir.

▸ *Si te gustan las patatas fritas en barritas muy gruesas, debes freírlas en dos cocciones. Primero a* ***150 °C*** *hasta que se ablanden y se cuezan por dentro. Retira las patatas de la sartén y calienta el aceite a* ***180 °C****. Vuélvelas a freír hasta conseguir una costra dorada y seca.*

06 Estofar

Un estofado es un plato en el que se cocinan al mismo tiempo diversos alimentos, como una mezcla de productos vegetales, generalmente con carne, pescado o marisco, y a menudo con hierbas aromáticas y especias. El resultado es un plato nutritivo y completo, porque suele contener proteínas, vitaminas e hidratos de carbono. Un estofado junto con ensalada verde de vegetales de temporada y postres de fruta puede ser una comida gastronómica y saludable.

Un estofado requiere fuego lento y una cacerola con tapa para proteger un jugo que debe cubrir de manera justa todos los productos que se están cocinando. Se trata de un guiso con un jugo corto, si lo comparamos con un caldo. El jugo debe ser brillante y aterciopelado, porque durante la cocción se amalgamará con todos los ingredientes hasta obtener una salsa ligeramente ligada por la propia cocción. Las picadas, tradicionales en la cultura culinaria catalana, son también un detalle final que sumará personalidad, sabor y textura en cada receta.

Todas las culturas culinarias del mundo poseen un patrimonio cultural de estofados, precisamente porque es una cocina que se ha mantenido desde la tradición de poner a cocinar diversos productos, aplicar fuego lento y tiempo, y lograr un plato con personalidad, original, sabroso y nutritivo.

Existe una gran variedad de estofados que muestran la cultura marinera de los platos a bordo, los famosos y diversos *suquets* marineros son ejemplo de ello, pero también somos herederos de una cultura de la huerta, de estofados con vegetales y legumbres, y también de estofados de montaña con carne de caza.

Un estofado puede ser un guiso ligero si entre los ingredientes hay más presencia vegetal, o más potente si se ha elaborado con más carga cárnica.

El color oscuro de un estofado se consigue con la técnica de sofreír hasta dorar los productos protagonistas de la cacerola al comenzar a cocinarlo, pero un estofado en el que los ingredientes se pongan a cocer en frío será de color claro o blanquecino, como por ejemplo vemos en una receta que ofrecemos en este capítulo: ***blanquette* de ternera**. También puede ser mucho más oscuro por el tipo de carne, el marinado en vino y la cocción de la receta, como el **estofado de jabalí**, plato de este capítulo. O incluso la manera tradicional de añadir, al final, para terminar de afinar la salsa, un toque de sangre a la preparación de la **liebre à la Royale.**

Procura disponer de una cacerola de calidad, con tapa, tipo *cocotte*, pues facilitará el trabajo y asegurará el éxito. También las ollas a presión (u ollas rápidas) son muy recomendables para los estofados, ya que agilizan el tiempo de cocción notablemente; pero, **atención:** son ollas cuya manipulación requiere cuidado y conocimiento del aparato, porque se concentran presiones peligrosas que es preciso respetar durante el proceso de cocinado.

Suquet de langosta

Para 4 raciones
→ **2 langostas vivas** (aprox. 600 g cada una)
→ **40 ml de aceite de oliva**
→ **1 kg de patatas bufet** (o Monalisa)
→ **100 g de cebolla picada fina**
→ **50 g de pimiento verde, en emincer**
→ **50 g de pimiento rojo, en emincer**
→ **2 l de agua mineral**

Para el triturado en el túrmix
→ **100 g de tomate maduro**
→ **10 g de ajo**
→ **30 ml de jerez dulce**
→ **30 ml de jerez seco**
→ **3 g de perejil**

Elaboración

1. Corta las langostas a lo largo. Recorta y deshecha las branquias, que están alrededor de la cabeza. En una cacerola amplia, con el aceite de oliva muy caliente, marca las langostas por todas sus caras. Reserva las colas marcadas. Corta las cabezas y las patas marcadas en trocitos muy pequeños.

2. Introduce los trozos de las cabezas y las patas en una olla junto con la mitad del aceite de la primera cocción y deja que se sofrían un pelín más (deberían pegarse un poco en el fondo de la olla). Añade el triturado del túrmix, salpimenta con moderación y déjalo cocer todo junto unos 5 minutos. Vierte en la olla los 2 litros de agua mineral caliente y cuece solo 15 minutos a fuego medio. Cuela y reserva el caldo obtenido.

3. Mientras tanto, en la cacerola con el resto del aceite perfumado de langosta, incorpora la cebolla picada y rehoga a fuego lento para conseguir un sofrito bien confitado (serán unos 20 minutos).

4. Agrega los dos pimientos picados y sofríe todo junto solo 5 minutos a fuego lento.

5. Añade a la cacerola las patatas, chascadas a trozos regulares; mézclalas con el sofrito, salpimenta con prudencia y cúbrelas con el caldo. Cuece unos 15 minutos a fuego medio.

6. Comprueba si las patatas están en su punto, blanditas, e incorpora las colas de langosta. Se debe cocer todo junto solo 2 minutos. Afina el punto de sal y aparta la cacerola del fuego. Deja que repose únicamente 3 minutos, y ya puedes presentar el *suquet*.

▸ *Esta receta también funciona muy bien con bogavante. Si eres amante del alioli (receta en p. 239), puedes servirlo en la mesa, aparte, y dejar que los comensales, a su gusto, lo añadan al* suquet.

Patatas a la cazuela con costilla de cerdo

Para 4 raciones

- **600 de costilla de cerdo de la más carnosa, en trozos** (de unos 3 cm)
- **1 kg de patatas Monalisa, chascadas en tacos regulares** (de unos 3 cm)
- **250 g de cebolla picada fina**
- **100 g de tomate maduro rallado, sin piel ni semillas**
- **100 g de pimiento verde, cortado en trozos** (de 1 cm)
- **25 g de almendras tostadas**
- **15 hojas de perejil**
- **½ diente de ajo**
- **½ hoja de laurel**
- **agua mineral**
- **aceite de oliva virgen extra**
- **sal y pimienta**

Elaboración

1. En una cazuela del tamaño adecuado, calienta un buen chorrito de aceite. Añade los trozos de costilla salpimentados y sofríe a fuego medio hasta que adquiera un color dorado (aprox. 10 -15 minutos). Retira los trozos de costilla y resérvalos.

2. En el mismo aceite, incorpora la cebolla y, también a fuego medio, sofríe unos 20 minutos hasta que esté doradita.

3. Añade a la cazuela el pimiento y continúa sofriendo unos 5 minutos más.

4. Incorpora el tomate rallado y sofríe 10 minutos más.

5. Introduce de nuevo la costilla reservada y deja que se sofría todo junto unos 10 minutos más. Sala con prudencia.

6. Es el momento de añadir las patatas y el laurel. Cubre con agua mineral caliente, sala con moderación y deja cocer a fuego medio durante 18 minutos.

7. En el vaso del túrmix tritura las almendras, el ajo y las hojas de perejil con una tacita del jugo de la cocción e incorpóralo a la cazuela. Continúa la cocción 4 minutos más. Prueba el punto de sal y la textura de las patatas para decidir si es necesario estofar unos minutos más. El plato está listo para presentarlo en la mesa.

▸ *Puedes preparar el estofado con antelación. El día anterior cocina el plato hasta el* ***punto 5*** *y reserva en la nevera. Al día siguiente solo tendrás que continuar con el trabajo culinario de los* ***puntos 6*** *y 7. También puedes variar el sabor cárnico del plato siguiendo la misma receta, pero con dados de lomo de cerdo o alitas de pollo, o con dados de jarrete de ternera o dados de paletilla de cordero.*

Habas y guisantes a la catalana

Para 4 raciones

- **30 ml de aceite de oliva virgen extra**
- **30 g de manteca de cerdo**
- **150 g de panceta entreverada, en cortes** (de 2 cm)
- **200 g de cebolleta muy picada**
- **100 g de ajetes muy picados**
- **un *bouquet* con 3 ramitas de perejil, 4 de menta fresca y ½ hoja de laurel**
- **800 g de habas, desgranadas y muy tiernas**
- **200 g de guisantes, desgranados y muy tiernos**
- **150 g de butifarra negra, en dados** (de 2 cm)
- **50 g de butifarra blanca, en dados** (de 2 cm)
- **80 ml de jerez seco**
- **80 ml de jerez dulce**
- **sal y pimienta negra**

▸ *Si cocinas el estofado con antelación, en cuanto esté listo, extiéndelo sobre una bandeja grande para enfriarlo rápidamente. Al enfriarlo mantendrá la belleza verde de los vegetales. En cambio, si se enfría lentamente en la olla no adquirirá un color tan atractivo. Reserva en la nevera para calentarlo cuando convenga. El microondas va genial para calentar este plato.*

En Cataluña este estofado nació hace muchos años inspirado, muy probablemente, por la primavera. Los ingredientes coinciden en el mismo momento estacional en los comercios y los puestos de los mercados: ajetes y cebolletas, habas, guisantes, menta. Es un plato de sensaciones gastronómicas ásperas, dulces, perfumadas, untuosas y picantes.

Elaboración

1. En una olla con el aceite y la manteca calientes, sofríe los dados de panceta bien salpimentados a fuego medio durante unos 9 minutos.

2. Incorpora las cebolletas y los ajetes picados y el *bouquet* de hierbas. Sala con prudencia y prosigue la cocción 9 minutos más. No se debe dorar, solo sofreír ligeramente.

3. Añade las habas y la butifarra blanca, el jerez dulce y el seco. Sala de nuevo con cuidado y continúa la cocción con la olla tapada (coloca bajo la tapa un papel de cocción para que ayude a retener los vapores del estofado). Los 3 primeros minutos, a fuego fuerte y con la olla tapada, sacude-remueve. Agrega los guisantes y deja cocer 3 minutos más a fuego medio. Vuelve a sacudir-remover y de nuevo déjalo cocer 3 minutos más a fuego lento. Destapa y añade los dados de butifarra negra. Tapa de nuevo, sacude-remueve, prueba por si faltara sal y deja cocer 2 minutos más a fuego lento y con la olla tapada. Deja que repose fuera del fuego solo 3 minutos, y el estofado ya está listo para presentar en la mesa en una bonita bandeja honda. (**Atención. El tiempo de cocción de las habas y los guisantes está calculado para un producto muy tierno. Si el producto es más grande, necesitarás más minutos, por eso es tan importante ir probando y controlando las cocciones.**)

Sepia con guisantes

Para 4 raciones

- una buena sepia de unos 800 g
- 1 kg de guisantes, desgranados y muy tiernos
- 150 g de cebolla picada muy fina
- 150 g de tomate maduro rallado, sin piel ni semillas
- 30 ml de aceite de oliva virgen extra
- sal y pimienta blanca
- agua mineral

Para la picada

- ½ diente de ajo
- 15 hojas de perejil
- una pizca de harina de trigo (½ cucharadita de moka)

▸ *La sepia pertenece al grupo de los cefalópodos, como el pulpo o el calamar, que toleran muy bien la congelación. Esto permite contar con un retén en el congelador y disponer en casa de un producto gastronómico interesante. (Atención. El congelador es una despensa que se debe usar con coherencia. No guardes los productos congelados mucho tiempo, pues su calidad disminuirá, lo cual no interesa.)*

Elaboración

1. Pide en la pescadería que te limpien la sepia. Desecha la tinta y la piel, y reserva medio bazo para cocinar, las patas y el cuerpo. En casa, lava el producto, corta el cuerpo en trozos regulares, en cuadrados de unos 2 x 2 cm, y separa las patas de una en una.

2. Pon los trozos de cuerpo y patas en una cacerola de tamaño adecuado y cubre con agua mineral. Añade el aceite de oliva y deja cocer a fuego medio hasta que se evapore totalmente el agua, para ablandar la sepia, 10-15 minutos aprox.

3. Añade a la cacerola la cebolla, y sofríe todo junto a fuego lento hasta que esta se dore (20 minutos aprox.). Salpimenta con moderación.

4. Incorpora el tomate y continúa sofriendo 10 minutos más. (**Opcional.** Si te gusta un sabor potente de sepia, es el momento de añadir al sofrito el medio bazo que has reservado.)

5. Agrega los guisantes, mezcla con delicadeza el sofrito durante 30 segundos y vierte el agua mineral caliente solo hasta cubrir. No conviene pasarse con el agua porque los guisantes sudarán el agua de vegetación. Si estos son muy tiernos, deberás cocerlos a fuego medio y con la cacerola tapada durante tan solo 5 minutos (si los guisantes son más grandes, deja cocer 9 minutos).

6. Es el momento de añadir la picada. En un mortero, pica el ajo y el perejil; añade la harina y cuatro cucharadas de agua. Mézclalo muy bien, viértelo en la cacerola y deja que se cueza todo junto. Afina el punto de sal. Aparta la cazuela del fuego y deja reposar unos 3 minutos antes de servir.

Blanquette de ternera

Para 4 raciones

PARA LA PRIMERA COCCIÓN

- **600 g de carne de ternera blanca en trozos** (2 x 2 cm)
- **100 g de cebolla, en trozos** (de unos 2 x 2 cm)
- **150 g de zanahoria, en trozos** (de unos 2 x 2 cm)
- **150 g de puerro, en trozos** (de unos 2 x 2 cm)
- **50 g de apio, en trozos** (de unos 2 x 2 cm)
- **50 g de chalotas, en trozos** (de unos 2 x 2 cm)
- **2 clavos de olor**
- **½ hoja de laurel**
- **1 ramita de perejil**
- **1 ramita de tomillo**
- **10 granos de pimienta blanca, aplastados**
- **2 dientes de ajo aplastados**
- **3 l de agua mineral**
- **sal**

PARA LA GUARNICIÓN

- **20 cebollas platillo**
- **20 champiñones pequeños**
- **aceite de oliva, sal y pimienta blanca**
- **100 ml de agua mineral**

PARA LA SALSA

- **20 g de harina de trigo**
- **25 g de mantequilla de vaca**
- **900 ml del caldo de la primera cocción**
- **100 ml de nata**
- **1 yema de huevo**
- **20 ml de zumo de limón**
- **sal y pimienta blanca**
- **20 hojas de perejil** picadas

ELABORACIÓN

Primera cocción. Introduce la carne en un recipiente y cúbrela con agua mineral. Lávala para eliminar cualquier resto de sangre. Escúrrela y pásala a una olla; cubre de nuevo con agua mineral y ponla al fuego hasta que levante el hervor. Escúrrela. En la olla limpia pon la carne blanqueada y el resto de ingredientes, y cubre de nuevo con abundante agua mineral. Sala con prudencia y cuece a fuego lento con la olla tapada durante 2h. Debes de ir eliminando la espuma que se creará. Retira la olla del fuego y reserva el caldo de la cocción para la salsa final, y los trozos de carne y zanahoria.

La guarnición. Pon las cebollas peladas en un cazo ancho con un hilo de aceite, una pizca de sal y pimienta y el agua mineral. Tápalas con papel de horno (en contacto con las cebollitas) y deja que se cocinen a fuego lento 25 min, removiendo de vez en cuando. Añade los champiñones y un par de cucharadas más de agua, y vuelve a tapar con el papel. Continúa la cocción a fuego lento durante 10 min más. Remueve de vez en cuando y salpimenta al punto. Reserva.

La salsa. Funde la mantequilla a fuego lento en una cacerola mediana. Agrega la harina y, a fuego lento, rehoga sin que llegue a dorarse (solo debe cocerse). El plato requiere una salsa blanca (de ahí el nombre de la receta tradicional francesa). Vierte el caldo colado de la primera cocción y deja que rompa a hervir hasta conseguir una salsa aterciopelada y ligada, pero no demasiado espesa. Incorpora los trozos de carne y zanahoria estofados, las cebollitas y los champiñones, deja de cocer todo a fuego lento y afina el punto de sal y pimienta. Retira del fuego y agrega la mezcla de nata, yema de huevo y limón. Remueve para incorporar los elementos cremosos y perfumados, vuelve a afinar el punto de sal y pimienta, y añade por encima el perejil picado. ¡La *blanquette* está lista para servir!

▸ *Como la mayoría de estofados, puedes adelantar la elaboración de la primera cocción la noche anterior.*
▸ *En vez de ternera blanca puedes utilizar otras carnes. También puedes elaborar la receta con un pescado de carne firme como el rape, pero la primera cocción ha de ser solo de 20 min.*

Fricandó con senderuelas

Para 4 raciones

- 12 filetes de ternera, preferentemente de la parte de la llata (espaldilla)
- 20 g de harina de trigo
- 200 g de cebolla picada fina
- 40 g de tomate maduro rallado, sin piel ni semillas
- 40 g de senderuelas secas
- 50 ml de jerez dulce
- ½ diente de ajo
- 10 g de almendras tostadas
- aceite de oliva virgen extra
- sal y pimienta
- agua mineral

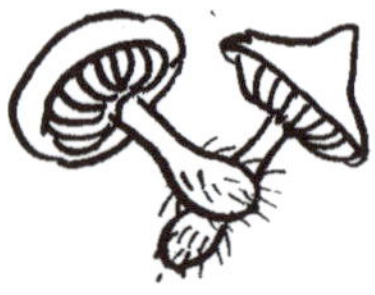

Elaboración

1. Recorta los pies de las senderuelas y pon estas a remojar en agua mineral abundante y tibia durante un mínimo de 30 minutos.

2. Pule la carne de grasa sobrante, salpimenta y enharina ligeramente.

3. En una cacerola del tamaño adecuado, calienta un buen chorro de aceite y fríe los filetes de carne enharinados hasta dorarlos, y resérvalos.

4. En el mismo aceite, sofríe la cebolla hasta que se dore (35 minutos aprox.). Salpimenta con moderación.

5. Añade el tomate rallado y confita bien, unos 10 minutos más.

6. Incorpora las senderuelas bien escurridas y el jerez, salpimenta con precaución y deja que se cueza todo 5 minutos más.

7. Añade ahora los filetes de carne que habías reservado, cúbrelos con agua mineral caliente y tápalos, deja cocer a fuego muy lento, lentísimo, 60 minutos aprox. Comprueba si la carne ya está tierna, por si necesitara unos minutos más.

8. Finalmente, agrega a la cacerola la picada bien fina del ajo y las almendras, y permite que se cueza unos 5 minutos. Afina el punto de sal, y el fricandó ya está listo.

▸ *Puedes elaborar el fricandó con otros cortes de la ternera, o con carne de cerdo (lonchas finas de la parte de la paletilla). Te aconsejo la parte de la llata de la ternera porque es un corte con una gelatina infiltrada que convertirá el fricandó en uno de los platos estrella de tu cocina. Se trata de un plato que se puede hacer con antelación y reservarlo en la nevera, para calentarlo luego con mucho cuidado. El reposo incluso potencia los sabores del cocinado.*

Estofado de jabalí

Para 4 raciones

PARA EL MARINADO

- **600 g de carne de jabalí, del cuello o de la paletilla** (en dados de 2 x 2 cm)
- **300 g de cebolla, en emincer**
- **100 g de zanahoria, en emincer**
- **100 g de puerro, en emincer**
- **6 dientes de ajo con piel, aplastados**
- **un *bouquet* con 1 hoja de laurel + 1 ramita de tomillo + 1 ramita de perejil**
- **4 bolitas de enebro, aplastadas**
- **12 bolitas de pimienta negra, aplastadas**
- **1 botella de vino tinto tipo Priorato de 750 ml**

PARA EL ESTOFADO

- **50 g de harina de trigo**
- **50 g de manteca de cerdo**
- **100 ml de aceite de oliva virgen extra**
- **sal y pimienta negra**
- **agua mineral**

TERMINACIÓN OPCIONAL

- **15 g de mantequilla de vaca en bolitas**
- **o 20 g de sangre fresca de cerdo y 5 ml de vinagre**

ELABORACIÓN

El marinado. Mezcla todos los ingredientes en un recipiente apto para alimentos y guárdalo en la nevera durante 24 horas. Pasado este tiempo, cuela el marinado, reserva el jugo y separa los vegetales de la carne. Pon el jugo del marinado en un cazo y deja que se reduzca a fuego lento hasta la mitad de su volumen. En la superficie comenzarán a aparecer espumas durante la cocción que es preciso retirar.

El estofado. Salpimenta los tacos de carne y enharínalos ligeramente. En una cacerola de tamaño adecuado, calienta el aceite y la manteca, y sofríe la carne a fuego lento hasta dorarla, y resérvala. En la misma cacerola con el aceite perfumado de la carne y a fuego medio, rehoga las verduras junto con el *bouquet* de hierbas; sala con prudencia y espera hasta que las verduras estén tiernas y doradas (unos 30 minutos). Incorpora los tacos de carne fritos y el jugo reducido del marinado, y vierte el agua mineral, porque el conjunto debe quedar bien cubierto. En contacto con el estofado, coloca un papel de horno y tapa la cacerola; deja cocer a fuego muy lento, lentísimo, unos 90 minutos. De vez en cuando controla la cacerola para asegurarte de que el estofado se cocina perfectamente y se mantiene bien cubierto de jugo. Pasado el tiempo de cocción, retira los tacos de carne con unas pinzas y resérvalos. Retira el *bouquet* y tritura el jugo y los vegetales de la cocción por un pasapurés y luego por un colador chino. Con la cacerola ya limpia, introduce la carne reservada y el jugo colado, y deja que se cocine a fuego muy lento, lentísimo, mientras decides si la carne necesita más tiempo de cocción para que la textura sea muy tierna. Afina el punto de sal y pimienta, y retira la cacerola del fuego. Si en la superficie ha aparecido grasa, retírala. Añade ahora las bolitas de mantequilla, y remueve para que se fundan; así lograrás una salsa brillante y ligada.

Opcional

Si decides ligar la salsa con sangre, aparta la cacerola del fuego y espera a que se apague el hervor. Incorpora la sangre fresca mezclada con el vinagre y remueve con delicadeza para que la salsa la absorba y adquiera la personalidad tradicional de un estofado de jabalí con la salsa ligada con sangre.

(**Atención.** Una vez que la sangre esté en la cacerola no se puede volver a estofar al fuego, porque la sangre se coagularía y el efecto de ligar, oscurecer y abrillantar la salsa se convertiría en un defecto irreparable a causa de la coagulación.)

- ▸ *Puedes utilizar la técnica del estofado del jabalí con otras carnes de caza.*
- ▸ ***Sirve el jabalí con coliflor al tenedor.***

1. *Hierve 300 g de ramitos de coliflor, en trozos regulares (de unos 2 cm) en agua y sal durante 9 minutos y escúrrelos muy bien.*
2. *Introduce los ramitos de coliflor en un bol ancho y aplasta con un tenedor de manera rústica para mantener la textura de tenedor.*
3. *Afina el punto de sal, añade una pizca de pimienta blanca y un chorrito generoso de aceite de oliva virgen extra.*

Mezcla de setas a la vinagreta

Para 4 raciones

- **800 g de setas variadas, limpias y en trozos regulares** (a tu gusto: silvestres o de cultivo, o mezcladas)
- **1 l de agua mineral**
- **30 ml de aceite de oliva virgen extra**
- **50 ml de vinagre de Jerez**
- **50 ml de jerez seco**
- **3 dientes de ajo en láminas**
- **50 g de puerro, en emincer**
- **50 g de zanahoria, en emincer**
- **un *bouquet* con 1 hoja de laurel + 1 rama de tomillo**
- **una muñeca de gasa con 10 bolas de pimienta negra + 1 guindilla**
- **15 g de sal**

ELABORACIÓN

1. En una cacerola honda, calienta el aceite medido y sofríe durante 5 minutos el puerro y la zanahoria. Añade el ajo, el *bouquet* de hierbas y la muñeca, y sofríe 1 minuto más. Es el momento de agregar el vinagre, el jerez, la sal y el agua mineral caliente. Cuece todo junto 5 minutos.

2. Incorpora la mezcla de setas y, cuando recupere el hervor, deja que se cueza solo 4 minutos más. Aparta la cacerola del fuego y deja que se enfríe antes de guardarlo en la nevera con el caldo de cocción.

PRESENTACIÓN

Puedes servir las setas calientes, tibias o frías, con un poco de caldo y el sofrito de cocción. Casan muy bien con la pasta, el arroz blanco y el puré de patata, así como con carne o pescado. Al servir, añade por encima un poquitín de cebollino picado, una pizca de almendra granillo tostada, un pellizco de sal gruesa y un puntito de pimienta.

Pollo de corral a la vinagreta con aceitunas

Para 4 raciones

- 1 pollo de corral de unos 2,5 kg, cortado en octavos
- 200 g de panceta de cerdo Duroc, en dados (de 1,5 cm)
- 300 g de cebolla, en emincer
- 200 g de puerro, en emincer
- 1 *bouquet* con laurel, tomillo y orégano
- 200 ml de vinagre de Jerez
- 200 ml de jerez seco
- 1 l de agua mineral
- 1 l de aceite de oliva virgen extra
- sal y pimienta
- 200 g de aceitunas verdes sevillanas
- 200 g de aceitunas negras de Aragón

Elaboración

1. Salpimenta la panceta con generosidad y sofríe bien en una cacerola con un hilo de aceite de oliva.

2. Añade el puerro, la cebolla y el *bouquet*. Cuece todo junto hasta que quede bien dorado.

3. Vierte los líquidos: el vinagre, el jerez, el agua y el aceite, y coloca el pollo bien limpio y salpimentado con la piel hacia abajo (las patas, la cresta y la molleja). Debe quedar bien cubierto de jugo. Cuando rompa a hervir, cuece a fuego lento, lentísimo, con la cacerola tapada durante 1 hora.

4. Pasada la primera hora, destapa la cacerola y continúa la cocción, también lentísima, 1 hora más.

5. Retira del fuego y reserva la cocción en un recipiente adecuado en la nevera (puedes guardarlo en frío, bien tapado por el jugo, durante 5 días).

Presentación

Puedes servirlo caliente, tibio o frío. Procura acompañarlo siempre de la vinagreta, los dados de panceta y los cortes emincer, añadiendo a cada ración las aceitunas verdes y negras.

Si lo sirves frío, la salsa estará gelatinosa y muy interesante (añade también las aceitunas).

La carne de pollo a la vinagreta es muy agradable para preparar bocadillos fríos en verano.

Escabeche de raya

O rape

Para 4 raciones

- **800 g de raya con cartílago, cortada y sin piel** (u 800 g de rape, con espina central, cortado y sin piel)
- **150 g de puerro, en ciselar**
- **100 g de ajetes, en ciselar**
- **150 g de zanahoria, en *brunoise***
- **un *bouquet* con 1 hoja de laurel, una ramita de tomillo y otra de mejorana**
- **80 ml de vinagre de Jerez**
- **80 ml de jerez seco**
- **800 ml de aceite de oliva virgen extra**
- **4 g de pimentón dulce** (sin ahumar)
- **sal y pimienta negra**

Elaboración

1. En una cazuela del tamaño adecuado, pon un buen chorro de aceite de oliva y todas las verduras picadas, deja que se cuezan hasta que estén doradas. Salpimenta con prudencia.

2. Añade a la cazuela el *buquet* y el pimentón, y remueve para evitar que este se queme. Incorpora el vinagre, el jerez y el aceite, y cocínalo todo lentamente durante 2 minutos.

3. Agrega los trozos de raya salados (o de rape), espera que hierva, baja el fuego y cuece 1 minuto. Da la vuelta a los trozos de pescado y cocina 30 segundos más. Retira la cazuela del fuego y deja que se enfríe.

4. Reserva el escabeche, cubierto por el jugo de la cocción, en un recipiente adecuado en la nevera.

▸ *La técnica del escabeche permite guardarlo en perfectas condiciones en la nevera, cubierto por su propio jugo, durante 5 días.*
▸ *También puedes preparar este escabeche con pescados azules, como sardina, caballa, bonito o atún.*
▸ *Acompaña con arroz blanco (receta en p. 33), pasta cocida (p. 33), legumbres: alubias (p. 47), garbanzos (p. 51) o lentejas; (p. 49) o Parmentier de patata (p. 40).*

Liebre *à la Royale*

Fórmula peitovina

Para 6-8 raciones
→ 1 liebre fresca de unos 2,5 kg (reserva los interiores: sangre, corazón, riñones, hígado y pulmones)
Para aderezar los trozos de liebre
→ sal y pimienta negra
→ bolas de enebro picadas
→ 300 g de tocino graso, en láminas muy finas
→ 500 g de redaño de cerdo, muy limpio
Para el guiso de la liebre
→ 150 g de zanahoria, cortada en dados gruesos
→ 300 g de cebolla, cortada en dados gruesos
→ 10 dientes de ajo pelados y enteros
→ 20 chalotas peladas y enteras
→ 1 *bouquet* con puerro, apio, laurel, tomillo y perejil
→ 4 clavos de olor
→ 3 botellas de un buen vino tinto con mucho cuerpo (flambeado previamente para eliminar la acidez)
Para el triturado
→ corazón, riñones, hígado, pulmones
→ 5 dientes de ajo pelados
→ 10 chalotas peladas y picadas
Para la salsa final
→ 400 ml de salsa (reservada del punto 8)
→ 50 ml de crema de leche
→ 50 ml de la sangre reservada y colada
→ 12 gotas de coñac
→ sal y pimienta

Receta clásica de caza, de la cultura francesa (s. XVIII), muy apreciada por los *gourmets*. Es una preparación que precisa cocción larga y pulcritud en cada elaboración. El vino es un ingrediente importante en la receta, pero no escatimes en la calidad de ninguno de los ingredientes que te dispongas a cocinar. **Recipiente para la cocción.** En Francia es tradicional cocinarla en una *daubière*, un recipiente hondo y ovalado con tapa que permite cocer la liebre entera, o una *cocotte*, olla honda y redonda, también con tapa, si se cocina la liebre cortada en trozos.

Elaboración

1. **Limpia la liebre.** Déjala sin la capa de pelo. Vacíala y reserva el corazón, los riñones, el hígado y los pulmones. Recoge toda la sangre de la liebre y resérvala en una taza junto con 3 gotas de vinagre para evitar que se coagule.

2. **Prepara el triturado.** Tritura todos los ingredientes de la lista, y pon la pasta obtenida en un recipiente ancho. Tapa y reserva en la nevera.

3. Corta la libre en 16 trozos y adereza con la sal, la pimienta y el enebro. Envuelve cada uno de los cortes en un par de láminas finas de tocino graso, y por encima envuélvelos de nuevo con el redaño. Se trata de crear 16 paquetes de liebre, aderezada y protegida por la panceta y el redaño.

4. En una olla grande de las de hierro colado (una *cocotte*), introduce la zanahoria, la cebolla, los dientes de ajo, los clavos, las chalotas enteras y el *bouquet* vegetal, todo bien mezclado. Vierte también el vino, previamente calentado y flambeado para eliminar la acidez, y añade solo una pizca de sal y pimienta. Coloca encima los paquetes de liebre, todo debe quedar bien cubierto de líquido.

5. Pon la olla a fuego medio solo hasta que rompa a hervir. Tapa e introdúcela en el horno precalentado (**150 °C**). Se debe cocer tapado y muy lentamente durante 6 horas (el vino no debe hervir, sino crear pe-

▸ *Los amantes de la liebre* à la Royale *conocen el valor de las dos fórmulas magistrales: la* Périgourdine *y la* Poitevine.
▸ *En la receta perigordina, la liebre se deshuesa en crudo, se rellena de fuagrás y trufa Melanosporum y se cuece enrollada y entera, también con vino y vegetales. La salsa se liga con la sangre y se sirve un corte del rollo de liebre rellena, napado con la salsa. Es una receta del gran cocinero Antonin Carême.*
▸ *La receta peitovina, conocida como* lièvre à la Royale du Sénateur Couteau a la façon poitevine, *revisada para el* Larousse Gastronomique *por el gran cocinero Joël Robuchon, destaca por la pureza de los ingredientes: la liebre, los interiores, el vino y los vegetales.*

queñas burbujas), de modo que controla la cocción por si fuera preciso bajar la potencia del horno.

6. Tras 6 horas de cocción, retira la olla del horno. En otra cazuela, reserva las chalotas enteras, los dientes de ajo y los trozos de liebre, previamente deshuesados. Cuando todo esté frío, pica a cuchillo, en trozos no demasiado pequeños, las chalotas, los ajos y la liebre, así como la panceta y el redaño. Mezcla delicadamente para obtener un relleno rústico, y reserva.

7. Cuela todos los jugos y vegetales de la cocción exprimiendo bien. Deja enfriar y luego retira la capa de grasa que aparecerá flotando en la superficie.

8. Recupera el recipiente ancho de la nevera donde guardaste el triturado y mezcla bien con el jugo colado de la cocción, frío y desgrasado del **punto 7**. Esta mezcla debe cocerse en una cazuela, a fuego lentísimo durante 1 hora. Cuela de nuevo, exprimiendo bien, y ponlo otra vez al fuego, muy bajito, 15 minutos más, espumando las impurezas de la superficie de la salsa. Reserva 400 ml de la salsa obtenida para elaborar la salsa final.

9. Añade delicadamente el resto de la salsa en la cazuela en la que dejaste reservadas las chalotas, los ajos y la carne deshuesada. Mezcla bien y reserva en frío hasta el momento de servir el plato.

Presentación y finalización

1. Calienta con cuidado y a fuego lento la cazuela con la mezcla de carne, chalotas, ajos y salsa del **punto 9.**

2. Finaliza la salsa. En un cazo amplio, vierte los 400 ml de salsa reservada del **punto 8** y calienta a fuego suave. Añade con mucho cuidado, **sin que la salsa llegue a hervir,** la crema de leche mezclada con la sangre reservada. Remueve el conjunto y **¡no dejes que hierva!** Afina el punto de sal y pimienta, agrega las gotas de coñac, y ya está lista la salsa.

3. Sirve en los platos un par de cucharadas de la carne caliente y jugosa y napa con la salsa final. El plato está listo para degustar.

Callos a la madrileña

Para 4 raciones

- 700 g de callos morenos de la ternera no blanqueada químicamente, limpios y cortados en trozos regulares de unos 5 x 5 cm
- 300 g de morro de ternera
- 200 g de pata de ternera
- 1 hueso de rodilla de ternera
- 150 g de chorizo para cocinar, curado y ligeramente picante (tipo asturiano)
- 150 g de morcilla ligeramente ahumada (tipo asturiana)
- 1 cebolla, pelada y entera
- 1 zanahoria, pelada y entera
- 1 puerro, limpio y cortado en dos
- 2 dientes de ajo pelados
- 1 hoja de laurel
- 300 g de garbanzos, en remojo desde la noche anterior (opcional)

Para el sofrito

- 50 ml de aceite de oliva virgen extra
- 70 g de jamón ibérico en pequeños dados
- 2 guindillas
- 5 g de pimentón dulce
- 20 g de pulpa hidratada de pimiento choricero (o de 4 ñoras)
- 100 ml de jerez seco
- 200 g de salsa de tomate (receta en p. 244)
- sal

Los callos son un plato típico de la Comunidad de Madrid, con reseñas bibliográficas desde el siglo XV. De origen humilde, se elabora con piezas de casquería de ternera. Otra versión sería los callos a la madrileña con garbanzos.

Elaboración

1. Blanquea los callos, el morro, la pata y el hueso de rodilla frescos, que deben estar muy limpios. Introdúcelos en una olla con abundante agua mineral fría. Lleva a ebullición, espuma la superficie, y deja que hierva solo 2 minutos antes de colar.

2. Bajo el chorro del agua, refresca las piezas blanqueadas y ponlas de nuevo en otra olla. Añade también, dentro de una malla de cocción, la cebolla, la zanahoria, el puerro, los ajos y la hoja de laurel. Cubre todo con agua mineral fría y una pizca de sal. Debe cocerse a fuego medio 3 horas y media aprox. (en olla a presión, solo 1 hora y media aprox.). Pasado este tiempo, incorpora el chorizo y la morcilla, y cuece 30 minutos más. Deja que se enfríe dentro del agua de cocción.

3. Mientras se cuecen los callos, comienza a preparar el sofrito. En una cazuela con un buen chorro de aceite, sofríe el jamón serrano y añade las guindillas, la pulpa del pimiento choricero y el pimentón. Vierte el vino y deja que se reduzca. Por último, agrega la salsa de tomate y afina el punto de sal. Reserva.

4. Cuando haya bajado la temperatura de la olla con las carnes, retira las verduras y el hueso de ternera (estos ingredientes tan solo se utilizan para aromatizar). Deshuesa la pata y el morro de ternera, y córtalos a trozos regulares. Corta el chorizo y la morcilla a rodajas no muy gruesas, y cuela los callos que ya están troceados, reservando el agua de cocción.

5. Incorpora los callos, la pata, el morro, el chorizo y la morcilla al sofrito, remueve ligeramente y agrega un par de cucharones del agua de cocción para proporcionar una buena consistencia al guiso. Deja que se cueza todo junto unos 5 minutos, y ya se puede servir. Este tipo de guisos mejora si se cocinan de un día para otro.

▸ *La cocción larga de los callos, el morro y la pata está calculada para productos crudos, pero en las carnicerías también los podéis encontrar precocidos. Aun así, será necesario que los blanquees, pero en este caso el tiempo de cocción deberá ser la mitad.*
▸ Blanquear *es una técnica muy usada en la cocina (p. 32)*
▸ *Los callos morenos son aquellos que no han sido tratados con sosa cáustica, y, por tanto son mucho más sabrosos y de mejor calidad.*
▸ *Si quieres preparar los callos con garbanzos, añádelos (300 g) en el punto* **2**, *dentro de una malla, para poder retirarlos de la cocción cuando estén listos, cocidos perfectamente.*
▸ *En el libro encontrarás la receta para cocer garbanzos en la p. 51.*

Callos a la catalana

Para 4 raciones

- **1 kg de callos morenos de ternera, limpios, cortados en tiras** (de unos 6 cm, como las patatas)
- **300 g de pata de ternera**
- **1 cebolla, pelada y entera**
- **1 zanahoria, pelada y entera**
- **1 puerro, limpio y cortado en dos**
- **1 diente de ajo**
- **1 hoja de laurel**

Para el sofrito

- **70 ml de aceite de oliva virgen extra**
- **2 cebollas de Figueres, peladas y ralladas**
- **2 dientes de ajo, pelados y picados**
- **4 tomates, limpios, sin semillas y rallados**
- **5 g de pimentón dulce**
- **100 ml de jerez seco**
- **1 kg de patatas, peladas y cortadas en barritas para freír** (de unos 6 cm)
- **1 l de aceite de oliva para freír las patatas**
- **sal**

> ▸ *Es tradicional añadir al guiso, en el punto **6** de la receta, una picada de 15 g de avellanas y ½ diente de ajo.*
>
> ▸ Blanquear *es una técnica muy usada en la cocina* *(p. 32)*.

Es una receta tradicional de la cocina de casquería de la cultura catalana. La gracia del plato está en el punto del estofado de los callos, el confitado del sofrito y el contraste de las patatas fritas.

Elaboración

1. Los callos y la pata de ternera, muy frescos y limpios, se deben blanquear en una olla con abundante agua mineral fría y a fuego suave. Cuando rompa a hervir, espuma la superficie, deja cocer solo 2 minutos y cuela.

2. Bajo el agua del grifo, enfría los productos blanqueados y ponlos de nuevo en otra olla. Añade también, dentro de una malla de cocción, la cebolla, la zanahoria, el puerro, el diente de ajo y la hoja de laurel. Cubre con agua mineral fría y una pizca de sal. Debe cocerse a fuego medio 3 horas y media aprox. (en olla a presión, solo 1 hora y media aprox.). Deja que se enfríe dentro del agua de cocción.

3. Es el momento de preparar un buen sofrito. En una cazuela del tamaño adecuado, vierte los 70 ml de aceite de oliva y sofríe la cebolla rallada hasta dorar. Luego añade los ajos y dales un par de vueltas. Incorpora el tomate rallado y sofríelo hasta que se evapore el agua y quede bien concentrado, como una confitura. Agrega el pimentón, mezcla bien, y, por último, el jerez. Deja que se reduzca y reserva.

4. Escurre los callos y la pata, y reserva el caldo de la cocción. Deshuesa la pata y corta en dados la gelatina obtenida.

5. Fríe las patatas en abundante aceite, y resérvalas.

6. En la cazuela del sofrito confitado (**punto 3**), añade los callos cocidos y los dados de gelatina de la pata. Mézclalo todo muy bien y riega con un par de cucharones del caldo de la cocción que habías reservado. Deja cocer a fuego lento todo junto 5 minutos haciendo «chup-chup». Por último, incorpora las patatas fritas. Continúa la cocción 2 minutos más, y ya lo puedes servir.

Fideos con sardinas

Para 4 raciones

- **50 ml de aceite de oliva virgen extra**
- **20 sardinas, de buen tamaño y muy frescas**
- **sal y 20 g de harina de trigo**
- **40 g de ajo, picado muy fino**
- **40 hojas de perejil, picadas muy finas**
- **250 g de tomate rallado, sin piel ni semillas**
- **100 ml de jerez seco**
- **400 g de fideos del n.º 2**
- **1 l de agua mineral**

▸ *Si no te importa trabajar un poco más, mientras se va cocinando el plato puedes retirar las espinas de las sardinas fritas. De este modo contarás con 40 filetes de sardina, que puedes incorporar al final de la cocción del punto* 5, *y el plato será más* gourmet *y sin el inconveniente de las espinas.*

Elaboración

1. En una cazuela con el aceite bien caliente, fríe las sardinas enteras, saladas y ligeramente enharinadas, 30 segundos por cada cara (si es necesario, fríelas en dos tandas). Retira de la cazuela y reserva.

2. En el mismo aceite perfumado de las sardinas, retira la mitad y sofríe el ajo y el perejil picados hasta dorarlos (atención, que no se queme).

3. Incorpora el tomate rallado y prosigue con la cocción a fuego lento durante 15 minutos. Vierte el jerez y deja cocer 3 minutos más. Salpimenta con prudencia.

4. Vierte en la cazuela el agua mineral caliente y, al romper el hervor de nuevo, añade los fideos. Sala con prudencia y deja cocer a fuego medio 5 minutos. Afina el punto de sal y aparta la cazuela del fuego.

5. En cuanto la cazuela esté fuera del fuego, dispón las sardinas por encima y todos los jugos que han desprendido. Tapa la cazuela y deja reposar tan solo 1 minuto. Ya está lista para presentarla en la mesa.

Macarrones «de a bordo» con sepia

Para 4 raciones

- **40 ml de aceite de oliva virgen extra**
- **1 sepia de ¾ de kg aproximadamente, cortada en trozos de 2 cm** (reserva el bazo)
- **250 g de cebolla, picada muy fina**
- **100 g de tomate maduro, rallado**
- **la pulpa de una ñora remojada**
- **1 diente de ajo y 10 hojas de perejil picado**
- **250 g de macarrones finos**
- **100 g de tirabeques, cortados en trozos** (o guisantes tiernos pelados)
- **1,250 l de agua mineral**
- **aceite de oliva virgen extra**
- **sal y pimienta**
- **Opcional: un par de cucharadas de alioli** (receta a la p. 239)

▸ *Puedes cocinar también pescado de carne firme, en filetes y sin espinas, como araña, cazón, miracielo, rata, rape o cabracho. Si optas por esta variación, debes tener en cuenta que solo hay que sofreírlo (punto **1**) durante ½ minuto, retirarlo de la cazuela y añadirlo (punto 6) cuando falte 1 minuto para que se terminen de cocer los macarrones. Así, no se pierde la finura de la textura del pescado.*

Este plato «de a bordo» me lo descubrió Tano, un pescador de Arenys de Mar. La receta es un homenaje a los hombres que en las barcas cocinaban con ingenio y buen gusto. Fíjate en que no se necesita más que un recipiente: una cazuela honda o una olla. Todos los ingredientes van entrando en el momento oportuno para convertirse en un plato que transforma la mesa en un festejo.

Elaboración

1. En una cazuela sofríe la sepia a fuego lento con el aceite durante 5 minutos. Salpimenta.

2. Incorpora la cebolla picada y continúa con el sofrito, hasta que quede dorado (unos 20 minutos).

3. Añade el tomate rallado y la pulpa hidratada de la ñora, picada a cuchillo, el ajo y el perejil picados, y prosigue con el sofrito unos 5 minutos más. Afina el punto de sal y pimienta.

4. Añade la mitad del bazo picado a cuchillo y deja cocer solo 1 minuto.

5. Vierte el agua caliente y, cuando rompa a hervir de nuevo, incorpora los macarrones y los tirabeques o los guisantes y deja que se cuezan el tiempo indicado por el fabricante de pasta (unos 4 minutos si los macarrones son finos).

6. Cuando solo falte un minuto para terminar la cocción afina el punto de sal y pimienta.

Opcional

Al retirar del fuego, mezcla, si te apetece, un par de cucharadas de alioli, y ya puedes presentar la cazuela en la mesa.

Calamares rellenos

Para 6 raciones

- **6 calamares de buen tamaño** (unos 20 cm de cuerpo)
- **150 g de cebolla, picada muy fina**
- **500 g de tomate maduro, rallado, sin piel ni semillas**
- **500 g de carne picada de cerdo, condimentada con sal y pimienta**
- **2 dientes de ajo y perejil, picados muy finos**
- **aceite de oliva virgen extra**
- **agua mineral**
- **sal**

▸ *Si no dispones de tomate bien maduro, elabora el plato con un buen tomate triturado en conserva.*

▸ *Acompaña este plato con una guarnición de sabor neutro, para disfrutar de la espectacular salsa de los calamares rellenos. Así, un buen acompañamiento puede ser un arroz blanco o unas patatas al vapor, o pasta cocida al dente.*

Homenaje a la cocinera de la casa familiar de mi marido, Toni Balam. La tía Pepeta del Centre, hija y hermana de pescadores, bordaba este guiso de cultura marinera y de El Maresme.

Elaboración

Limpia los calamares. (pídelo en la pescadería o hazlo en casa). Procura no reventar las bolsas de tinta para no mancharlos, y mantener así la bonita y fina piel rosada de los cuerpos. Reserva estos por una parte junto con las aletas, y las patas por otro lado (desestima las tintas, las bocas y los ojos).

El relleno. En una sartén solo con un hilo de aceite, saltea las patas 2 minutos. Retíralas y pásalas por la picadora (si no dispones de picadora, córtalas con un cuchillo en trozos muy pequeños). De nuevo en la sartén con un hilo de aceite, sofríe las patas picadas con el ajo y el perejil, hasta que el conjunto esté dorado y perfumado. Añade la carne picada salpimentada, remueve un poco para mezclar (solo 1 minuto), y aparta la sartén del fuego. El relleno está listo. Rellena los cuerpos de los calamares con el preparado, procurando que no quede demasiado tupido, y cierra el extremo con un palillo, para que no se escape el relleno.

La cocción. En una cazuela del tamaño adecuado para 6 calamares, vierte un chorro de aceite y sofríe la cebolla picada hasta que esté confitada (unos 35 minutos). Añade el tomate rallado y continúa con el sofrito 30 minutos más. Sala con prudencia. Dispón los calamares en la cazuela y vierte en ella el agua mineral caliente, solo hasta cubrir los calamares por la mitad. Continúa la cocción lenta hasta que se evapore el agua, para lograr una salsa brillante, corta y concentrada del sofrito de tomate. Afina el punto de sal y ya está listo.

Perdiz a la col

Para 6 raciones

Para el estofado de las perdices

- 6 perdices enteras, muy limpias y desplumadas, sin cuello ni patas
- 12 lonchas muy finas y anchas de panceta grasa (se necesita hilo para atarlas)
- sal y pimienta
- 50 g de grasa de cerdo
- 50 ml de aceite de oliva virgen extra
- 500 g de cebolla, picada muy fina
- 150 g de tomate maduro, rallado, sin piel ni semillas
- un *bouquet* de perejil, laurel y canela
- 100 ml de vino de Oporto

Para los paquetitos de col

- 2 coles de gran calidad
- agua mineral y sal
- 20 g de harina de trigo
- una pizca de nuez moscada
- aceite de oliva para freírlos

Para la picada en el mortero

- 20 g de almendras tostadas
- 1 diente de ajo, pelado y pequeño
- 2 carquiñoles

Elaboración

1. **El estofado de las perdices.** Comprueba que las perdices están perfectamente limpias, por dentro y por fuera. Salpimenta también por dentro y por fuera, envuelve cada una con dos lonchas de panceta y átalas, para mantener una bonita forma y la panceta unida a cada perdiz.

2. En una cazuela de tamaño apto para las 6 perdices, calienta la grasa y el aceite a fuego medio. Marca-sofríe las perdices hasta que estén doradas por todas las caras, unos 6-8 minutos, y retíralas de la cazuela.

3. Con la grasa y el aceite perfumados de la cazuela, sofríe la cebolla lentamente hasta que esté bien dorada (unos 40 minutos).

4. Añade el tomate rallado y continúa sofriendo 10 minutos más. Sala con moderación.

5. Incorpora las perdices y disponlas con las pechugas hacia abajo, en el fondo de la cazuela. Vierte el vino de Oporto y el *bouquet* atado. Cubre con el agua mineral caliente, tapa la cazuela y deja que se cocinen, hasta que queden bien estofadas y tiernas. El tiempo se debe adaptar a la procedencia de las perdices. Si son salvajes necesitarán más de 3 horas; si son de granja con 2 h será suficiente. Hay que controlar y mimar todo el proceso de cocción, que debe ser muy lento, manteniendo un chup-chup suave. Puedes añadir un poquito de agua si fuera necesario, pues debe quedar jugoso.

6. **Los paquetitos de col.** Entretanto, lava las hojas de la col, retira el nervio central y cuécelas en agua hirviendo y sal durante 4 minutos. Retíralas y extiéndelas sobre la superficie de trabajo. Condiméntalas muy ligeramente con una pizca de nuez moscada y sal, y forma grupos de hojas de col: debes crear 18 grupos. Haz los paquetitos enrollando y apretando fuerte con la mano para eliminar el agua, y crear así 18 paquetitos bien apretados. Pásalos por la harina

y fríelos en una sartén con aceite de oliva hasta que estén doraditos, y resérvalos sobre papel absorbente.

7. Cuando haya pasado el tiempo de estofado de las perdices y ya estén muy tiernas, retíralas de la cazuela para sacar los hilos y los posibles restos de panceta. Vuelve a poner las perdices en la cazuela, junto con la picada del mortero, disuelta en un chorrito de agua mineral. Deja que se cueza todo junto 2 minutos. Afina el punto de sal de la salsa, incorpora los paquetitos de col reservados, deja que se cueza todo junto a fuego lento 10 minutos más. Las perdices con col ya están listas para servir.

▶ *Puedes organizar el tiempo de cocción de este estofado. Prepáralo el día anterior hasta el punto* ***5****, reserva en la nevera y continúa la receta al día siguiente con los puntos* ***6*** *y* ***7****.*

Pescado en su caldo

Para 4 raciones
→ 40 ml de aceite virgen extra
→ 4 trozos de rape de 200 g cada uno
→ 20 g de harina de trigo
→ 100 g de pimiento verde, cortado en trozos de 2 x 2 cm
→ sal y pimienta blanca
→ 100 ml de agua mineral
Para el triturado muy fino con el túrmix
→ 40 g de ajo, pelado y cortado en trozos
→ 300 g de tomate maduro, cortado en trozos
→ 5 ramas de perejil, cortadas en trozos
→ 150 ml de vino blanco seco

Técnica muy fácil e interesante de la cocina de a bordo de mi comarca, El Maresme. Puedes preparar la receta con el pescado que más te guste. Yo propongo cocinarlo con rape porque suele gustar incluso a los no-amantes del pescado, pero para aquellos a quienes les gusta, recomiendo que utilicen gallineta, cabracho, miracielo o araña.

Elaboración

1. Sala los trozos de rape y enharínalos por todas las caras. En una cazuela del tamaño adecuado, calienta el aceite a fuego medio-alto y fríe el rape (2 minutos por cada cara). Retira y reserva el pescado de la cazuela.

2. Incorpora en la cazuela con el aceite perfumado del rape, el pimiento verde, salpimenta y deja que se cueza a fuego medio unos 2 minutos.

3. Añade ahora los ingredientes triturados con el túrmix, y prosigue con la cocción a fuego medio 5 minutos más.

4. Vuelve a poner en la cazuela el rape reservado, junto con todos los jugos que haya soltado. Vierte el agua mineral y deja cocer todo junto a fuego lento 2 minutos. Afina el punto de sal y pimienta, y el pescado ya está listo para su degustación.

> ▸ *Es ideal acompañar este pescado con legumbres cocidas o arroz blanco, pasta o patatas cocidas, o patatas fritas.*

Arroz a la cazuela con setas variadas

Para 4 raciones

- **40 ml de aceite de oliva virgen extra**
- **600 g de setas, de una sola variedad o mezcladas, silvestres o de cultivo** (muy limpias y cortadas en trozos regulares de unos 3 cm)
- **80 g de chalotas, picadas muy finas**
- **50 g de puerro, picado muy fino**
- **200 g de tomate maduro, rallado, sin piel ni semillas**
- **50 ml de jerez dulce**
- **400 g de arroz bomba**
- **1,5 l de agua mineral**
- **sal y pimienta negra**

Para la picada en el mortero

- **1 diente de ajo laminado**
- **20 hojas de perejil**
- **6 hebras de azafrán, tostadas**

Elaboración

1. En una cazuela del tamaño adecuado, calienta el aceite y sofríe las setas 4 minutos a fuego alto. Salpimenta y reserva fuera de la cazuela.

2. En la cazuela, con el aceite perfumado y teñido de las setas, sofríe las chalotas y el puerro a fuego lento durante 20 minutos.

3. Incorpora en la cazuela el tomate rallado y continúa sofriendo a fuego lento 10 minutos. Vierte el jerez dulce y dejar cocer a fuego lento 5 minutos más. Salpimenta con prudencia.

4. Añade a la cazuela el agua mineral hirviendo. Cuando rompa a hervir de nuevo, incorpora el arroz, sala con prudencia y deja cocer 5 minutos a fuego medio-alto, y 5 minutos más a fuego medio-bajo.

5. Agrega a la cazuela la picada del mortero, disuelta en una pizca de agua mineral, y luego las setas reservadas con el jugo que han soltado. Mezcla bien, prueba el arroz para afinar el punto de sal y continúa la cocción a fuego lento 3 minutos más. Aparta la cazuela del fuego, tápala y deja que el arroz repose 3 minutos. Ya está listo para servir en la mesa.

▸ *Este es un arroz para los amantes del mundo vegetal. Puedes utilizar la misma técnica para elaborar un arroz con verduritas, mezclándolas como más te gusten y en trozos regulares, como las setas.*

07 Confitar

Desde la antigüedad todas las culturas del mundo han aplicado a los alimentos técnicas y procesos para alargarles la vida, añadiendo azúcar, o azúcar y alcohol, sal o grasa, secándolos o ahumándolos.

En la cultura catalana, el término *confitar* se usa tanto para productos salados como dulces. Las técnicas de confitar con azúcar, con sal o con grasa curan o cuecen los productos para convertirlos en semiconservas.

Cuando preparamos confituras o mermeladas estamos confitando productos, pero también cuando ponemos en salazón unas anchoas frescas (también denominadas «anchoas confitadas») —o unas aceitunas, o unos vegetales curados con sal y vinagre— decimos que están confitadas.

Los productos cárnicos cocinados lentamente y bien cubiertos de grasa son también alimentos confitados.

En la cultura mediterránea es habitual preparar conservas caseras, pero se debe ser muy riguroso con la higiene y la calidad de los alimentos durante su preparación, tanto en conservas dulces como saladas. Actualmente, la Organización de las Naciones Unidas para la Agricultura y la Alimentación (FAO) aconseja no elaborar ni consumir conservas para evitar el peligro de contraer botulismo. Por esta razón, las medidas higiénicas de prevención son claves para garantizar la seguridad del alimento.

Aceitunas en salmuera

Para 6 raciones

- 1 kg de aceitunas frescas arbequinas
- agua mineral
- 160 g de sal
- 2 dientes de ajo enteros y sin pelar
- 2 hojas de laurel secas
- 1 ramita de hinojo seco
- 1 ramita de romero seco
- la piel fina de ½ limón
- la piel fina de ½ naranja

Elaboración

1. Pon las aceitunas en un recipiente apto para alimentos y cúbrelas muy bien con agua mineral durante 8 días. **Atención: cada día hay que cambiar el agua, que debe cubrirlas totalmente.**

2. En un tarro grande de cristal con tapa y del tamaño adecuado para un kilo, ve introduciendo las aceitunas, previamente escurridas, mezcladas con la sal, los dientes de ajo, las hierbas y las pieles de los cítricos. Añade agua mineral hasta cubrir la superficie.

3. Guarda el tarro durante un mes en un lugar fresco y seco. Cada 3 días remueve las aceitunas para ayudar a disolver la sal y expandir los demás ingredientes. **Pasados 30 días, las aceitunas estarán listas para su degustación.**

▸ *Si las aceitunas que vas a confitar son más grandes que las arbequinas, en el punto **1** aplica un corte a cada una para eliminar el sabor amargo de las aceitunas frescas. Así, siguiendo el punto **3**, en tan solo 15 días las aceitunas estarán listas para degustar.*

Anchoas en salazón

Para 6 raciones

- **2 kg de anchoas fresquísimas**
- **4 kg de sal gruesa**
- **pimienta negra en grano** (opcional)

Muy importante: para elaborar unas excelentes anchoas en salazón es necesario que estas sean muy frescas, fresquísimas, ¡recién pescadas!, que no hayan tocado hielo, ni nevera ni transporte lejano. También es muy importante prepararlas en el mejor momento de este magnífico pescado azul (en el Mediterráneo, los mejores meses de las anchoas son junio, julio y agosto).

Elaboración

1. Separa las cabezas de los cuerpos de las anchoas con los dedos (en el mismo movimiento, desecha también las tripas). Es muy importante realizar esta operación sin mojar las anchoas. Ve poniendo los cuerpos, sin cabeza ni tripa, en un escurridor para que pierdan la sangre, pero nunca, nunca, los mojes.

2. En un recipiente amplio y apto para alimentos, cubre el fondo con sal y encima coloca las anchoas. Ve creando capas con más sal y anchoas, hasta cubrirlo todo con la sal. Mantén el recipiente en un lugar fresco durante 2 horas.

3. Es el momento de montar los tarros de anchoas en salazón. Observarás que en el recipiente donde has tenido las anchoas se ha formado una especie de jugo rosado, consérvalo para añadirlo al tarro, que debe ser grande y amplio, de unos 12 cm de diámetro. En el fondo del tarro pon una capa de 1 cm de sal, y encima coloca las anchoas, bien dispuestas, una al lado de otra, cubriendo la base y siguiendo la forma redonda del tarro, con la piel hacia abajo. Cubre esta capa con otra de sal de 1 cm, y de nuevo dispón otra capa de anchoas. Ve montando todas las capas en el tarro, procurando que queden bien apretadas y con capas tupidas de anchoas y sal. Cubre el tarro con una buena capa de sal y añade el jugo rosado que habías reservado, todo lo que admita el tarro. Tapa y reserva para conseguir unas anchoas bien confitadas. Lo ideal es guardar los tarros en un lugar fresco, oscuro y seco. Las anchoas deben confitarse en sal un mínimo de 3 meses. Transcurrido este tiempo, es recomendable conservar los tarros de anchoas en salazón en la nevera.

Opcional

Algunos elaboradores añaden a la sal una pizca de pimienta negra molida, con objeto de acelerar el proceso de confitado de las anchoas y añadir a su tiempo el aroma de la pimienta.

▸ ***Desalado y presentación de las anchoas.*** *Selecciona las anchoas que vayas a degustar. Procura que las que queden en el tarro permanezcan bien cubiertas de sal, y conserva en la nevera. Debes introducir en un bol las anchoas que te dispongas a desalar, y cubrirlas con abundante agua mineral; déjalas en remojo durante 10 minutos. A continuación, escúrrelas y, con los dedos y un poco de habilidad, retira los dos filetes de cada anchoa. Atención: con ayuda de unas pinzas, desecha las espinas de la ventresca, para que el resultado sea un filete de anchoa muy pulcro. Comprueba que el punto de sal sea el correcto; si no, vuelve a poner en remojo los filetes para desalarlos un poco más. Presenta en una bandeja plana con la bonita parte de la piel plateada hacia arriba, y adereza con un buen chorro de aceite de oliva virgen extra.*

▸ ***Opcional.*** *Añade un toque de pimienta negra molida y acompaña con rebanadas de pan tostado, o sin tostar, untadas o no con tomate.*

▸ ***Muy interesante.*** *Cuando retires las espinas de los filetes de anchoa, no las tires. Las espinas centrales, las que van de extremo a extremo, cola incluida, ponlas a remojar en leche durante unos 10 minutos. Sácalas de la leche, sécalas y enharínalas (mejor si la harina es pobre en gluten), y luego fríelas en aceite de oliva muy caliente, a **180 °C**, hasta que queden bien doraditas. Retira de la fritura, seca con papel de cocina y sírvelas recién hechas.*

Muslos de pato confitados

(La receta también es apta para confitar costillas de cerdo, en cortes tipo *ribs*.)

Para 8 raciones
→ 8 muslos de pato
→ 1 kg de grasa de pato (o de cerdo, o aceite de oliva)
→ sal y pimienta
→ hoja de laurel
→ 1 ramita de tomillo

Elaboración

1. Pasa por la llama los muslos de pato para eliminar los restos de plumas. Cuando estén muy limpios, salpimienta y déjalos reposar 30 minutos.

2. En una cazuela de tamaño adecuado, funde a fuego lento la grasa de pato e incorpora los muslos salpimentados, el laurel y el tomillo, y mantén a fuego bajísimo durante 2 horas. Retira la cazuela del fuego y deja que el confitado se quede tibio para conservarlo adecuadamente.

3. Reserva los muslos en un recipiente para alimentos, bien cubiertos con la grasa y en la nevera. Si en casa cuentas con una envasadora al vacío, pon cada uno en una bolsa a la medida del muslo y con su grasa correspondiente, y guárdala también en la nevera. Estos muslos confitados puedes conservarlos así, bien protegidos y con la grasa, durante 3 semanas.

Finalización y presentación de los muslos de pato confitados (o las costillas de cerdo). *Para 2 raciones*

1. En una bandeja de horno adecuada para 2 raciones, distribuye dos cucharadas de grasa del confitado.

2. Por encima dispón una capa de patatas tipo Kennebec, cortadas en rodajas de un grosor aproximado de 4 mm, y salpimienta con mucha prudencia, porque la grasa, que ya tiene sal y pimienta, condimentará las patatas. Por encima, pon un poco más de grasa.

3. Sobre las patatas, coloca los muslos de pato (o costillas de cerdo) con la piel hacia arriba e introdúcelos al horno precalentado a **190 °C** durante 30 minutos.

4. Sirve las patatas y los muslos (o las costillas) después de secar en ambos la grasa de la cocción. Acompaña el plato con una ensalada de apio y escarola.

Técnica para los tarros de conservas: la higiene, el escaldado y el vacío

1. Es preciso contar con tarros de cristal de buena calidad, nuevos y sin grietas ni abombamientos en las tapas (los tradicionales de tapa *twist-off* son muy prácticos para las conservas). Lávalos y escáldalos en agua hirviendo durante 15 minutos, escúrrelos y resérvalos hasta el momento de envasar la confitura.

2. Los tarros recién escaldados se deben llenar en cuanto la confitura salga del fuego, muy caliente o, mejor dicho, hirviendo. Se deben llenar hasta arriba, a ras, y rápidamente taparlos y ponerlos del revés (que la tapa quede abajo). Con este movimiento, y gracias al poco espacio y la temperatura que hay dentro del tarro, desaparece el poco oxígeno que había y se crea el vacío.

3. Una vez fríos, etiquétalos con el nombre de la fruta y la fecha de elaboración. Guárdalos en la despensa, en un lugar fresco, oscuro y sin humedades.

Mucha atención. Cuando se abre un tarro de conserva, tanto si es casera como industrial, hay que comprobar una serie de detalles importantes. Al girar la tapa, esta debe hacer el sonido característico del vacío; también hay que comprobar el olor, el color y la fecha de elaboración (una conserva casera bien elaborada tiene una duración de 12 meses). Recuerda que es muy peligroso sufrir una intoxicación a través de una conserva. La toxina botulínica es mortal.

Confitura de fresones

Para 6 raciones

- **1 kg de fresones** (bien maduros y firmes)
- **600 g de azúcar blanco**
- **el zumo de 2 limones**

Elaboración

1. Lava los fresones: sumérgelos en un barreño grande con agua, enteros, sin quitarles el pedúnculo. Retíralos del agua, corta los pedúnculos y córtalos por la mitad.

2. En una olla o cacerola de acero inoxidable del tamaño adecuado, introduce los fresones ya cortados, el azúcar y el zumo de limón. Ponla al fuego y, cuando rompa a hervir, aparta y reserva en la nevera, en la misma olla, unas 24 horas.

3. Al día siguiente pon de nuevo la olla al fuego y deja que se cueza a media potencia unos 20 o 25 minutos. Mientras dura la cocción, ve removiendo y espumando de vez en cuando. Haz la prueba de la densidad antes de apartar la confitura del fuego: pon una cucharada en el centro de un plato frío, inclina el plato y comprueba la textura, observando cómo cae la lágrima de la confitura. Si la densidad está en el punto deseado, ya puedes apagar el fuego y decidir si la guardas en la nevera para consumirla en seguida o si quieres llenar tarros de conservas para la despensa (técnica en la p. 135).

▸ *Con esta misma técnica puedes elaborar confitura con melocotones de viña (sin los huesos), pelados y cortados en lonchas de 1 cm.*

Confitura de tomate

Para 6 raciones

- 3 kg de tomates maduros
- 600 g de azúcar blanco
- 1/4 de vaina de vainilla
- el zumo de 2 limones

Elaboración

1. Escalda los tomates en agua hirviendo durante unos 15 segundos. Córtalos a cuartos, pélalos y retira el interior con las semillas. Nos interesa la pulpa, la carne limpia del tomate, sin piel ni semillas. Tritura con ayuda de un túrmix.

2. Vierte la pulpa triturada en una olla y deja cocer a fuego medio unos 25 minutos, para que se reduzca el agua del producto.

3. Añade el azúcar y el cuarto de vaina de vainilla abierta a lo largo, y continúa la cocción unos 25 minutos más (antes de retirar la olla del fuego, comprueba la densidad de la confitura poniendo una cucharada en un platito frío).

4. Si te gusta la densidad, aparta la olla del fuego y agrega el zumo de los 2 limones (si prefieres una confitura más densa, solo tienes que dejarla cocer unos minutos más, y luego incorporar el zumo de los limones).

5. Tan solo falta tener preparados los tarros, limpios y escaldados, llenarlos hasta arriba, taparlos y ponerlos del revés para que hagan el vacío. También puedes guardar la confitura en un recipiente en la nevera para consumirla rápidamente.

▸ *Es una conserva ideal para elaborarla en verano, cuando están disponibles los tomates más dulces del año. Puedes disfrutar de la confitura con yogur, requesón o queso curado, o también con un* roastbeef *o un pescado a la plancha, o para untar montaditos o canapés.*

Albaricoques confitados

Para 6 raciones

- **1,5 kg de albaricoques verdosos**
- **1 kg de azúcar**
- **el zumo de 2 limones** (60 g)
- **½ l de agua mineral**
- **80 ml de ron** (opcional)

Elaboración

1. Lava los albaricoques, córtalos por la mitad y retira los huesos. Reserva 10 huesos para disponer de la semilla del interior (es como una almendra).

2. Pon al fuego una olla del tamaño adecuado. Introduce el agua, el azúcar, el zumo de los limones y el ron (opcional). Cuando rompa a hervir, incorpora los albaricoques. Espera a que vuelva a hervir de nuevo, y mantén a fuego lento 10 minutos.

3. Añade a la olla las 10 almendras de los huesos reservados, sin la piel fina, muy picadas, y prosigue la cocción 2 minutos más.

4. En cuanto apartes la olla del fuego será el momento de guardar en tarros la confitura, si es que quieres hacer conserva (técnica en p. 135) o guardarla en un recipiente en la nevera y consumirla rápidamente.

Confitura de cabello de ángel

Para 6 raciones

- **3 calabazas medianas de cabello de ángel**

PARA EL PESO DE LA PULPA COCIDA DE LA CALABAZA

- **azúcar blanco**
- **canela en rama**
- **piel fina de limón, cortada en juliana fina**

ELABORACIÓN

1. Pela la calabaza y retira la pulpa filamentosa del interior. Córtala en trozos regulares, desecha las pipas y ponla a cocer bien cubierta de agua mineral durante 20 minutos. Deja que se enfríe dentro del agua de cocción.

2. Escurre la calabaza cocida y con los dedos ayuda a crear los hilos naturales de la pulpa. Ponlos de nuevo a cocer, ahora solo cubiertos de agua mineral nueva. Cuando rompa a hervir, mantén solo 1 minuto al fuego. Aparta y deja enfriar dentro del agua de cocción.

3. Escurre de nuevo y reserva el agua. Estruja bien los hilos cocidos de la calabaza para retirar el exceso de agua, y pésalos para comprobar los gramos que has obtenido.

4. Cálculo para elaborar la confitura
Para 1 kg de pulpa:
850 g de azúcar blanco
550 ml del agua reservada de la última cocción
5 g de piel muy fina de limón, cortada en juliana muy fina
5 cm de rama de canela

5. Pon al fuego una cazuela amplia con el agua de cocción, el azúcar, la juliana de limón y la canela, déjalo cocer hasta obtener un jarabe denso en el punto «hilo flojo», hasta **109 °C** (mide con un termómetro de cocina).

6. Añade en la cazuela la pulpa cocida de la calabaza y, sin dejar de remover, mantén a fuego medio todo junto durante 25 minutos. Retira la rama de canela, y ya está lista la confitura de calabaza de cabello de ángel. Reserva en la nevera en un recipiente apto para alimentos.

Membrillo y jalea

El membrillo es un fruto que llega puntualmente en otoño. Al prepararlo en casa se obtiene una de las confituras más agradecida. Con esta receta sacarás el máximo rendimiento, pues se trata de elaborar el membrillo con la pulpa de la fruta, por un lado, y la jalea con las pieles, el corazón y las semillas, por otro.

Membrillo
→ 2 kg de membrillo
→ 1 limón
(habrá que pesar la fruta limpia y cocida)
→ 1,5 kg de azúcar blanco aprox.
→ agua mineral

Jalea
→ las pieles, los corazones y las semillas reservado de los membrillos
→ 2 l de jugo de cocción del membrillo
→ 800 g de azúcar blanco

Elaboración del membrillo

1. Lava los membrillos, córtalos en cuartos, pélalos y retira el corazón con las semillas. Cubre los cuartos con agua, junto con el zumo de medio limón. En otro recipiente con agua reserva las pieles y los corazones con las semillas, y el zumo del otro medio limón.

2. En una olla hierve los trozos de membrillo bien cubiertos de agua mineral durante 15 minutos, o un poco más, hasta que estén tiernos. Escurre y reserva el agua para elaborar la jalea.

3. Pasa los trozos de membrillo por un pasapurés de agujero grueso y pesa el puré obtenido para calcular la cantidad de azúcar.

4. En una olla o cacerola vierte el puré de membrillo y la misma cantidad de azúcar, y pon a cocer a fuego medio. Se debe remover con frecuencia, y prestar atención para no quemarte, porque suele salpicar. Necesitará unos 45 minutos de cocción, aunque dependerá de la humedad de la fruta. La masa estará a punto cuando al remover notes que está ligada y que se desprende de las paredes. En este punto, vuélcalo rápidamente en otro recipiente con tapa, apto para alimentos, forrado con papel de horno. Una vez frío, reserva en la nevera.

Elaboración de la jalea

1. Escurre las pieles y los corazones con las semillas en el agua con limón, y ponlos a cocer unos 20 minutos con 2 litros del jugo reservado de la cocción del membrillo. Cuela con un colador muy fino.

2. Del jugo de la cocción, reserva 1,2 l y viértelos en una olla con los 800 g de azúcar blanco. Deja cocer a fuego medio unos 40 min. Espuma la superficie durante la cocción. Controla la densidad con una cucharada de jalea en un plato frío para decidir cómo la quieres.

3. Al apartar la olla del fuego, introdúcelo todo rápidamente en botes de conserva (técnica en p. 135), o reserva en un recipiente en la nevera.

Confitura de naranjas amargas

Para 4 o 5 tarros

- 1 kg de naranjas amargas
- 2 limones
- 1,2 l de agua mineral
- 1,8 kg de azúcar

Elaboración

1. Escalda las naranjas y los limones en agua hirviendo durante 2 minutos.

2. Exprime el zumo de las naranjas y los limones. Reserva tanto el zumo como las pieles. Envuelve las semillas de las naranjas y los limones con una gasa, haz una muñeca y átala en forma de bolsita.

4. Pule y recorta-rebaja la mitad de las pieles blancas de los cítricos. Introduce en una olla a presión el zumo de los cítricos, la muñeca con las semillas, las pieles pulidas y la mitad del agua mineral (600 ml). Enciende el fuego, tapa la olla y, cuando la válvula comience a girar, baja la potencia del fuego y deja cocer 10 minutos. Con mucho cuidado, aparta la olla del fuego, espera a que salga todo el vapor, y ya la puedes abrir.

5. Divide en dos las pieles cocidas de los cítricos. Una mitad, tritúrala con el pasapurés de agujero mediano; la otra, córtala en juliana fina y regular.

6. En una cazuela del tamaño adecuado, introduce el zumo colado de la cocción en la olla a presión, el jugo de las semillas (estruja la muñeca con la mano), los 600 ml de agua mineral restantes y el azúcar. Lleva a ebullición y añade las pieles de los cítricos: las de textura puré y la juliana. Mantén la cocción a fuego medio y remueve alguna vez. Deja que se cueza durante 20 min, y ve espumando las impurezas que afloren en la superficie. Haz la prueba de la densidad. Deposita una cucharada de la cocción en un plato frío, y observa si al enfriarse se desliza por la superficie del plato con textura densa. Atención: en caliente, te puede parecer de textura clara, pero al enfriarse se vuelve transparente y gelatinosa.

7. Tan solo falta tener a punto los tarros limpios y escaldados, preferentemente de cierre *twist-off*, y rellenarlos hasta arriba, lo máximo posible, con la confitura bien caliente, recién salida del fuego. Tápalos y dales la vuelta para que hagan el vacío (técnica completa en p. 135).

CHERRY

08 Asar

Llamamos *asado* a la tradición de cocer especialmente piezas de carne con verduras, especias y un chorrito de vino o agua, en una cazuela a fuego lento y durante mucho tiempo, en él los vegetales aportan una humedad que se va fundiendo con los jugos de la carne y crea unas salsas cortas y concentradas.

La misma técnica —trozos de carne, vegetales, especias, un chorrito de agua o vino— también podemos ponerla en práctica en el horno, lo que permitirá mayor libertad de acción, ya que los asados en cazuela reclaman una atención constante para controlar la cocción.

Un buen asado al horno de leña, un cordero lechal (lechazo) o cochinillo, en una bandeja solamente con agua y sal da un resultado impecable y delicioso, que también podremos adaptar a los hornos modernos de casa.

También llamamos *asado* cuando cocinamos a *l'ast* en una brasa, en un horno cerrado o en unas placas de calor, como las populares rosticerías de pollo.

Por supuesto, también podemos preparar asados vegetales, por ejemplo, en una bandeja con patatas, cebolla y tomate. Asar también es preparar un pescado entero y grande, como una dorada o lubina, sobre un lecho de patata y cebolla.

Conejo asado con butifarra, setas y berenjena

Para 4 raciones

Para la bandeja del asado

- 1 conejo cortado en 8 trozos
- 2 butifarras crudas, cortadas por la mitad
- 6 dientes de ajo
- 4 tomates maduros, cortados en cuartos
- 2 cebollas medianas, peladas y cortadas en cuartos
- 1 zanahoria, pelada y cortada en 6 trozos
- 1 hoja de laurel

Para condimentos del asado

- sal, pimienta, nuez moscada, canela
- 30 ml de aceite de oliva
- 30 g de grasa de cerdo
- 40 ml de brandi
- 40 ml de jerez dulce

Para la guarnición del asado

- 2 berenjenas
- 300 g de setas (la variedad, al gusto)
- harina de trigo y aceite de oliva

Elaboración, cocción y presentación

1. Bien repartidos y planos, introduce todos los productos vegetales y cárnicos en una bandeja para horno del tamaño adecuado. Adereza con el aceite, la sal, la grasa, la pimienta, una pizca de canela y nuez moscada. Introduce la bandeja en el horno (ya precalentado) a **190 °C** durante 30 minutos.

2. Extrae la bandeja del horno, añade el brandi y el jerez, voltea todos los ingredientes para conseguir un bonito color uniforme, y hornea de nuevo, ahora a **160 °C**, durante 20 minutos.

3. Extrae de nuevo la bandeja del horno, da la vuelta a todos los productos y continúa la cocción a **150 °C** durante 20 minutos más.

4. Mientras tanto, corta la berenjena en forma de cuñas grandes y regulares. Sala y déjalas en un escurridor 5 minutos. Sécalas, enharínalas y fríelas en aceite de oliva, y resérvalas sobre papel de cocina. Sala también las setas, sécalas, enharínalas, fríelas y resérvalas encima de papel de cocina.

5. De nuevo extrae la bandeja del horno, vuelve a dar la vuelta a todos los ingredientes, incorpora las cuñas de berenjena y las setas, bien colocadas entre el resto de productos del asado, e introdúcela otra vez en el horno a **150 °C** durante 10 minutos.

6. Apaga el horno y, sin abrir la puerta, deja dentro la bandeja 10 minutos más.

7. Sirve la bandeja con el asado directamente en la mesa, para que luzca la belleza dorada del horneado.

Paletilla (o pierna) de cordero al horno con pimientos y champiñones

Para 4 raciones

PARA LA BANDEJA HONDA DE ASAR AL HORNO (PUNTO 1 DE LA COCCIÓN)

- 1 paletilla o pierna de cordero, en cortes amplios (de unos 3 cm de grosor)
- 6 dientes de ajo con piel
- 5 tomates maduros, con piel y cortados en cuartos
- 3 cebolletas medianas, peladas y cortadas en cuartos
- 2 zanahorias, peladas y cortadas en 6 trozos
- 1 hoja de laurel
- 1 ramita pequeña de romero
- sal y pimienta
- aceite de oliva

PARA AÑADIR EN EL PUNTO 2 DE LA COCCIÓN

- 40 ml de brandi
- 40 ml de jerez dulce

PARA AÑADIR EN EL PUNTO 3 DE LA COCCIÓN

- 200 ml de Vichy Catalan

PARA AÑADIR EN EL PUNTO 4 DE LA COCCIÓN

- 200 g de pimiento rojo con la piel, cortado en cuadrados (de 3 x 3 cm aprox.)
- 200 g de champiñones, muy tiernos y cerrados, y cortados por la mitad

COCCIÓN Y PRESENTACIÓN

1. Bien repartidos y planos, introduce los productos vegetales y cárnicos en una bandeja para horno del tamaño adecuado. Adereza con aceite, sal y pimienta (el laurel y el tomillo ponlos debajo), y un chorro de aceite de oliva por encima. Introduce la bandeja en el horno (ya precalentado) a **190 °C** durante 30 minutos.

2. Extrae la bandeja del horno, añade el brandi y el jerez, voltea todos los ingredientes para conseguir un bonito color uniforme, e introduce de nuevo la bandeja en el horno, ahora **a 150 °C** y durante 30 minutos.

3. Extrae de nuevo la bandeja del horno, vierte los 200 ml de Vichy, da la vuelta a todos los ingredientes y continúa la cocción a **150 °C** durante 30 minutos más.

4. Extrae una vez más la bandeja del horno, da la vuelta a todos los ingredientes, añade el pimiento y los champiñones troceados y salados ligeramente, y deja cocer todo junto a **150 °C** durante 30 minutos más.

5. Apaga el horno y, sin abrir la puerta, deja la bandeja dentro durante 10 minutos más. El asado está listo para presentar en la mesa, directamente en la bandeja, para que luzca la belleza dorada de todos los colores del horneado.

▸ ***Mucha atención:*** *Si decides cocinar una pierna de cordeo, debes tener en cuenta que necesita más tiempo; por lo tanto, los puntos **2**, **3** y **4** se dejarán cocer 10 minutos más.*

Canelones de tres carnes

Para unos 50 canelones

- **500 g de carne de ternera de la parte del jarrete o el morcillo, en trozos grandes y regulares**
- **500 g de carne de cerdo de la parte del cuello, en trozos grandes y regulares**
- **2 muslos y 1 pechuga de pollo**
- **4 zanahorias, 4 puerros, 4 cebollas, 4 tomates y 4 dientes de ajo**
- **1 hoja de laurel, una pizca de canela en polvo y otra de nuez moscada rallada**
- **sal y pimienta**
- **80 ml de aceite de oliva virgen extra**
- **50 g de grasa de cerdo**
- **50 ml de brandi**
- **50 ml de jerez dulce**
- **dos rebanadas de pan tradicional, sin corteza y remojadas en leche**
- **1 lata de 50 g de paté de fuagrás** (opcional)
- **300 ml de crema de leche**
- **50 placas de canelones**
- **agua mineral**
- **sal y aceite**
- **Salsa bechamel** (receta en p. 236)
- **120 g de formatge ratllat emmental**

Elaboración

1. Coloca en una bandeja para horno de tamaño adecuado las carnes y las verduras, todo limpio, en trozos regulares y bien mezclado (atención: que no quede amontonado). Sitúa cada uno de los tomates enteros en una esquina de la bandeja, para aportar humedad en los ángulos. Condimenta todo con la sal, la pimienta, la canela, la nuez moscada y el laurel. Riega con el aceite y esparce por encima la grasa de cerdo. Introduce todo en el horno bien caliente, a **190 °C**, durante 45 minutos para que el asado adquiera color.

2. Retira la bandeja del horno y riega con el brandi y el jerez dulce. Da la vuelta a todos los ingredientes y vuelve a meter la bandeja en el horno, ahora a **170 °C**, durante 20 minutos más.

3. Vuelve a extraer la bandeja del horno y voltea todos los ingredientes. Deja que se sigan asando 30 minutos más a **150 °C**. Apaga el horno y deja reposar dentro la bandeja unos 20 minutos. Con este reposo dentro del horno apagado el asado quedará mucho más tierno y delicado.

4. Es el momento de triturar en una picadora las carnes sin ningún hueso, los ajos y tomates pelados, las verduras asadas, las dos rebanadas de pan remojado en leche y el paté. Pon en una cazuela la masa triturada junto con el jugo colado de la bandeja, mezclado con la crema de leche. Enciende el fuego a media potencia y, sin dejar de remover, mezcla-amasa durante unos 4 minutos. Afina el punto de sal, y ya tienes listo el relleno de los canelones.

5. Forma las porciones de carne asada para los canelones. Este es el momento de congelarlas si consideras que tienes más de lo necesario. Debes envolver la carne muy bien y con plástico adecuado. Recuerda que un congelado no es eterno. Anota la fecha de elaboración para controlar la caducidad, y no conserves la carne asada del relleno para canelones más de dos meses.

6. **Cocción de las placas de pasta seca** (si te apetece puedes elaborar las placas de pasta fresca; receta en p. 187)

PARA COCER PLACAS DE PASTA SECA

Lleva a ebullición abundante agua en una olla. Añade una pizca de sal y un hilo de aceite, y ve introduciendo las placas de pasta en el agua, de una en una. Deja cocer el tiempo que aconseje la marca, pero procura dejarlas al dente. Una vez cocidas, refréscalas y extiéndelas sobre paños de cocina. Coloca encima de cada placa una porción de la masa de carne y enrolla el canelón. Resérvalos.

LA BANDEJA PARA CALENTAR Y GRATINAR LOS CANELONES

Napa generosamente con la bechamel el fondo de una bandeja adecuada para horno, y encima ve disponiendo los canelones enrollados, juntos y alineados. Napa con el resto de la bechamel para que queden bien cubiertos y, finalmente, reparte por encima el queso rallado. Con el horno precalentado a **210 °C**, hornea hasta conseguir una superficie gratinada y dorada. ¡Los canelones están listos para presentar y disfrutarlos en la mesa!

Cochinillo (o cabrito) al horno

Para unas 6-8 raciones
→ **cochinillo de unos 3 kg** (si cuentas con un horno grande, puedes asarlo entero; si no, pide en la carnicería que te lo corten en 8 trozos)
→ **30 g de grasa de cerdo**
→ **30 ml de aceite de oliva virgen extra**
→ **40 g de sal**
→ **2 g de pimienta**
→ **800 ml de agua mineral**

ELABORACIÓN

1. Pasa por la llama los trozos de cochinillo, para pulirlos perfectamente de restos de pelo; déjalos bien limpios y raspados bajo el grifo (si dispones de tiempo, no está de más dejarlos en remojo toda una noche en la nevera, en un recipiente grande, cubiertos de agua y con un par de cucharadas de sal y dos de vinagre; la carne resultante tendrá un sabor más pulcro y elegante). Condimenta los trozos de cochinillo por dentro y por fuera con la sal y la pimienta, y disponlos en una bandeja de horno con la piel hacia arriba. Añade por encima la grasa de cerdo, el aceite y el agua, e introdúcelo en el horno precalentado a **140 °C**. Es una cocción lenta a baja temperatura. Cada 30 minutos se debe remojar y pincelar con el jugo de la bandeja. Debe asarse unas 3 horas.

2. Antes de servirlo tenlo en el horno a **220 °C**, pincela de nuevo con el jugo y deja que la piel se convierta en una costra dorada con burbujitas. Ya está listo para llevarlo a la mesa, junto con la salsa del fondo de la bandeja, bien colada.

▸ *Puedes preparar la receta tanto con cochinillo como con cabrito. La técnica de cocción es muy sencilla. Procura seleccionar un buen producto y dedicar a la elaboración el tiempo que merece. Se trata de un asado lento, muy sencillo en el aderezo, pero con un resultado limpio, sabroso y muy natural. Acompaña con una buena bandeja de ensalada y unas patatas Parmentier (receta en p. 40), o patatas enmascaradas (receta en p. 39).*

Cochinillo exprés

Para unas 6-8 raciones

- 1 cochinillo de unos 3 kg
- el zumo de una naranja
- 30 g de grasa de cerdo
- 30 ml de aceite de oliva
- sal
- pimienta blanca
- ajedrea seca
- un *bouquet* con 1 puerro, 1 ramita corta de apio, ½ hoja de laurel
- agua mineral

Elaboración

1. Pide en la carnicería que te corten el cochinillo en 8 trozos regulares. Pasa los trozos por la llama, para pulirlos perfectamente de restos de pelo; déjalos bien limpios y raspados bajo el grifo (si dispones de tiempo, no está de más tenerlos en remojo toda una noche en la nevera, en un recipiente grande, cubiertos de agua y con un par de cucharadas de sal y dos de vinagre; la carne resultante tendrá un sabor más pulcro y elegante).

2. Seca bien los trozos, frótalos con el zumo de naranja y alíñalos con sal, una pizca de pimienta y ajedrea. Introduce los trozos en una olla a presión (si la olla no es lo suficientemente grande, cocínalos en dos tandas). Cubre bien con el agua mineral, sala con prudencia el agua de cocción, añade el *bouquet* y tapa la olla. Cuando la válvula empiece a sonar, baja el fuego, justo para que la válvula gire, y deja cocer 50 minutos. ¡Mucha precaución al abrir la olla! Retira la válvula y, cuando todo el vapor haya salido, destápala. Deja reposar el cochinillo dentro del agua unos 20 minutos.

3. Con la carne tibia podrás retirar los huesos con facilidad. Reserva la carne en la nevera, bien envuelta en papel sulfurizado, procurando mantener una bonita forma y que la piel destaque.

Finalización y presentación

Vierte un chorro generoso de aceite de oliva en una sartén corriente, y en frío coloca los trozos de cochinillo cocido (muy secos) con la piel hacia abajo, en contacto con la sartén. Enciende el fuego a potencia media y deja que se dore hasta que la piel quede seca y crujiente. Da la vuelta a todos los trozos y permite que también la otra cara quede ligeramente dorada y se caliente. Presenta los trozos calientes y con la piel crujiente. Acompaña con una ensalada vegetal.

Conejo con caracoles

Para 4 raciones

- **1 conejo de 1,100 kg, cortado en 8 trozos**
- **1 butifarra cruda de cerdo Duroc de unos 150 g, cortada en 4 trozos**
- **50 ml de brandi**
- **½ l de agua mineral**
- **6 docenas de caracoles purgados**
- **1 hoja pequeña de laurel**
- **1 ramita de tomillo**
- **50 g de jamón ibérico, cortado en dados pequeños**
- **aceite de oliva virgen extra**
- **sal y pimienta**

Para los vegetales cortados en dados pequeños

- **150 g de zanahoria, de cebolla y de puerro**
- **2 guindillas**
- **1 ramita de apio (50 g)**
- **2 dientes de ajo**

Elaboración

1. En una bandeja para horno con un hilo de aceite, coloca los trozos de conejo y de butifarra, salpimienta con prudencia, ya que la butifarra está condimentada con sal y pimienta, y hornea a **190 °C** durante 30 minutos.

2. Retira la bandeja del horno, riega las carnes con el brandi y añade los 500 ml de agua caliente. Hornea de nuevo, esta vez a **150 °C** durante 45 minutos más. Cada 15 minutos debes voltear las carnes. Terminado el tiempo, reserva en la misma bandeja.

3. Mientras tanto, introduce los caracoles en un bol amplio con agua fría para despertarlos y comprobar que todos estén vivos. Ponlos a cocer en una olla con abundante agua fría, tapada. Cuando rompa a hervir, escúrrelos, cambia el agua y vuelve a poner al fuego. Una vez que el agua vuelva a hervir, espuma la superficie y añade la hoja de laurel, el tomillo y una pizca de sal. Tapa y cuece a fuego suave unos 40 minutos. Prueba el punto de sal y de ternura de los caracoles, por si fuera necesario más tiempo de cocción. Deja que se enfríen dentro del agua.

4. En una sartén grande, sofríe con un hilo de aceite las verduras cortadas con un poco de sal. Debe quedar un sofrito bien confitado y dorado. Añade el jamón y los caracoles bien escurridos, y dale unas vueltas con cuidado para no romper las conchas. Incorpora un cucharón del agua de cocción de los caracoles, guisa todo junto 3 minutos más, y reserva.

5. Vierte con delicadeza el guiso de caracoles por encima de la bandeja con el conejo y la butifarra, y remueve para unir los glaseados del fondo con los de la sartén. Afina el punto de sal y pimienta. Hornea de nuevo a **150 °C**, solo 10 minutos, y ya está listo para presentar en la mesa y servir.

Capón con relleno de Navidad a la catalana

Para 6-8 raciones
→ **1 capón de 4 kg**
PARA EL RELLENO
→ **200 g de salchichas, cortadas en trozos** (de 3 cm)
→ **200 g de carne magra de cerdo de la parte del cuello, en dados** (de 3 cm)
→ **800 g de ciruelas secas con hueso** (de California o La Rioja)
→ **70 g de orejones de melocotón o albaricoque, cortados en trozos** (de 2 cm)
→ **2 manzanas reineta, peladas y cortadas en gajos** (de 1 cm de grosor)
→ **1 trufa negra fresca Melanosporum de 50 g, rallada gruesa** (opcional)
→ **200 g de piñones**
→ **150 ml de vino rancio** (o jerez dulce)
→ **sal, pimienta, canela en polvo, nuez moscada**
→ **hilo y aguja adecuados para coser el ave**
PARA EL ASADO AL HORNO
→ **400 g de grasa de cerdo**
→ **100 ml de brandi y de jerez dulce**
→ **600 ml de agua mineral**

Puedes adaptar esta receta al ave que más te guste, ya sea pollo, pularda, pintada o pavo. La técnica es la misma, solo será necesario adaptar el tiempo de cocción al tamaño de la pieza.

ELABORACIÓN

El capón. Pide en la carnicería que te deshuesen el capón por la espalda, con un corte de arriba abajo, que retiren la carcasa entera y el hueso del cuello, pero dejando los muslos enteros y las alas también, y toda la piel del cuello. (Retirar la carcasa te permitirá rellenar el ave; puedes coser toda la espalda, y como conservará los muslos y las alas, recuperará la forma de un ave entera y parecerá «no manipulada». Ya en la mesa, al presentar la pieza, la persona encargada de trincharla no tendrá ningún problema, y se desenvolverá con una destreza que dejará a los comensales impresionados.) En casa, sobre la superficie de trabajo, retira las posibles plumas y repasa toda la piel del ave con una llama, para que quede muy pulcra. El interior estará limpio; en todo caso elimina algún resto de sangre. Reserva la pieza.

El relleno. En una sartén con un poco de grasa y fuego fuerte, fríe los dados de carne magra 3 minutos y salpimienta. Añade las salchichas y sofríe 3 minutos más. Vierte el vino y deja que se reduzca a la mitad. En un recipiente de tamaño adecuado pon las ciruelas, los orejones, las manzanas, la trufa, los piñones y el conjunto cocinado en la sartén. Condimenta ligeramente con la sal, la canela y la nuez moscada rallada. Mezcla muy bien todos los ingredientes. Salpimienta cuidadosamente el interior del ave y, con la piel en contacto con la superficie de trabajo, introduce el relleno en el centro de la pieza. Cierra para recuperar la forma original y cose la espalda de arriba abajo, con gracia, para que tenga el aspecto de una pieza entera.

La cocción. Con el horno caliente a **190 °C**, dispón el ave, con las pechugas hacia arriba y la grasa repartida en trozos por debajo y alrededor, en una bandeja honda del tamaño adecuado. Hornea 30 minutos, luego retira la bandeja y vierte el brandi, el jerez y el agua, da la vuelta al ave y hornea de nuevo a **140 °C** durante 2 horas (cada media hora es necesario mojar la pieza con el jugo de la bandeja). Extrae la bandeja de nuevo y da otra vez la vuelta al ave; ahora quedará con las pechugas hacia arriba. Hornea por última vez durante 10 minutos a **140 °C**, para que la parte de las pechugas adquiera un bonito color dorado. (Importante: utiliza unos guantes de goma gruesos de cocina, nuevos, para dar la vuelta al ave con facilidad y seguridad.)

Finalización y presentación

Pon la pieza asada en una bandeja plana para presentarla en la mesa. Cuela el jugo del fondo de la bandeja y retira la grasa de la superficie. Será un jugo oscuro, con todos los sabores del relleno. Vierte este jugo muy caliente en una salsera. Será un espectáculo llegar a la mesa con una pieza grande y entera. Reparte en los platos un trozo de carne, una buena cucharada de relleno y, por encima, el jugo oscuro de la salsera. Es un plato navideño emocionante.

Lubina al horno con patatas, puerro, tomate y aceitunas

Para 4 raciones

- 1 lubina de unos 2 kilos
- 800 g de patatas, peladas y cortadas en rodajas de ½ cm de grosor
- 200 g de puerro muy picado
- 250 ml de agua mineral
- 400 g de tomate maduro, rallado, sin piel ni semillas
- 2 dientes de ajo, picados fino
- 20 hojas de perejil muy picadas
- 100 ml de aceite de oliva virgen extra
- 200 ml de vermú blanco, seco
- sal y pimienta blanca
- 24 aceitunas de Aragón con hueso
- 12 rodajitas de limón, cortadas en forma de media luna

▸ *Puedes utilizar otros pescados, como dorada, cabracho, gallineta, rodaballo o merluza. También puedes optar por hornearlo entero, sin separar los filetes; entonces el lecho de patatas y puerro debes precocinarlo solo 13 min, porque el pescado entero necesitará más tiempo de horneado final (unos 15 min aprox.). No cuezas excesivamente los pescados, pues pierden sabor y textura. Es muy agradable lograr una textura jugosa y rosada.*

Elaboración

1. En la pescadería, pide que te limpien la lubina de escamas y tripa, y que separen los dos filetes. Ya en casa, repásalos por si hubiera escamas y espinas, y divide cada filete en dos (4 raciones). Practica unos cortes poco profundos en cada uno de los trozos, por la parte de la piel, y reserva en la nevera.

2. En una bandeja un poco honda para horno y del tamaño adecuado a las 4 raciones, distribuye el puerro y, sobre este, las rodajas de patata. Salpimienta con prudencia y vierte por encima la mitad del aceite (50 ml) y el agua mineral. Tapa la bandeja con papel de aluminio y hornea a **200 °C**, con el horno precalentado, durante 20 minutos.

3. Mientras tanto, mezcla en un bol el tomate, el vermú, el ajo, el perejil, el resto del aceite (50 ml), la sal y la pimienta. Reserva.

4. Sala por las dos caras los filetes de pescado reservados y disponlos sobre el lecho de patatas y puerro. La piel del pescado debe quedar hacia arriba.

5. Aliña todo el conjunto de la bandeja con la mezcla del bol del **punto 3,** bien repartida sobre el pescado y las patatas. Encima de cada trozo de pescado, coloca una media luna de limón y vuelve a hornear la bandeja durante 6 minutos a **200 °C**.

6. Retira la bandeja del horno, reparte las aceitunas por encima y vuelve a hornear 2 o 4 minutos más, según cómo te guste el punto de cocción del pescado. Apaga el horno. Presenta en la misma bandeja de cocción, ya que será más fácil de servir.

Caballa al horno con patatas, ajetes y cebolletas de primavera

Para 4 raciones

- 4 caballas de 300 g cada una
- 1 kg de patatas tiernas, medianas, bien limpias y cortadas en gajos
- 6 cebolletas, medianas, peladas y cortadas en gajos
- 16 ajetes, finos
- 300 ml de agua mineral
- 100 ml de aceite de oliva virgen extra
- 400 g de tomate maduro, rallado, sin piel ni semillas
- 100 g de aceitunas de Aragón
- 100 ml de vermut blanco seco
- 4 tallos de hinojo fresco, muy picado
- sal y pimienta negra

▸ *Con frecuencia se dice que las patatas están más buenas que un pescado al horno o un* suquet*; por eso, es vital controlar el tiempo de cocción de cada producto, tanto de las patatas como del pescado, que es el ingrediente principal.*

Elaboración

1. Pide en la pescadería que te preparen la caballa en filetes. En casa, pule, lava y seca los filetes. Por la parte central de la carne, haz dos cortes a lo largo en forma de cuña, para retirar las espinas ocultas. Reserva los filetes limpios en la nevera.

2. En una bandeja un poco honda, con medida para 4 raciones, dispón los gajos de patata, los ajetes y la cebolla mezclados, y condimenta todo con aceite, sal y pimienta, y vierte el agua mineral. Tapa la bandeja con papel de aluminio, calienta el horno a **200 °C** y hornéala durante 20 minutos.

3. Extrae la bandeja del horno y retira el papel de aluminio. Incorpora a la bandeja la mezcla de tomate, vermut e hinojo, y continúa la cocción a **200 °C** durante 10 minutos más.

4. De nuevo retira la bandeja del horno, remueve los vegetales y reparte por encima las aceitunas y los filetes de caballa (salados por el lado de la carne) con la piel hacia arriba. Con una cuchara, reparte un poco del jugo de la cocción por encima de la piel de cada filete, y termina el horneado 3 minutos más a **200 °C**. El plato está listo para presentarlo y servirlo en la mesa.

Pilota al horno con dátiles, orejones y piñones

Para 4 raciones

PARA LA *PILOTA*

- 100 g de cebolla, picada muy fina
- 200 g de carne picada de ternera
- 200 g de carn picada de cerdo
- 25 g de dátiles, sin hueso, cortados en trozos (de 2 cm)
- 25 g de orejones, cortados en trozos (de 2 cm)
- 25 g de piñones
- 1 huevo
- la miga de una rebanada de pan seco
- 50 ml de leche de vaca

PARA LA SALSA DE LA COCCIÓN

- 150 g de cebolla, cortada en emincer
- 150 g de puerro, cortado en emincer
- 150 g de tomate maduro, cortado en rodajas finas
- 50 ml de moscatel
- 50 ml de agua mineral
- un *bouquet* atado con ½ rama de canela y una ramita de salvia
- aceite de oliva virgen extra
- sal y pimienta

Tradicionalmente, en la cultura culinaria catalana llamamos *pilota* (pelota) a las elaboraciones con carnes picadas que recrean formas redondas o alargadas, o *pilotilles* si son de tamaño más pequeño. Uno de los ingredientes importantes de la popular escudella catalana (en la p. 55) es precisamente la *pilota*, pero en esta receta te proponemos elaborarla al horno.

ELABORACIÓN

La *pilota*. Sofríe la cebolla picada en una sartén con un hilo de aceite. Desmenuza la miga de pan seco y mézclala con la leche, para hidratarla. En un bol grande, mezcla las dos carnes picadas, los trozos de dátiles y orejones, los piñones, el pan hidratado con la leche, el huevo batido, el sofrito de cebolla, la sal y la pimienta, y amasa hasta conseguir ligarlo todo. Dale forma de pelota alargada y oblonga, y resérvala en la nevera.

El sofrito de la salsa. Sofríe en una sartén grande la cebolla y el puerro durante 10 minutos. Agrega las rodajas de tomate y continúa el sofrito 5 minutos más. Salpimenta con prudencia.

El horneado. En una bandeja honda, vierte el sofrito de cebolla, puerro y tomate; dispón la *pilota* en el centro, junto con el *bouquet* y un buen chorro de aceite de oliva. Introduce la bandeja en el horno precalentado a **200 °C** unos 10 minutos. Retira la bandeja, añade el moscatel y el agua mineral, dale la vuelta a la *pilota*, remueve las verduras de la bandeja y prosigue la cocción en el horno a **160 °C** unos 10 minutos más. El plato ya está listo para degustar.

▸ *Es una forma diferente y agradable de comer carne picada. Sírvela en rodajas con la salsa y las verduras de la cocción. Un puré de patatas al tenedor (p. 39) es también un buen acompañamiento para la* pilota *al horno.*

Roastbeef

Para 6 raciones

- **1 kg de chuletón de ternera o de buey, sin hueso, entero, en un trozo** (de la parte más limpia del lomo, el que casa con la culata)
- **30 ml de aceite de oliva**
- **30 g de grasa de cerdo**
- **100 ml de jerez seco**
- **100 ml de Oporto**
- **100 ml de agua mineral**
- **sal, pimienta y una pizca de nuez moscada**

▶ *También combina perfectamente con la salsa atunada (p. 208) y el caviar de berenjena (p. 158).*

Elaboración

1. Pule la carne de pieles y grasa exterior, y átala sin apretarla mucho. Dispón la pieza en un recipiente hondo y deja que se marine en la nevera durante 4 horas con la pimienta, la nuez moscada, el jerez y el Oporto. Cada hora, retira el recipiente de la nevera y dale la vuelta a la carne, para que se marine bien.

2. En una cazuela del tamaño adecuado, calienta el aceite y la grasa de cerdo, e incorpora la pieza de carne (bien seca del marinado). Reserva los jugos del marinado. Sala la carne por todas sus caras y márcalas a fuego fuerte (esta operación no debe durar más de 3 minutos).

3. Introduce la cazuela en el horno precalentado a **200 °C** con la pieza marcada, y continúa el asado durante 10 minutos.

4. Retira la cazuela del horno, vierte por encima de la carne el jugo del marinado y continúa asando la pieza a **200 °C** durante 5 minutos más.

5. Retira la carne del horno y pasa la pieza a otra bandeja, para que lentamente se enfríen y se relajen los tejidos.

La salsa natural del asado

Observarás que en el fondo de la cazuela donde se ha asado la carne han quedado unos glaseados oscuros. Vierte 100 ml de agua mineral y pon la cazuela a fuego medio para despegar del fondo todos los jugos caramelizados. Cuela esta salsa, retira la grasa y ¡dispondrás de una salsa natural buenísima!

Presentación

Cuando la carne esté tibia, casi fría, será el momento ideal para degustarla. Preséntala en la mesa sobre una bandeja plana o una superficie de madera o silicona, para poder cortar la carne al gusto del comensal. Sirve el *roastbeef* con la salsa natural del asado y una Parmentier de patata (p. 40).

Caviar de berenjenas

Para 6 raciones

- **6 berenjenas de tamaño mediano** (1 kg de peso total)
- **80 g de aceitunas negras de Aragón, cortadas en trozos y sin los huesos**
- **1 diente pequeño de ajo, muy picado** (2 g)
- **30 ml de aceite de oliva virgen extra**
- **sal y pimienta**
- **16 tallos de cebollino**

Elaboración

1. Lava las berenjenas, úntalas con un poco de aceite y disponlas en una bandeja de horno. Con el horno precalentado a **190 °C**, hornea las berenjenas 40 minutos.

2. Cuando estén frías, pélalas y pásalas por el pasapurés de agujero mediano, junto con las aceitunas.

3. En un bol, mezcla la pulpa obtenida con el aceite, el ajo, el cebollino picado y el punto de sal y pimienta. Reserva el caviar de berenjenas en la nevera.

▸ *Es una elaboración sencilla y agradable para mojar vegetales o bastoncitos de pan, para untar canapés o sándwiches, o para acompañar carnes y pescados.*

¡OH!
MOBY
CARNIC
MUNIC
28

09 El mundo, cultura culinaria

Me acompaña el sentimiento de contemplar la cocina como uno de los puntales culturales de los países del planeta Tierra. Pienso que, si tiramos del hilo de la cocina de cada territorio, se pone de manifiesto su propia historia, especial y única, y es necesario proteger, en la medida de lo posible, el patrimonio cultural y culinario de cada rincón del mundo, porque es un pequeño tesoro excepcional.

En nuestro organismo existe un chip de memoria relacionado con el lugar donde hemos nacido. Por este motivo, los platos tradicionales de nuestra propia cultura nos sientan tan bien; por eso, debemos conservar la cultura de cocinarlos y comerlos, porque ello se traducirá en salud y longevidad para cada uno de nosotros. Y no se trata de una impresión personal, sino un dato científico de la medicina moderna que estudia los valores tradicionales de los alimentos que forman parte de nuestra alimentación cotidiana.

Una ventaja del mundo moderno es la información que tenemos de las cocinas de cualquier parte del planeta, no solo por los descubrimientos que hacemos cuando viajamos, o cuando visitamos un restaurante exótico en nuestra ciudad, o cuando buscamos información en Internet sobre un plato o un producto que desconocemos, sino por la globalización y presencia en los mercados, los supermercados y las elaboraciones industriales.

Por eso, considero interesante que este libro también contenga una pequeña lista con los platos que son «iconos» del mundo. Como siempre, compra productos frescos y de calidad, ¡y que te pongas a cocinar con ganas, tiempo e ilusión! Y, sobre todo, que los pruebes, los compartas y los disfrutes.

Pan con tomate

Para 4 raciones

- **4 rebanadas grandes de pan de payés u 8 medianas** (de 1,7 cm de grosor aprox.)
- **8 tomates pequeños y maduros, en el punto** (para untarlos encima del pan)
- **aceite de oliva extra virgen**
- **sal**

Icono de la cultura catalana y famoso en medio mundo. Probablemente la idea nació de observar un pan reseco y del ingenio de frotarle un tomate maduro, y aliñarlo con un hilo de aceite de oliva y un poco de sal. Su sencilla preparación se convierte en un plato ideal para acompañar una tortilla, pescaditos fritos, pescados, carnes o butifarras a la parrilla, un plato de embutidos cocidos o secos, o uno de quesos. Combina muy bien con las anchoas en salazón, el jamón cocido o el ibérico, e incluso con unas onzas de chocolate negro.

Elaboración

1. Corta los tomates por la mitad y úntalos por encima del pan. Una buena técnica es comenzar por la parte de la corteza, ya que esto ayudará a extraer el máximo de pulpa jugosa de los tomates maduros.

2. Por encima de cada rebanada añade un hilo de aceite de oliva virgen extra y una pizca de sal.

▶ *Los amantes del pan con tomate generan un montón de discrepancias relacionadas con el gusto personal. A grandes rasgos, existe un grupo muy numeroso que defiende el pan con tomate untado por las dos caras del pan, y otros se decantan por untar el pan recién tostado.*
▶ ***Una fórmula crujiente y divertida.*** *Para 1 ración. en un bol amplio e individual, rompe en trozos regulares 6 biscotes integrales bien tostados; por encima, ralla tres tomates maduros y aliña con un hilo de aceite de oliva y un pellizco de sal. Remueve el conjunto y cómelo a cucharadas. Puedes añadirle dados de queso y hojas de rúcula.*

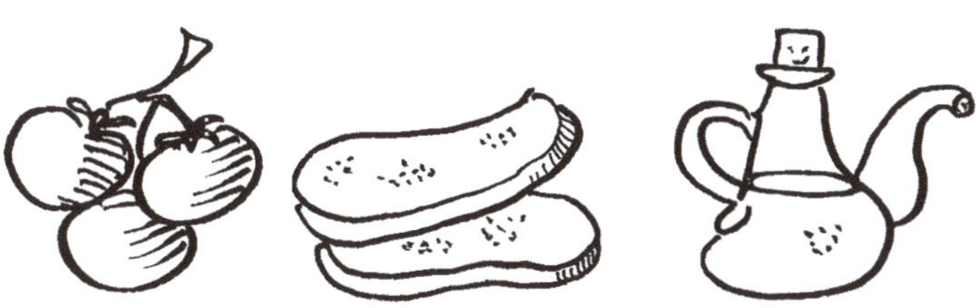

Tapas-Pinchos-Montaditos

Icono de la cultura culinaria española, surgido originariamente de la costumbre de servir pequeñas elaboraciones de cocina en las bodegas y bares, o embutido, salazones o quesos encima de rebanaditas de pan para acompañar bebidas alcohólicas. El éxito de los establecimientos que ofrecen tapas, pinchos o montaditos ha inspirado la creatividad no solo del sector bares, sino también en los restaurantes y eventos gastronómicos, donde hay mucha presencia de «cocina en miniatura» o «tapas creativas».

Tapa: Patatas bravas

Para 10 tapas
PARA LAS PATATAS
→ **1 kg de patatas Kennebec, o agria**
→ **2 l de aceite de oliva virgen extra** (para freírlas)
PARA LA SALSA MAYONESA
→ **400 ml de aceite de oliva virgen extra**
→ **2 huevos** (120 g)
→ **una pizca de sal**
→ **pimienta**
PARA LA SALSA PICANTE
→ **60 ml de aceite de oliva**
→ **2 g de ajo, cortado en láminas finas**
→ **4 guindillas pequeñas, cortadas y con las semillas**
→ **10 g de pimentón picante, sin ahumar**
→ **1 kg de tomate maduro, rallado, sin semillas**
→ **sal y pimienta negra**
→ **20 ml de vinagre de Jerez**

Esta es una de las tapas más populares, ¡y me atrevería a decir que la más famosa! La gracia de la tapa reside en la calidad de las patatas, el punto de fritura y el equilibrio picante-grasoso de la salsa que las acompaña. Hay muchas fórmulas para la salsa de las patatas bravas, esta es una de las más puristas.

ELABORACIÓN

Salsa mayonesa. Introduce todos los ingredientes en un vaso de túrmix y monta-tritura la mayonesa en su punto de sal y pimienta. Reserva en la nevera en un biberón de cocina.

Salsa picante. En una sartén grande, calienta el aceite y sofríe el ajo solo hasta que esté ligeramente dorado. Añade las guindillas cortadas, el pimentón y el tomate rallado, y sofríe durante 30 minutos. Agrega la sal, una pizca de pimienta negra y el vinagre, y deja que se sofría todo junto 5 minutos más. Tritura, cuela y vuelve a ponerlo al fuego 5 minutos más para afinar la sal. Enfría la salsa y resérvala en un biberón de cocina.

Patatas

1. Pela las patatas y córtalas en dados medianos e irregulares, de 2 x 2,5 cm aprox. Introduce los dados en un bol grande con agua abundante para eliminar la fécula, durante 10 minutos.

▸ *Otra opción es cocer las patatas al rescoldo, poniéndolas enteras, con la piel y bien limpias, en una bandeja de horno a **170-180 °C** durante 60 minutos. Deja que se enfríen, pélalas y córtalas en trozos regulares para aliñarlas como propone la receta.*

2. Calienta el aceite a **130 °C** en una sartén honda. Escurre y seca los dados de patata y fríelos. Se realizará la cocción en dos acciones: primero a **150 °C** hasta que se ablanden y se cocinen por dentro, aproximadamente 10 minutos. Retira y reserva en un colador.

3. Calienta el aceite hasta **180 °C** y vuelve a freír las patatas hasta lograr una capa exterior dorada y seca. Retira las patatas de la fritura sobre un papel de cocina y sálalas.

Presentación

Reparte las patatas en platitos, aliña con unos cordones de mayonesa, dibujando un zigzag, y por encima más cordones de la salsa picante. La tapa está lista para presentar y degustar. Puedes añadir o reducir la cantidad de salsa picante según el gusto del comensal.

Pintxo Gilda

Para 10 pinchos

- **20 aceitunas Manzanilla** (sin hueso)
- **10 filetes de anchoa** (limpios de las espinas finas de las ventrescas)
- **10 piparras, o guindillas** (finas y tiernas)
- **10 palillos** (para ensartar los pinchos)
- **aceite de oliva virgen extra para aliñarlos**

Icono de los pinchos del País Vasco, es un homenaje a la película *Gilda*. Este pincho se elabora con tres productos en conserva, pero, atención, la dificultad será encontrarlos: las aceitunas Manzanilla, las piparras y los filetes de anchoa de la mayor calidad que puedas comprar, para disfrutar de la gracia de la combinación y de los sabores salados y picantes que este pincho empareja.

Elaboración y presentación

1. Debes preparar los tres ingredientes para tenerlos listos a la hora de ensartarlos: las anchoas limpias, las aceitunas sin hueso y las piparras sin el pedúnculo y cortadas por la mitad.

2. Ensarta en cada palillo una aceituna, un filete de anchoa enrollado, los dos trozos de piparra y, finalmente, la segunda aceituna.

3. Aliña con un hilo de aceite de oliva virgen extra, y ya están listos para presentar y degustar.

Montaditos

Icono de los bares de tapas, el ingrediente básico de un montadito es una pequeña rebanada de pan y encima la carga de un producto con algún aliño que contrasta o que lo acompaña. Como son preparaciones creadas para comerlas en un par de bocados, los bares especializados suelen pinchar un palillo en el centro del montadito con el fin de fijar el producto que va a caballo del pan y también para facilitar la tarea de saber cuántos se han consumido a la hora de pagar la cuenta. Estoy segura de que en casa te inventarás montaditos tan especiales y únicos que te convertirán en un anfitrión interesantísimo.

Con jamón ibérico. Encima de una rebanadita de pan, dispón con gracia unas lonchas de jamón ibérico. **Variaciones.** Antes de poner el jamón puedes aliñar el pan con aceite de oliva virgen extra, o untarlo con tomate maduro y un hilo de aceite de oliva y una pizca de sal. Luego, coloca las lonchitas de jamón. También se prepara este montadito con mantequilla de vaca untada en el pan, y por encima el jamón.

Con tortilla de patata. Encima de una rebanadita de pan, dispón un trozo de tortilla de patata, recién hecha y aún tibia (receta en p. 180). **Variaciones.** La tortilla permite muchas variaciones, tal como la receta propone.

Con salmón ahumado. Mezcla requesón o queso fresco con mostaza (de Meaux), una pizca de pimienta, otra pizca de sal y un pellizco de eneldo y perejil picado. Reparte la mezcla por encima de las rebanadas de pan y, para coronar, dispón una lámina de salmón ahumado con unas rodajitas de pepinillos en vinagre.

Con *foie mi-cuit*. Unta el pan con una confitura espesa, por ejemplo de membrillo (receta en la p. 140), y encima dispón un trocito de *micuit*. Salpimenta y, para coronar, coloca una pasa hidratada en Oporto y un bastoncito de apio.

Con queso de cabra. Sobre la rebanadita de pan, dispón una lonchita de queso de cabra y, por encima, una cucharada de confitura de fresa, un trocito de manzana y unas hojitas de canónigo.

Hamburguesa

Para 4 raciones

Para las hamburguesas

- **400 g de carne picada de buey o de ternera**
- **2 yemas de huevo**
- **7 g de sal**
- **4 g de mostaza en grano** (de Meaux)
- **30 g de tomate confitado muy picado**
- **30 g de cebolla confitada muy picada**
- **1 g de pimienta negra**
- **4 panecillos integrales** (de textura blanda especiales para hamburguesa)
- **4 lonchas de queso tipo emmental** (de 10 x 10 cm, unos 30 g)

Para la cebolla marinada

- **60 g de cebolla roja o cebolleta, cortada en emincer**
- **2 g de azúcar**
- **1 g de sal**
- **10 ml de aceite de oliva**
- **8 hojas de lechuga, trocadero o Lollo verde**
- **aceite de oliva virgen extra**
- **Salsa kétchup de calidad (o elaborada en casa; receta en p. 242)**

Icono del mundo moderno —a menudo se relaciona con la comida rápida de grandes marcas— y alimento procesado que conviene evitar por ser poco saludable. Pero una carne picada de primera, con un buen pan integral, lechuga, una buena salsa, quizá también beicon, huevo y patatas, todo fresco y de calidad, constituye una comida sana y *gourmet*. Probablemente el nombre proviene de la ciudad portuaria de Hamburgo, que en el siglo XVII era muy comercial y abierta al mundo, desde donde llegaron recetas de carne picada de la cultura rusa que también se expandieron a Estados Unidos. En Cataluña y en otros territorios (en Madrid, por ejemplo, son también tradicionales los filetes rusos) todavía hay lugares donde a la carne picada y condimentada, enmoldada y cocinada se la llama «filete ruso».

Elaboración

Hamburguesas. Amasa todos los ingredientes y forma 4 bolas. Aplánalas ligeramente hasta que adquieran un diámetro de unos 9 cm, y reserva en la nevera.

Cebolla marinada. Escalda solo 10 segundos la cebolla en agua hirviendo con una pizca de sal. Escúrrela y ponla a marinar con el azúcar, la sal y el aceite de oliva. Reserva en la nevera un mínimo de 10 minutos.

Finalización y presentación

1. Corta los panecillos en sentido horizontal, riégalos con un hilo de aceite y márcalos en una plancha o una sartén antiadherente por cada cara, y mantenlos calientes.

2. También a la plancha o en sartén antiadherente, pero sin añadir ningún tipo de grasa, marca las hamburguesas por ambas caras, hasta lograr el punto que prefieras. Dispón una loncha de queso sobre cada hamburguesa y mantenlas calientes.

3. En la base de cada panecillo coloca un par de hojas de lechuga y reparte por encima la cebolla marinada. Sobre esta dispón la hamburguesa con el queso. Condimenta por encima con el kétchup y tapa con la parte superior del panecillo. La hamburguesa está lista para degustar.

Hamburguesa con huevo frito y beicon

Para 4 hamburguesas

- **ingredientes de la p. 167**
- **4 huevos pequeños, calificación 0** (ecológicos)
- **4 lonchas finas de panceta curada** (beicon)
- **patatas fritas** (receta en p. 101)

ELABORACIÓN

Puedes preparar las hamburguesas nutricionalmente más completas añadiendo a cada una un huevo frito, una loncha de beicon bien dorada en una sartén y un montoncito de patatas fritas.

Hamburguesa de bonito

Para 4 hamburguesas

- **400 g de bonito fresco, sin piel ni espinas, cortado en daditos**
- **30 g de cebolleta, picada fina**
- **15 g de pimiento verde, picado en *brunoise***
- **15 g de pimiento rojo, picado en *brunoise***
- **1 g diente de ajo, picado fino**
- **20 ml de aceite de oliva**
- **sal, pimienta y perejil**

ELABORACIÓN

Amasa todos los ingredientes de la lista y forma 4 bolas. Aplana ligeramente hasta conseguir un diámetro aproximado de 9 cm y reserva en la nevera hasta el momento de asar a la plancha o en sartén antiadherente, sin nada de grasa, por ambas caras. Mantén al fuego el tiempo adecuado, según el gusto personal, y acompaña como las hamburguesas de carne.

Sándwich

Icono mundial. La historia cuenta que esta manera de comer se la debemos al aristócrata inglés John Montagu, conde de Sandwich (1718-1792). Al parecer era muy aficionado a los juegos de cartas, y no quería perder tiempo deteniendo las partidas para comer, ni correr el riesgo de ensuciarse los dedos. De aquí surge la idea de una serie de combinaciones basadas en los fiambres y los vegetales, presentados y servidos entre dos rebanadas de pan de molde, para mantener al aristócrata bien nutrido y así poder continuar jugando. El concepto sándwich ha triunfado internacionalmente, y nos traslada a un mundo repleto de interesantes composiciones de vegetales con proteínas, generalmente frías, pero también tibias o calientes, entre dos o tres rebanadas de pan de molde.

Sándwich Club

Para 1 ración

- **3 rebanadas de pan de molde** (preferentemente artesano e integral)
- **3 rodajas finas de tomate maduro**
- **3 hojas de lechuga muy tersas**
- **2 lonchas finas de panceta curada** (beicon)
- **100 g de filetes de pechuga de pollo fresca, cortados finos**
- **2 lonchas finas de queso emmental** (unos 30 g)
- **1 huevo, calificación 0** (ecológico)
- **aceite de oliva virgen extra**
- **sal y pimienta**

Para la salsa

- **50 g de mayonesa** (receta en la p. 240)
- **10 g de mostaza** (de Meaux)
- **1 g de pimientos jalapeño, picado muy fino**

Elaboración

1. Mezcla los ingredientes de la salsa y resérvala.
2. En un cazo con medio litro de agua, un pellizco de sal y un chorrito de vinagre, cuece el huevo entero con la cáscara durante 7 minutos. Reserva en un bol con agua fría y hielo.
3. Calienta al fuego una sartén antiadherente. Riega con un hilo de aceite las 3 rebanadas de pan por ambas caras, y márcalas sutilmente también por cada cara, en la sartén. Resérvalas.
4. En la misma sartén caliente, marca las 2 lonchas de beicon por cada cara, hasta que quede bien doraditas, y reserva.
5. En la misma sartén, bien limpia y caliente, asa los filetes de pechuga de pollo, previamente untados en aceite y salpimentados. Mantenlos calientes.

> ▸ *Lo más interesante de un sándwich es que puedes crearlo a tu gusto. Antes de cortarlo, puedes fijarlo con una brocheta para que todos los productos se mantengan unidos.*
> ▸ *Tradicionalmente el sándwich club se acompaña con un montoncito de patatas fritas.*

MONTAJE DEL SÁNDWICH

Procura montar el sándwich haciendo pisos y cubriendo toda la superficie del pan, con objeto de que resulte un sándwich alto y con todos los productos bien extendidos y planos, para poder presentarlo cortado por la mitad y que luzcan todas las capas que lo componen, con la belleza de los colores y las texturas de los alimentos.

1. Sobre la superficie de trabajo dispón una de las rebanadas ligeramente marcada por cada cara y úntala con una cuarta parte de la salsa elaborada. Sitúa encima la pechuga de pollo y luego el queso y las hojas de lechuga.

2. Encima pon otra de las rebanadas untada por cada cara con una cuarta parte de la salsa, luego el huevo (sin la cáscara y cortado en cuatro). A continuación el beicon y para terminar las rodajas de tomate.

3. Tápalo con la tercera rebanada: unta una de las caras con la última parte de la salsa y ponla en contacto con las rodajas de tomate. Presiona ligeramente el sándwich, y ya puedes cortarlo por la mitad, horizontalmente o en diagonal, para presentarlo.

Croque-monsieur

Para 4 raciones

- **8 rebanadas de pan de molde**
- **4 lonchas de jamón cocido**
- **4 lonchas de queso gruyer**
- **80 g de queso gruyer o emmental** (rallado)
- **200 ml de salsa bechamel** (receta en p. 236)

El sándwich *croque-monsieur* es de tradición francesa, pero se desconoce quién lo inventó. La primera referencia que se tiene quedó registrada en la carta de un café de París a principios del siglo XX.

ELABORACIÓN

1. Extiende papel sulfurizado sobre una bandeja de horno y dispón encima 4 rebanadas de pan de molde untadas con un poco de salsa bechamel.

2. Encima de cada rebanada sitúa una loncha de queso gruyer y, sobre esta, una loncha de jamón cocido.

3. Cierra el sándwich con las 4 rebanadas restantes, también untadas con salsa bechamel y en contacto con el jamón.

4. Para finalizar, unta la parte de arriba del sándwich con el resto de la salsa bechamel y encima distribuye el queso rallado.

5. Hornea el sándwich a **180 °C** durante 10 minutos, hasta que quede dorado (si el horno cuenta con gratinador, ponlo en marcha). Preséntalo recién hecho, tal como salga del horno, o cortado en diagonal.

▸ *Una variante de este sándwich es la* croque-madame.

Croque-madame

Para 4 raciones

- **8 rebanadas de pan de molde**
- **4 lonchas de jamón cocido**
- **4 lonchas de queso gruyer**
- **80 g de queso gruyer o emmental** (rallado)
- **200 g de salsa bechamel** (receta en p. 236)
- **4 huevos**

▸ En España un sándwich muy popular es el llamado «mixto», elaborado con pan de molde, relleno de jamón cocido y queso, y que puede consumirse frío o caliente. Su origen es incierto, pero podría haber sido introducido en el país por inmigrantes cubanos, que ya elaboraban este sándwich en su país, aprendido de los norteamericanos.

▸ En Cataluña, una variante de este sándwich se conoce con el nombre de «bikini». El origen se sitúa en una sala de baile de Barcelona, donde servían este sándwich caliente como bocadillo de la casa. Debido a la demanda, se extendió al resto de establecimientos de la Ciudad Condal, que prepararon el sándwich que se servía en la sala Bikini, hecho que se popularizó y dio nombre al propio bocadillo.

Elaboración

1. Extiende papel sulfurizado sobre una bandeja de horno y dispón encima 4 rebanadas de pan de molde untadas con un poco de salsa bechamel.

2. Encima de cada rebanada sitúa una loncha de queso gruyer y, sobre esta, una loncha de jamón cocido.

3. Unta las otras 4 rebanadas con bechamel, y, con ayuda de un cortapastas redondo, retira la parte del centro.

4. Cierra el sándwich poniendo la parte napada con la bechamel en contacto con el jamón cocido.

5. Casca un huevo, retira un poco de clara y ponlo sobre el sándwich, en el hueco del centro de la rebanada. Esparce por encima el queso rallado.

6. Hornea el sándwich a **180 °C** durante 10 minutos, hasta que quede dorado (si el horno cuenta con gratinador, ponlo en marcha).

Elaboración del mixto bikini

▸ Tanto el mixto como el bikini suelen elaborarse directamente sobre una plancha caliente, untando dos rebanadas de pan de molde con mantequilla o margarina y rellenándolo con una loncha de jamón cocido y otra de queso, que se unen sobre la plancha hasta lograr un tono dorado y que se funda el queso. Existen unos aparatos domésticos, las sandwicheras, creados especialmente para prepararlos de manera muy fácil.

▸ Idea y recomendación. Elabora los bikinis con pan de molde de harina integral, y cambia la mantequilla por aceite de oliva. Prueba también con otros rellenos. Por ejemplo, queso y butifarra negra o morcilla, sobrasada, atún en conserva, o pimientos del piquillo, aceitunas y anchoas.

Bocadillo

Icono mundial, cuya historia no parece estar relacionada con una tan romántica como la del sándwich, que nos traslada a un universo de preparaciones entre dos rebanadas de pan, como el pan tradicional o los panecillos abiertos y rellenos de productos que pueden ser fríos, tibios o calientes, o con panes de texturas diversas, de corteza dura y crujiente o tierna y delicada. Es una manera de alimentarse que se adapta a las situaciones más bucólicas de un pícnic o las más estresantes, cuando no se dispone de tiempo para detenerse a comer. El popular perrito caliente es también un bocadillo famoso en el mundo, como el *shawarma* turco, elaborado con una especie de pan plano, enrollado y relleno (hay referencias de su consumo ya en el antiguo Egipto). También lo son desde la antigüedad las tortillas mexicanas de maíz, ese pan plano con el que se enrollan los alimentos, entre tantos otros ejemplos.

Bocadillo de lomo, pimientos y queso

Para 1 ración

- **1 barrita de pan delgada, tipo *baguette*** (de unos 20 cm de largo)
- **2 pimientos del piquillo en conserva**
- **3 lonchas de lomo de cerdo Duroc** (de ½ cm de grosor)
- **3 lonchas de queso de cabra semicurado** (de ½ cm de grosor, unos 30 g)
- **10 hojas de rúcula**
- **3 láminas de aguacate** (de ½ cm de grosor)
- **aceite de oliva**
- **sal y pimienta**

Elaboración

1. Abre el pan a lo largo, riega con un chorrito de aceite de oliva ambas mitades y márcala en una sartén antiadherente caliente, o bien sobre una plancha muy limpia y caliente. Reserva en caliente.

2. Salpimenta las lonchas de lomo y, en una sartén con un hilo de aceite, hazla en su punto y reserva en caliente.

3. En la misma sartén y con el aceite restante, marca los pimientos abiertos con una pizca de sal, vuelta y vuelta, y reserva en caliente.

Montaje del bocadillo

1. Extiende los pimientos calientes sobre la base de la barrita.

2. Por encima, dispón las tres lonchas de queso.

3. Sobre el queso coloca los tres trozos de lomo caliente.

4. Corona con las láminas de aguacate salpimentadas y las hojas de rúcula aliñadas con unas gotas de aceite.

5. Tapa con la otra mitad de la barrita, y ya puedes presentar el bocadillo para su degustación.

Lasaña con marisco

Para 4 raciones

- **10 placas de pasta de lasaña de gran calidad**
- **24 langostinos** (o gambas o cigalas)
- **4 chalotas, cortadas en emincer**
- **1 kg de tomate maduro, rallado, sin piel ni semillas**
- **2 g de ajo picado fino**
- **100 ml de jerez seco**
- **4 puerros, cortados en emincer**
- **2 dientes de ajo y 20 hojas de perejil, picado muy fino**
- **1 calabacín, cortado en dados de 1 cm**
- **1 zanahoria, cortada en dados de 1 cm**
- **100 g de requesón**
- **8 hojas de albahaca, picadas muy finas**
- **50 g de queso parmesano rallado**
- **sal y pimienta**
- **aceite de oliva virgen extra**

Icono de la cocina italiana de la pasta que cuenta con una gran variedad de recetas —carne, vegetales o productos del mar—. Nos hemos decidido por esta receta marinera, que puedes elaborar tanto con gambas o langostinos como con cigalas.

Elaboración

1. Separa las cabezas de las colas de los langostinos. Reserva en la nevera las colas, peladas, sin el cordón de la tripa y cortadas a lo largo.

2. **Salsa de marisco y tomate.** Corta las cabezas en trozos pequeños, ponlos en una olla con las chalotas y un chorrito de aceite, y sofríe hasta dorar (20 minutos aprox.). Añade el tomate rallado, el ajo y el jerez, y continúa sofriendo 30 minutos más. Salpimenta y pásalo por el colador chino para recoger la salsa con todo el perfume de los corales de las cabezas del marisco. Reserva.

3. **Relleno.** En una sartén grande, sofríe el puerro durante unos 10 minutos, luego agrega el ajo y el perejil y sofríe 2 minutos más. Añade las colas reservadas de marisco, salpimenta y sofríe 1 minuto más. Aparta la sartén del fuego y reserva.

4. **Añadidos del relleno.** Lleva a ebullición 1 litro de agua con 30 g de sal, y escalda la zanahoria y el calabacín durante 20 segundos. Refréscalos y luego añádelos al sofrito con las colas. Incorpora también el requesón y la albahaca.

5. **Montaje individual de la lasaña.** Cuece las placas de lasaña al dente, escúrrelas y refréscalas. A continuación, extiéndelas sobre un paño para secarlas. Corta cada placa en dos mitades (dispondrás entonces de 20 placas de pasta). En una bandeja de horno, monta las lasañas individuales. Serán 5 placas por comensal (reparte 4 pisos de relleno para cada uno). Coronando cada ración habrá media placa de pasta, que debes napar con la salsa de tomate y marisco. Por encima, reparte el queso rallado. Hornea la bandeja con las lasañas a **190 °C**, solo hasta que estén calientes y suavemente gratinadas.

Gua bao

Para unas 25 piezas

- **500 g de harina de trigo 00** (harina corriente, pasada por el cedazo)
- **20 g de levadura fresca de panadero**
- **40 g de leche en polvo**
- **50 g de azúcar blanco**
- **10 g de sal**
- **250 ml de agua mineral tibia**
- **20 ml de aceite de oliva virgen extra**

▸ ***Ideas para el relleno***
El sabor delicado y neutro del gua bao *permite rellenarlos con los productos que más te gusten; puedes ir variando entre carne, pescado y marisco. Procura combinarlos siempre con vegetales crudos, como hojas de lechuga, bastoncillos de zanahoria o pepino, rodajitas finas de pimientos picantes tipo jalapeño, unos toques de salsa mayonesa especiada, mostaza, etcétera.*

Icono de la cocina asiática, una forma popular de comer en la calle los pequeños bocadillos de masa fina y doblada que recoge un relleno que puede ser muy variado. La palabra *gua bao* significa «envuelto» y las pequeñas piezas pueden ser redondas, ovaladas o dobladas. Generalmente, se cocinan al vapor, en los tradicionales cestos de bambú, pero los modernos y técnicos hornos al vapor consiguen unos excelentes resultados.

Elaboración

1. Mezcla la levadura con el agua tibia, el azúcar y la leche en polvo. Cuando consigas una masa homogénea, deja reposar 5 minutos.

2. Introduce la harina en el recipiente del robot de pastelería y con el accesorio amasador, añade la mezcla anterior y trabaja el conjunto a velocidad lenta durante 2 minutos.

3. Incorpora la sal y continúa el amasado lento 3 minutos más. Vierte el aceite y amasa 2 minutos más, hasta lograr una masa muy lisa. Deja reposar la masa 1 hora, en el mismo bol, tapado con papel de plástico de cocina.

4. Vuelca la masa ya reposada sobre la superficie de trabajo y divídela en bolitas de 30 gramos, déjalas fermentar en un lugar tibio hasta que doblen el volumen.

5. Cuece las bolitas al vapor (o en el horno de vapor a **100 °C**) durante 12 minutos. Ya están listos para rellenar y degustar.

▸ ***Una idea con colas de langostino***
Pon en cada gua bao *una cola de langostino pelada, escaldada y abierta a lo largo, añade ½ hoja de* shiso*, 3 bastoncitos de pepino y 3 de zanahoria, 2 hojas de rúcula, 2 láminas de jengibre, y condimenta con unos puntos de mayonesa con pimienta y mostaza verde.*

Patatas a la riojana

Para 4 raciones

- **30 ml de aceite de oliva**
- **200 g de cebolla picada fina**
- **10 g de ajo muy picado**
- **40 g de pimiento verde, cortado en cuadrados** (de 2 x 2 cm)
- **40 g de pimiento rojo, cortado en cuadrados** (de 2 x 2 cm)
- **2 g de pimentón dulce**
- **0,5 g de pimentón picante**
- **100 g de chorizo de calidad, no muy curado, en rodajas** (de 1 cm y sin piel)
- **800 g de patatas tipo Kennebec, chascadas en trozos** (de unos 3 x 3 cm)
- **1 hoja de laurel**
- **agua mineral**
- **sal y pimienta**

Icono de la cultura culinaria de La Rioja, un plato nutritivo y de fácil elaboración, cuyo resultado es fantástico. Como siempre, recuerda adquirir productos de la calidad más alta que te puedas permitir.

Elaboración

1. En una cazuela del tamaño adecuado, calienta el aceite y sofríe la cebolla.

2. Añade el ajo picado y sofríe 1 minuto más.

3. Incorpora los pimientos y sofríe 2 minutos más. Salpimenta con prudencia.

4. Agrega los dos tipos de pimentón y las rodajas de chorizo, y remueve ligeramente para incorporarlo bien. Es el momento de añadir las patatas y la hoja de laurel. Sala un pelín más con precaución. Mezcla el conjunto para perfumar las patatas y cubre con agua mineral hirviendo. Deja que se cocine a fuego lento durante 12 minutos. Prueba el punto de cocción de las patatas y de sal, para decidir si prolongar la cocción y también si falta sal o pimienta. El plato está listo para presentar en la mesa y degustarlo.

▸ *Puedes añadir más proteína incorporando en el punto* ***4*** *de la receta, por ejemplo, ½ butifarra cruda por comensal, ½ pechuga de pollo sin piel ni hueso por comensal o un filete de lomo de cerdo, también por comensal.*

Arroz a la cubana

Para 4 raciones
→ **400 g de arroz bomba**
→ **1 l de agua mineral**
→ **20 g de sal**
→ **4 huevos, calificación 0** (ecológicos)
→ **2 plátanos macho** (o 4 corrientes)
→ **aceite de oliva para freír los huevos**
PARA LA SALSA DE TOMATE
→ **30 ml de aceite de oliva virgen extra**
→ **100 g de cebolla picada fina**
→ **2 g de ajo muy picado**
→ **600 g de tomate maduro rallado, sin piel ni semillas**
→ **sal y pimienta blanca**

Icono de la cocina doméstica en las comarcas del litoral catalán que debe su origen, probablemente, al comercio marítimo entre Cataluña y Cuba durante los siglos XVIII y XIX. Conviene aclarar que la cocina tradicional cubana no reconoce este arroz como una receta genuina. Lo mismo sucede con otros platos populares: ni la tortilla es francesa ni la ensaladilla es rusa.

ELABORACIÓN

La salsa de tomate. En una sartén honda, calienta el aceite y sofríe la cebolla hasta dorar, unos 30 minutos. Añade el ajo picado y el tomate rallado, y continúa sofriendo unos 30 minutos más. Salpimenta y reserva. Atención: si los tomates están maduros, en 30 minutos la salsa estará a punto; si, por el contrario, están un poco verdes, será necesario más tiempo y también añadir una pizca de azúcar.

La cocción del arroz. En una olla grande, lleva el agua a ebullición y agrega la sal y el arroz. Deja que se cueza a fuego medio durante 13 minutos. Aguarda 2 minutos para que repose y ya lo puedes servir.

Los huevos. Fríe los huevos en una sartén con aceite de oliva bien caliente, hasta el punto que desees. Reserva y sala ligeramente.

Los plátanos. Corta los plátanos a tu gusto: en rodajas de 1 cm de grosor o a lo largo y luego en trozos de 5 cm. Pon al fuego una sartén antiadherente, condimenta los trozos de plátanos con un poco de aceite, sal y pimienta, y pásalos por la sartén, por ambas caras, hasta que adquieran algo de color.

FINALIZACIÓN Y PRESENTACIÓN

Procura que coincida la finalización de la cocción de los diversos elementos que componen el plato, para disfrutarlos calientes y recién hechos. Sirve en los platos el arroz escurrido y suelto, con la salsa de tomate por encima y al lado el huevo frito y el plátano marcado. ¡Es un plato fácil y delicioso!

▸ ***Otra técnica para cocer el arroz:*** *400 g de arroz bomba, 800 ml de agua mineral, 10 g de sal. Calienta el agua en una olla de unos 25 cm de diámetro. Cuando rompa a hervir, agrega el arroz y la sal y deja que se cueza a fuego muy lento, lentísimo, con la olla tapada, durante 25 minutos. Pasado este tiempo, el líquido habrá desaparecido. Aparta la olla del fuego y ya está listo para servir, suelto o presentado después de moldarlo en una pieza circular o en una taza.*

Tortilla a la francesa

Para 1 ración

- **2 huevos de calificación 0** (ecológicos)
- **un poquito de aceite de oliva**
- **una pizca de sal**

Icono de la cultura doméstica, pues constituye un recurso rápido y de resultado altamente nutritivo, relacionado, como todas las cosas del mundo de la alimentación y la cocina, con la calidad del producto. Procura comprar los huevos de la más alta calidad que puedas permitirte. Curiosamente, en Francia se denomina *omelette*, que significa sencillamente «tortilla».

ELABORACIÓN

1. Es interesante tener en casa una sartén destinada exclusivamente a las tortillas, antiadherente, de unos 15 o 18 cm.

2. Calienta un hilo de aceite en la sartén y vierte los huevos ligeramente batidos con un pellizco de sal. Remueve un poco con una espátula para ayudar a que se cuajen y, rápidamente, dóblala dos veces sobre sí misma.

3. El objetivo es lograr una tortilla de piel delicadísima y ligeramente dorada, con un interior muy tierno y alguna lágrima de huevo batido semicuajado por el calor. Pero si la prefieres más cuajada, déjala un poco más en la sartén.

▸ *El sabor delicado y neutro de los huevos permite un montón de combinaciones e inspiraciones: con tubérculos, verduras, hierbas aromáticas, legumbres, embutidos, marisco, pescado, frutas, especias, etcétera.*

Tortilla de patata

Para 4 raciones

- **1 kg de patatas** (variedad Kennebec, Monalisa o bufet)
- **200 g de cebolla, cortada en emincer**
- **8 huevos de calificación 0** (ecológicos)
- **aceite de oliva virgen extra**
- **sal**

Elaboración

1. En una sartén con un hilo de aceite, sofríe la cebolla hasta dorarla. Resérvala, bien escurrida de aceite, y sala con prudencia.

2. Pela las patatas y córtalas en dados irregulares, con puntas, de un tamaño aproximado de 2 x 2 cm. Lávalas, sécalas y fríelas en aceite abundante (que las cubra) a una temperatura de **150 °C**, hasta que estén ligeramente doradas. Retira las patatas del fuego, escurre bien el aceite y sálalas con prudencia.

3. En un bol grande, bate los 8 huevos, sálalos con prudencia y añade las patatas y la cebolla. En una sartén antiadherente, calienta una cucharada de aceite y vierte la mezcla del bol. A fuego suave, deja que se cuaje la tortilla y que se dore ligeramente por cada lado, hasta el punto que desees, más o menos cuajada en el interior. Retírala del fuego y ya la puedes presentar para la degustación. Tan agradable es tomarla recién hecha como fría o tibia, a temperatura ambiente.

▸ *Es una de las tortillas que más polémica gastronómica despiertan: hay quienes defienden que solo lleve patata, sin cebolla; otros la prefieren muy fina y prácticamente líquida, al contrario que muchos, que la disfrutan si es muy gruesa, tupida y muy firme. En cualquier caso, recuerda que el éxito de la tortilla depende de la calidad de los productos y del cuidado en la elaboración.*

Ramen (shoyu ramen)

Para 6 raciones

PARA EL CALDO

- 400 g de panceta curada, en un trozo para poder atarla
- 200 g de huesos de pollo (o 3 alas de pollo sin piel)
- 1 puerro, cortado por la mitad
- 2 dientes de ajo, aplastados y con la piel
- 5 g de jengibre
- 1 cebolla pelada y entera
- 2 zanahorias peladas y enteras
- 5 l de agua mineral

PARA LA SALSA

- 250 ml de salsa de soja
- 100 ml de mirin
- 50 ml de sake
- 5 cm de alga kombu
- 5 g de jengibre, cortado en rodajas finas
- 2 g de ajo picado
- ½ puerro
- 6 huevos
- 400 g de fideos largos y finos de trigo

Icono de la cocina asiática y del mundo, donde elaboran fideos finos a base de trigo. Probablemente la palabra *ramen* proviene de la fusión de *ra* («estirar») y *men* («fideos»). La cultura china de los fideos es de las más antiguas. Allí los preparan no solo con trigo, sino también con arroz o mijo, para cocerlos después en caldo o agua, o incluso fritos con aceite. En Cataluña los fideos de trigo ya eran muy populares en el siglo XVIII, a consecuencia del establecimiento de productores de sémolas y fideos llegados de Italia. Los fideos adquieren diversos nombres según el lugar del mundo. A partir de la palabra alemana *nudel*, la lengua inglesa ha hecho internacional el término *noodle*, para referirse a un tipo de pasta larga y fina, como los espaguetis o los *lamian*. En Japón son muy apreciados los fideos elaborados con trigo sarraceno llamados *soba*, así como otros más gruesos que preparan a partir de harina de trigo llamados *udon*.

ELABORACIÓN

1. Enrolla la panceta sobre sí misma como si fuera un tubo y átala para mantener la forma. Márcala en una sartén antiadherente caliente para conseguir un bonito color dorado en todas las caras. Reserva.

2. Blanquea los huesos de pollo poniéndolos en una olla bien cubiertos de agua. Cuando rompa a hervir, retíralos y lávalos. Reserva.

3. En una olla del tamaño adecuado, introduce los huesos limpios, la panceta marcada y el resto de ingredientes. Cuando comience a hervir, espuma la superficie, tapa la olla y mantén una cocción lenta durante 2 horas. Retira del fuego y reserva la panceta en la nevera, para que adquiera una consistencia firme y se pueda cortar. Reserva asimismo las zanahorias. Cuela el caldo obtenido y reserva.

4. Cuece los huevos con cáscara en un cazo amplio con agua, una pizca de sal y un hilo de vinagre durante 6 minutos. Retíralos de la cocción y deja que se enfríen en un bol con agua y hielo.

5. Pon todos los ingredientes de la salsa en un cazo amplio hasta que rompa a hervir. Aparta del fuego y deja que se enfríe.

6. Retira los hilos de la panceta, pela los huevos y marina todo 30 minutos junto en la salsa anterior colada y fría de la nevera.

Presentación

1. Cuece la pasta en agua mineral sin sal, el tiempo que indique la marca de fideos *ramen* que hayas comprado. Escúrrelos y resérvalos calientes para montar en boles hondos.

2. En cada bol vierte 5 cucharadas soperas de salsa, añade el caldo colado hirviendo hasta cubrir un poco más de la mitad del bol, incorpora los fideos y remueve. Encima dispón unas tiras finas de panceta y zanahoria, y el huevo cortado por la mitad.

   Opcional. Esparce por encima cebollino picado, ajetes frescos picados finos, brotes de soja germinada y alga nori desmenuzada.

Arroz a la catalana

Para 4 raciones
→ **80 ml de aceite de oliva virgen extra**
→ **8 gambas**
→ **200 g de sepia,** **cortada en dados**
→ **16 mejillones**
→ **100 g de salchichas** (o costilla de cerdo a trozos)
→ **100 g de pechuga** (o de conejo a trozos)
→ **400 g de cebolla, picada muy fina o rallada**
→ **100 g de tomate maduro rallado**
→ **50 g de pimiento vede, cortado en dados**
→ **50 g de pimiento rojo, cortado en dados**
→ **50 ml de vino rancio** (o jerez seco)
→ **400 g de arroz bomba**
→ **1,7 l de agua mineral**
Para la picada
→ **4 hebras de azafrán**
→ **3 g de ajo**
→ **10 hojas de perejil**
→ **sal y pimienta blanca**

Icono de la cocina catalana de celebración, en el que en una cazuela se mezclan alimentos del mar, del corral y de la huerta. Es habitual recurrir a productos relacionados con la temporada, como guisantes en primavera, pimientos en verano, setas en otoño o alcachofas en invierno.

Elaboración

1. En una cazuela amplia, de unos 35 cm de diámetro aprox. y con el aceite medido, sofríe las gambas a fuego medio, solo unos 20 segundos por cada cara. Sala ligeramente y reserva.

2. En la cazuela con el aceite perfumado de las gambas, sofríe los dados de sepia, añade 4 cucharadas de agua mineral para afinar la textura y deja cocer hasta que se evapore totalmente el agua. Incorpora las salchichas y el pollo, salpimenta con prudencia y sofríe todo junto a fuego medio durante 5 minutos. Retira todos los productos de la cocción y reserva.

3. En la misma cazuela, con el aceite perfumado de los productos sofritos, incorpora la cebolla picada, añade 10 cucharadas de agua mineral para agilizar la cocción y, a fuego lento, sofríe durante unos 40 minutos, removiendo de vez en cuando. Agrega el tomate rallado y continúa con el sofrito 10 minutos más.

4. Añade los dados de pimiento, salpimenta con prudencia y sofríe a fuego medio 3 minutos más.

5. Incorpora ahora los productos sofritos reservados (sepia, salchichas y pollo), vierte el vino rancio y deja que se sofría todo junto 1 minuto más.

6. Es el momento de añadir a la cazuela los 1.700 ml de agua mineral muy caliente. Cuando rompa a hervir, incorpora el arroz y mantén el hervor a fuego más bien fuerte durante 5 minutos, y luego 7 minutos más a fuego medio.

7. Mientras tanto, prepara la picada, muy fina, en el mortero. En un cazo aparte, con un par de cucharadas de agua mineral, cuece los mejillones, muy limpios, tan solo hasta que las conchas se abran, para poder retirar una de cada mejillón.

8. Añade a la cazuela de arroz la picada disuelta con un pelín de agua. Remueve delicadamente, prueba el caldo de la cocción para decidir si le falta sal. Reparte por encima las gambas y los mejillones reservados. Deja que se cueza todo junto solo 2 minutos más. Retira la cazuela del fuego, tápala y déjala reposar 2 minutos. Ya puedes presentar el arroz en la mesa.

▸ *Para agilizar la elaboración es muy recomendable preparar con antelación el sofrito de cebolla, en una sartén con un hilo de aceite y 10 cucharadas de agua para ayudar a la cocción, hasta que esté bien dorada. Reserva en frío hasta el momento de añadirla a la cazuela en el punto **3** de la receta.*

Paella valenciana

Para 4 raciones

- **una paella de unos 45 cm de diámetro**
- **50 ml de aceite de oliva virgen extra**
- **1 pechuga de pollo, cortada en 6 trozos**
- **1 muslo de pollo, cortado en seis trozos**
- **½ conejo, cortado en 12 trozos**
- **250 g de bajoca, cortada en trozos (de 5 cm)**
- **100 g de *garrofó* desgranado**
- **250 g de tomate maduro rallado, sin piel ni semillas**
- **20 hebras de azafrán**
- **3 g de pimentón dulce**
- **400 g de arroz** (variedad bahía o bomba)
- **2 ramitas de romero fresco**
- **3 l de agua mineral**
- **sal**
- **1 limón** (cortado a cuartos)

OPCIONAL

- **½ hígado de conejo**
- **½ hígado de pollo**

Icono de la cocina de la Comunidad Valenciana. El recipiente da nombre al plato, pero la paella valenciana se distingue del resto por unos ingredientes muy especiales, como la bajoca (judía verde plana) y el *garrofó* (alubia blanca de tamaño grande y fresca, desgranada de la vaina). También se distingue porque está elaborada con pollo y conejo, perfumada con romero fresco, azafrán y pimentón dulce. A menudo se le añade un colorante alimentario amarillo, que suele ser cúrcuma. El recipiente —la paella— es de diámetro grande, poco hondo y de un hierro fino. Tradicionalmente se cocina con leña, pero existen unos pequeños fogones de gas especialmente diseñados para cocinar paellas, que reparten el fuego, como un serpentín, por todo el ancho que ocupa la paella. Tanto si se cocina con fuego de leña como con gas, es muy importante que la paella se cocine muy bien nivelada, plana, para que el resultado sea impecable.

ELABORACIÓN

1. En la paella perfectamente nivelada sobre el fuego, calienta el aceite y esparce una pizca de sal para evitar las salpicaduras propias de la carne cuando entra en contacto con el aceite caliente. Añade, a fuego medio-alto, los trozos de pollo y deja que se sofrían unos 8 minutos. Agrega los trozos de conejo y continúa sofriendo hasta que queden dorados. Si vas a usar los hígados, sálalos con prudencia e incorpóralos en este momento, después de dorar la carne, y sofríe 1 minuto más.

2. Sin retirar la carne, añade ahora, todavía a fuego medio-alto, la bajoca, y sofríe 5 minutos; luego el tomate rallado y el *garrofó*, y continúa con el sofrito hasta que se reduzca y confite.

3. Es el momento de incorporar el azafrán (tuesta ligeramente las hebras al borde de la paella) y el pimentón. Sofríe tan solo unos segundos con el conjunto. Sala con prudencia y añade el agua (mejor caliente, para agilizar la cocción), luego la ramita de romero, y deja cocer todo junto a fuego medio unos 30 minutos. Durante este tiempo se creará un caldo sabroso y las carnes y los vegetales se cocinarán perfectamente. El objetivo es lograr que el caldo se reduzca hasta la mitad del volumen inicial, ¡contrólalo!

4. Retira la ramita de romero, prueba el caldo por si necesitara más sal y reparte por encima el arroz. ¡No lo remuevas! Tan solo espárcelo de manera regular. Es muy importante que durante los primeros 5 minutos el arroz se cueza a potencia alta, y los 10 siguientes a fuego más suave. Aparta la paella del fuego y deja que repose 4 minutos. Reparte alrededor los cuartos de limón. La paella está lista para degustar.

Pasta fresca de trigo

Para ½ kg de pasta fresca

- **300 g de harina de trigo de fuerza**
- **160 g de yema de huevo**
- **Imprescindible: hay que contar con una máquina manual para estirar la pasta**

▸ *Elaborar pasta fresca en casa permite cortarla a tu gusto —más ancha, más fina— y elaborar láminas para lasaña o canelones, o incluso raviolis.*
Puedes consultar la técnica para cocer pasta en la p. 33. Ajusta el tiempo de cocción: ten en cuenta que una pasta fresca solo debe hervir 2 minutos. Luego, sin refrescarla, sírvela con la salsa que más te guste.
Puedes congelar la pasta fresca recién hecha, en pequeñas raciones. Y ten en cuenta que se debe cocer en agua hirviendo directamente desde el congelador (cuenta el tiempo de cocción en el momento en que rompa a hervir de nuevo).

Icono de la cocina mundial, pues la pasta es uno de los alimentos más populares e interesantes del mundo. Generalmente, es el resultado de mezclar harina de trigo, agua y sal. El más popular es la pasta seca, pero la fresca es muy valorada y apreciada. También se elabora con otros productos que le aportan personalidad, como el huevo o los jugos de la pulpa de vegetales, las especias o la tinta de la sepia. En Asia se consume también mucha pasta de arroz. Se han conservado textos romanos del siglo III a. C. que hablan de un alimento con las características de la pasta, pero la historia nos presenta a Marco Polo como el personaje que llevó este producto a Italia en el siglo XIII, de regreso de su viaje a China. De la mano de los inmigrantes italianos en América, la pasta se extendió por todo el continente, lo que desarrolló, al igual que en Europa, una industria emergente basada en este producto, que creó formas muy variadas.
La pasta seca es un alimento que debes procurar tener siempre disponible en la despensa, porque es fácil y rápido de cocinar, y porque puede emparejarse con cualquier cosa que se te ocurra. La pasta fresca, recién elaborada, cortada de la forma deseada y recién cocida, brinda un sabor y una textura muy delicados. La pasta fresca admite congelación (bien protegida para que no se pegue ni se rompa). Ten en cuenta al recuperarla del congelador que debes cocerla directamente congelada en agua hirviendo.

Elaboración

1. Pasa la harina por un cedazo y ponla en un bol amplio, en un montículo. Haz un agujero en el centro y vierte las yemas de huevo. Amasa el conjunto hasta conseguir una masa ligada y homogénea. Forma una pieza, como un bloque, y protégela con papel transparente. Deja reposar unas 12 horas en la nevera.

2. Pasado el tiempo de reposo, dispón la masa en una superficie de trabajo y estírala muy fina, para poder pasarla por la máquina hasta conseguir el grosor que más te guste. Algunas de estas máquinas cuentan con accesorios que pueden cortar la pasta en tallarines anchos o finos, en fideos o espaguetis.

Fondue de queso

Para 4 raciones

- **150 g de queso emmental rallado**
- **150 g de queso gruyer rallado**
- **150 g de queso sbrinz rallado**
- **100 ml de vino blanco seco**
- **25 ml de *kirsch***
- **una pizca de pimienta blanca**
- **una pizca de nuez moscada**
- **1 diente de ajo pelado para perfumar las paredes de la cazuela**

PARA CADA COMENSAL

- **100 g de dados de pan variado** (blanco, integral y negro)
- **100 g de bastoncitos vegetales variados** (zanahoria, apio, calabaza, pepino...)

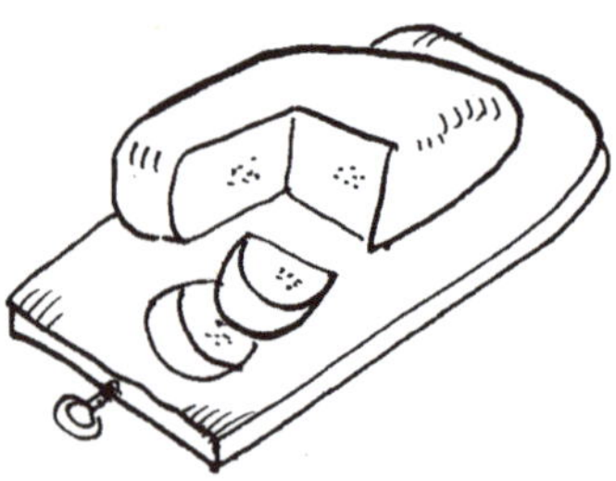

Icono de la cocina suiza, originario de la zona norte de los Alpes, fronteriza con Francia. El término *fondue* hace referencia a la acción de fundir queso en un recipiente especial llamado *caquelon*, una especie de cazuela con un pequeño fogón adaptado debajo para mantener la crema de queso caliente y fundida durante su degustación, mojando dados de pan o bastoncitos de vegetales. También es famosa la *fondue bourguignonne*. En este caso, la cazuela contiene aceite caliente, en el que los comensales fríen dados de diversas carnes y controlan el tiempo de cocción a su gusto. Es popular y golosa la *fondue* con chocolate fundido, para ir mojando pan, galletas o frutas variadas. Una *fondue*, ya sea de queso, carne o chocolate, es un plato fantástico, divertido y amistoso.

Elaboración

Importante: es preciso disponer de una *caquelon*, una especie de cazuela con un fogoncito adaptado debajo que mantiene el queso caliente y fundido durante el tiempo que se disfrute la *fondue* en la mesa.

Con Thermomix. Pon en el vaso los quesos rallados, el vino, el *kirsch* y las especias, y mezcla durante 5 segundos a velocidad 8. A continuación programa la máquina 5 minutos a velocidad 1 y **90 °C**. Antes de volcar la crema en la cazuela de la *fondue*, trabájala a velocidad 8 durante 10 segundos. Frota el ajo pelado por el fondo y las paredes de la cazuela, para perfumarla antes de llenarla con la crema de queso caliente y fundida.

Sin Thermomix. Pon todos los ingredientes en un cazo amplio y, sin dejar de remover con una lengua de pastelería, ve fundiéndolos a fuego lento (**90 °C**). Mezcla en el túrmix todos los ingredientes. Antes de servir, tritura de nuevo con el túrmix y vierte la crema de queso en la *fondue*, después de frotar el fondo y las paredes con el diente de ajo pelado.

Presentación

Sitúa la *fondue* en el centro de la mesa, con el fogón debajo de la cazuela para que mantenga el queso caliente. Cada comensal debe disponer de sus dados de pan, de los bastoncitos de vegetales y de las brochetas para ir pinchándolos y mojándolos en la *fondue*.

Risotto con trufa Melanosporum

Para 4 raciones

PARA EL CALDO

- 100 g de puerro, cortado en emincer
- 100 g de cebolla, cortada en emincer
- 50 g de apio, cortado en emincer
- ¼ de hoja de laurel
- 10 ml de aceite de oliva virgen extra
- 1,5 l de agua mineral
- 8 g de sal

PARA EL *RISOTTO*

- 400 g de arroz Arborio
- 300 g de cebolla, picada muy fina
- 25 ml de aceite de oliva virgen extra
- 25 g de mantequilla de vaca
- 50 g de vino de Oporto
- 100 g de trufa Malanosporum fresca, pelada y aplastada con el tenedor
- 40 g de trufa Melanosporum fresca, pelada y cortada en juliana
- 40 g de queso parmesano rallado
- 20 g de mantequilla de vaca
- sal y pimienta

Icono de la cocina italiana, originario de las comarcas del norte del país, cuya técnica de elaboración ha triunfado mundialmente. La seducción reside en la cremosidad sedosa del resultado final, en el equilibrio de los productos que confluyen y en el toque final del queso parmesano. La variedad del arroz es básica para elaborar un buen *risotto.* La tradición italiana recomienda las variedades Arborio, Baldo, Carnaroli, Maratelli, Pdano, Roma o Vialone Nano.

ELABORACIÓN

1. **El caldo.** Calienta el aceite en una olla y sofríe los vegetales durante 5 minutos. Vierte el agua caliente, sala y mantén a fuego medio 30 minutos. Cuela y reserva el caldo caliente si te dispones a cocinar el *risotto;* si no, guárdalo en la nevera.

2. **El *risotto.*** En una cazuela honda de unos 25 cm de diámetro sofríe la cebolla en el aceite y la mantequilla (25 g) a fuego muy lento durante 40 min. Vierte el vino de Oporto y prosigue con el sofrito a fuego lento unos 15 minutos más para confitarlo y oscurecerlo más.

3. Es el momento de incorporar a la cazuela los 100 g de trufa aplastada con el tenedor. Salpimenta y deja cocer 2 minutos más.

4. Agrega el arroz a la cazuela y sofríe a fuego lento 2 minutos. Vierte un par de cucharones de caldo caliente y sala con moderación. La técnica del *risotto* consiste en incorporar progresivamente el caldo mientras se remueve el arroz con delicadeza. La cocción será de unos 15 o 18 minutos, removiendo con frecuencia e incorporando el caldo que la cocción va absorbiendo.

5. Prueba para comprobar si te gusta la textura y, con delicadeza, añade el queso rallado y la mantequilla final (20 g), y remueve para emulsionar el conjunto. Aparta la cazuela del fuego, esparce por encima la juliana de trufa y deja reposar tapado durante 2 min. Ya puedes presentarlo en la mesa. Destapa la cazuela para disfrutar al máximo del aroma de un producto tan excepcional como la trufa Melanosporum.

Sangría

Para 4 raciones

- **1 botella de 750 ml de vino tinto, joven** (que no haya pasado por barrica)
- **el zumo de 2 naranjas y la piel muy fina de ½ naranja**
- **el zumo de 2 limones y la piel muy fina de ½ limón**
- **100 g de melocotón, cortado en dados de 2 cm** (u otra fruta dulce de temporada)
- **100 g de cerezas, abiertas por la mitad y sin los huesos** (u otra fruta dulce de temporada)
- **20 g azúcar** (opcional)
- **25 ml de licor Cointreau** (o Grand Marnier)
- **6 cubitos de hielo**
- **250 ml de soda** (o agua de Seltz)
- **1 ramita de canela de 5 cm**
- **1 clavo de olor, clavado en la piel de la naranja**

Icono de las bebidas turísticas veraniegas en España. Esta bebida alcohólica se suele consumir en espacios abiertos, en terrazas o en chiringuitos de playa. Acompaña las comidas de verano y se toma en casa con amigos, en el bar o en el restaurante. La raíz de la palabra hace referencia a la sangre, por eso la sangría más popular se elabora con vino tinto, además de agua carbónica, fruta cítrica y dulce, especias y hielo. También son populares las sangrías de cava o de vino blanco, en este caso la mezcla se llama «clarea». Tanto de vino blanco como de vino tinto, hay que disfrutarla bien fría y recién preparada.

Elaboración

1. Dispón de una botella de vino muy fría (guárdala en la nevera el día anterior).

2. En una bonita jarra para servir la sangría (una de cristal hará que luzca la belleza de los colores y las formas, pero la tradicional de barro mantendrá la sangría más tiempo fría), introduce los trozos de melocotón y las medias cerezas sin hueso, así como las pieles y los zumos de los cítricos, con el clavo de olor insertado en la piel de la naranja, el azúcar, la ramita de canela y el licor dulce, y deja marinar todo junto solo 5 minutos.

3. Añade a la jarra los cubitos de hielo, la soda y, por último, la botella de vino fría de la nevera. La sangría está lista para presentarla en la mesa.

▶ *Preparar una sangría con fruta dulce de temporada es un signo elegante, puro y de distinción gastronómica. Naturalmente puedes prepararla también con fruta en almíbar (ten en cuenta que aportará más dulzor a la preparación).*

▶ *Para los amantes de las bebidas más secas, prepara vuestra sangría sin azúcar, y, en vez de licor dulce, utiliza uno más seco.*

Sakría

Para 4 raciones
PARA EL MARINADO BASE
→ **100 g de fresones muy picados**
→ **10 g de azúcar moreno**
→ **150 ml de sake muy frío, joven y seco**
PARA LA SAKRÍA
→ **4 fresones cortados en cuartos**
→ **2 ramitas de menta fresca**
→ **6 cubitos de hielo**
→ **1 botella de cava de 750 ml, brut nature, muy frío**

Creación del restaurante Sant Pau de Sant Pol de Mar, a raíz del trabajo y colaboración profesional para la ciudad de Tokio. Los clientes del restaurante Sant Pau de Tokio nos pedían sangría de cava, de modo que nos pusimos a trabajar para crear una muy original que demostrase que las culturas siempre suman. El sake japonés y las fresas de El Maresme revelan una fusión natural, inspirada y gastronómica.

ELABORACIÓN

1. Dispón de una botella de cava muy fría (guárdala en la nevera el día anterior).

2. **El marinado.** Mezcla en un bol las fresas picadas y el azúcar moreno, y déjalo reposar durante 15 minutos. Pasado este tiempo, vierte en el bol el sake muy frío; remueve bien y pasa por un colador muy fino, sin apretar las fresas picadas.

3. **La sakría.** En un decantador de boca ancha o en una jarra bonita de cristal, introduce los fresones cortados en cuartos, los cubitos de hielo y las ramitas de menta. Con delicadeza, vierte dentro la botella fría de cava y, por último, el zumo colado del marinado de fresas y sake. La sakría está lista para presentar en la mesa.

▸ *La sakría es una bebida fresca ideal para tomar de aperitivo. La presentación es bonita y el sabor elegante y ligero. Como la sangría, también puede acompañar una comida de verano.*

Pollo *teriyaki*

Para 4 raciones

Para la salsa

- **150 ml de salsa de soja**
- **150 ml de sake**
- **150 ml de mirin**
- **80 g de azúcar moreno**

Para la carne

- **4 muslos de pollo**
- **una pizca de sal y pimienta para asar los muslos** (opcional)

Icono de la cocina japonesa, cuyo nombre expresa la belleza del adobo de una salsa agridulce, oscura y brillante (*teri*) con una carne asada al horno o a la parrilla (*yaki*). También se llama *teriyaki* cuando se emplea la salsa para cocinar con la misma técnica vegetales y pescados.

Elaboración

1. Mezcla los ingredientes de la salsa en un cazo y ponlo al fuego solo hasta que rompa a hervir.

2. Corta los muslos de pollo, ya bien limpios e impecables, en tres trozos, y déjalos marinar en la salsa preparada dentro de una bandeja honda y del tamaño adecuado durante 30 minutos.

3. Escurre los trozos de pollo y reserva la salsa del marinado. Dispón el pollo en una bandeja antiadherente, salpimenta con prudencia y hornea durante 30 minutos con el horno precalentado a **190 °C**.

4. Retira la bandeja y añade la salsa del marinado. Da la vuelta a los trozos de pollo, pincela con la salsa y vuelve a hornear a **150 °C** durante 25 minutos.

5. De nuevo retira la bandeja del horno, da la vuelta a los trozos de pollo y pinta otra vez con la salsa de la cocción. Vuelve a introducir la bandeja en el horno a **150 °C** durante 20 minutos más. El *teriyaki* está listo.

▸ *Puedes preparar el* teriyaki *con un acompañamiento de berenjenas y nabos, cocinándolo todo junto. Tan solo tienes que doblar la cantidad de salsa y cortar los vegetales del mismo tamaño que la carne (la berenjena sin pelar y el nabo pelado). Debes servir 3 trozos de carne por comensal, 3 trozos de berenjena, 3 trozos de nabo y seguir la técnica de la receta con los productos mezclados, tanto en el marinado como en el horneado.*

Sushi

Para 20 nigirisushi
Para la cocción del arroz
→ 100 g de arroz japónica (receta en p. 35)
Para la dorada marinada
→ 2 filetes de dorada de 200 g cada uno, limpios de piel y espinas
→ 1 l de agua de mar
→ 4 láminas de alga kombu de 15 cm cada una
→ 100 ml de sake
Para la presentación
→ salsa de soja
→ *wasabi*, preferiblemente fresco

Icono de la gastronomía japonesa de gran éxito internacional. Preparación culinaria bonita y milimétrica de pequeñas piezas que se comen de un solo bocado. La base es el arroz cocido y aliñado con vinagre de arroz, amasado en forma de pequeña bola oblonga y unido por un trozo de pescado, marisco o vegetal. Uno de los sabores más característicos es un toque de *wasabi* fresco, y en otros una lámina de alga nori seca, ligeramente tostada y crujiente. Aunque el *sushi* se asocia generalmente al pescado crudo, también es tradicional el *sushi* con pescado o marisco marinado, curado o cocinado. Es muy importante la temperatura de servicio del *sushi*, para saborear y disfrutar la fragancia del arroz con la personalidad del pescado que lo acompaña. Se sirve salsa de soja y *wasabi* para que cada comensal los saboree a su gusto.

Algunos de los más populares son:

Nigirisushi. Sobre la pequeña bola de arroz de forma oblonga se dispone un pequeño corte de pescado, que puede ser crudo, marinado, curado o cocinado.

Makisushi. En este caso se necesita una esterilla para enrollar el *sushi* y crear una forma alargada, como un tubo. Por fuera se pone el alga nori, como si fuese la piel, se cubre de arroz, se rellena de pescado o marisco y se enrolla sobre sí mismo para conseguir un tubo bonito y largo que se corta en pequeñas piezas.

Temakisushi. Con el alga nori se elaboran pequeños conos que contienen arroz y vegetales o pescados picados y aliñados.

Elaboración

Dorada marinada

Marina la dorada con 24 horas de antelación.

1. Sumerge los dos filetes de dorada en un recipiente hondo con el agua de mar durante 20 minutos.

2. Seca muy bien el pescado, disponlo en una bandeja seca y alíñalo con el sake.

3. Extiende en la mesa de trabajo dos láminas de papel transparente. Sobre cada una coloca un filete de pescado empapado de sake y con una lámina de kombu por cada cara. Forma con el papel transparente los dos paquetes de pescado con sake y alga. Resérvalos bien cerrados en la nevera durante 24 horas.

Nigirisushi

1. Corta los filetes de dorada marinada en trozos de un grosor de ½ cm. Procura que te queden bonitos y resérvalos para ponerlos sobre el arroz.

2. Con el arroz ya cocido a la japonesa (receta en p. 35), disponlo en un recipiente grande y tápalo con un paño húmedo y limpio. Humedécete las manos, toma una pequeña cantidad de arroz y presiona con los dedos para darle una forma bonita. Ponle encima una puntita de *wasabi*, y, sobre este, un trozo de dorada marinada. Haz presión de nuevo para unirlo al arroz y píntalo ligeramente por encima con salsa de soja. Ya puedes ofrecerlo para degustar.

▸ *Podéis crear* sushi *a vuestro gusto también con vegetales. Procurad siempre usar pescado o marisco muy fresco, tanto si lo preparáis crudo, marinado o cocinado.*
▸ *El sumun del sushi es degustarlo recién hecho para apreciar la temperatura ambiente del arroz junto con un pescado a igual temperatura.*

Cebiche de bacalao a la catalana

Para 4 raciones

- 400 g de bacalao desalado (en su punto de sal, sin piel ni espinas)

PARA LA LECHE DE TIGRE

- 20 ml de zumo de lima
- 20 ml de zumo de limón
- 200 ml de aceite de oliva virgen extra
- 200 g de apio fresco, cortado en dados
- 40 g de cebolla
- 10 g de sal
- 3 g de ajo picado
- 50 g de pimiento del piquillo

PARA EL PICADILLO VEGETAL

- 20 g de pimiento verde
- 20 g de pimiento rojo
- 20 g de pimiento amarillo
- 20 g de cebolla morada
- 5 g de cebollino
- 5 hojas de perejil picadas
- 20 ml de aceite de oliva
- sal y pimienta blanca

PARA LOS TROPEZONES VEGETALES

- 6 tomates cherry, pelados y cortados a cuartos
- 50 g de salicornia, escaldada y cortada en trocitos
- 8 aceitunas sevillanas, cortadas en trocitos
- hojas de perejil rizado (el francés)
- hojas de cilantro

Icono de la cocina peruana, cuyo éxito tiene mucho que ver con el de la comida japonesa: ambas se basan en sabores limpios y productos frescos, aunque el cebiche posee una personalidad propia. La técnica de marinar pescado crudo y fresco en cortes finos junto con cítricos —principalmente con limón, lima o pomelo, con chiles picantes y cilantro— da como resultado preparaciones de gran éxito. El jugo de este marinado se llama «leche de tigre». Otros países del litoral de América Central también cuentan con el cebiche entre sus tradiciones.

ELABORACIÓN

Bacalao. Córtalo en dados de 1,5 x 1,5 cm y resérvalo en la nevera.

Leche de tigre. Tritura todos los ingredientes, cuela y reserva en la nevera.

Picadillo vegetal. Mezcla todos los ingredientes muy picados y reserva también en la nevera.

Tropezones vegetales. Reserva en la nevera.

FINALIZACIÓN Y PRESENTACIÓN

1. Elige platos ligeramente hondos y reparte en el centro de cada uno 4 cucharadas soperas de la leche de tigre.

2. Encima dispón los dados de bacalao.

3. Añade los tomatitos, la salicornia y las aceitunas, así como el picadillo vegetal. Aliña por encima con dos cucharadas más de leche de tigre y las hojitas de perejil y cilantro. El cebiche está listo para servir.

▸ *Puedes preparar cebiches a tu gusto más o menos picantes, o más o menos cítricos, y con productos del mar variados, como colas de langostinos peladas o filetes de dorada cortados en dados.*

Tacos

Icono de la cocina mexicana. Los tacos son pequeñas tortillas, como creps o pequeños panqueques que se rellenan con diferentes alimentos. Generalmente de harina de maíz nixtamalizado (una aplicación de cal viva al maíz que elimina la piel del grano). Se pueden elaborar, además, con harina de maíz instantánea, aunque hay zonas en México donde se hacen con harina de trigo. En México es común la venta de tacos-tortillas recién hechos, o de la masa para prepararlos en casa. Han triunfado mundialmente porque es una manera fácil de comer y se pueden rellenar de mil ingredientes y con infinitas combinaciones. Sin duda, es una degustación muy divertida y creativa. No dejes de investigar y combinar.

Tortillas

Para 30 tortillas, de 15 cm de diámetro aprox.

- 500 g de masa de maíz nixtamalizado
- 50 ml de agua mineral
- 1,5 g de sal

Para añadir a las tortillas

- 2 kumquats, cortados en rodajas muy finas
- 1 chile jalapeño fresco, cortado en rodajas muy finas
- panceta de papada de cerdo Duroc (p. 197)
- salsa achiote (p. 197)
- salsa de aguacate (p. 198)
- cebolla marinada (p. 198)
- brotes de cilantro fresco

Elaboración

Mezcla la masa de maíz con el agua mineral y la sal. Amasa con las manos hasta conseguir que sea homogénea. Forma bolitas de 20 g y pon cada una entre dos láminas de plástico alimentario y papel sulfurizado, y, forradas con el papel, ve formando las tortillas aplastándolas con la prensa de tortillas, hasta conseguir que tenga 2 mm de grosor y 15 cm de diámetro. Con delicadeza, despega cada lado de los papeles, porque es una masa que no tiene elasticidad y, por tanto, puede romperse. En una sartén antiadherente a fuego medio, cuece las tortillas 30 segundos por cada cara, hasta lograr un bonito color dorado. Resérvalas en un recipiente de cocina forrado con una servilleta de tela, para mantenerlas calientes y poder rellenarlas con los productos elegidos. Te proponemos algunos productos y salsas en la página siguiente.

Finalización y presentación de los tacos

1. Dispón los tacos-tortillas recién marcados en la sartén y aún calientes.

2. Dentro pon una tira de panceta recién marcada por cada cara.

3. Por encima, aliña con unos puntos de salsa achiote y de salsa aguacate, unas julianas de cebolla marinada, un par de rodajas de kumquat, una rodaja de jalapeño y unos brotes de cilantro fresco.

▸ *Propuestas de productos y salsas para los tacos*

Panceta de papada de cerdo Duroc

Para 4 raciones

- 500 g de panceta de papada de cerdo Duroc, en un solo corte y sin piel
- 1 puerro, pelado y entero
- 1 zanahoria, pelada y entera
- 1 trozo de apio entero
- ½ hoja de laurel
- 1 ramita de tomillo
- 2 l de agua mineral
- 30 g de sal
- 10 bolitas de pimienta negra

ELABORACIÓN

Introduce todos los ingredientes en una olla. Cuando rompa a hervir, espuma la superficie, baja el fuego y deja cocer, tapado, unos 90 minutos. Deja que se enfríe la panceta dentro del caldo y luego resérvala, seca y bien protegida, en la nevera (no reserves el caldo ni los vegetales).

Uso de la panceta. En tiras de 1 cm de grosor, como barritas, márcalos por cada cara en una sartén y ponlos calientes dentro de las tortillas o en bocadillos.

Salsa achiote

Para 250 g de salsa

- 30 g de cebolla picada fina
- 2 g de ajo pelado y laminado
- 1 tomate maduro
- 8 g de semillas de achiote
- 50 ml de zumo de naranja
- 50 ml de zumo de lima
- 200 ml de agua mineral
- 10 g de azúcar mascabado
- 2 g de chile chipotle fresco
- una pizca de comino seco
- una pizca de orégano seco
- una pizca de pimienta de Jamaica
- un hilillo de aceite de oliva virgen extra

ELABORACIÓN

Directamente en una sartén antiadherente, cuece el tomate maduro, hasta que se ennegrezca por todas las caras (quedará escalivado). Aparte, en un cacillo, sofríe la cebolla picada con un hilillo de aceite durante 1 minuto. Añade el ajo laminado y sofríe 1 minuto más. Agrega ahora al sofrito el chile chipotle y el comino, continúa sofriendo 1 minuto más. Incorpora la pulpa del tomate escalivado y el agua mineral, espera que rompa a hervir. Retira el sofrito del fuego y tritúralo junto con los zumos de los cítricos, el azúcar mascabado y el resto de especias. Cuela y afina el punto de sal y pimienta. **Reserva la salsa para condimentar los tacos.**

Salsa aguacate

Para 200 g de salsa
→ 0,3 g de ajo, pelado y laminado
→ 7 g de cebolla picada fina
→ 50 g de tomatillo
→ 10 g de hojas de cilantro frescas
→ 150 g de pulpa de aguacate
→ 10 ml de aceite de oliva virgen extra
→ 2 g de chile jalapeño fresco
→ 2 ml de zumo de lima

Elaboración

Tritura todos los ingredientes con el túrmix hasta conseguir un puré homogéneo. Cuela y afina el punto de sal y pimienta. **Reserva la salsa para condimentar los tacos.**

Cebolla marinada

Para 4 raciones
→ ½ cebolla morada, cortada en emincer
→ 40 ml de aceite de oliva virgen extra
→ 20 ml de vinagre de manzana
→ 20 ml de zumo de lima
→ 5 ml de zumo de naranja
→ sal y pimienta negra
→ una pizca de orégano seco

Elaboración

Mezcla todos los ingredientes y deja que se marinen durante 60 minutos. **Reserva el marinado para añadirlo a los tacos.**

Dim sum de langostinos

***Para unos 20* dim sum**

- 20 láminas de pasta wonton

PARA EL RELLENO

- 10 colas de langostino, peladas y cortadas en 4 trozos
- 200 g de setas Shitake, cortadas en dados pequeños
- 200 g de cebolleta, cortada en dados pequeños
- 40 g de espinacas muy picadas
- ½ diente de ajo muy picado
- 0,5 g de jengibre rallado (con Microplane)
- sal y pimienta blanca

PARA LA SALSA PICANTE

- 30 ml de vinagre de Jerez
- 15 g de ajo picado
- 1 guindilla muy picada y sin semillas
- 90 ml de salsa de soja
- 90 ml de aceite de oliva virgen extra
- 45 g de puerro muy picado
- 20 tallos de cebollino muy picado
- sal y pimienta blanca

OPCIONAL

- hojas de plátano y vaporeras de bambú para presentarlos
- mango en dados, piñones crudos y hojitas de cilantro para esparcir sobre los *dim sum*

Icono de la cocina china. Los *dim sum* son pequeñas piezas que se comen calientes y de un solo bocado, originarias de la cocina cantonesa. Se pueden rellenar de pescado, carne, marisco o vegetales, y van envueltas en una masa fina y delicada, casi transparente, con formas bonitas y variadas, como crestas, flores o pozos. Generalmente, se cocinan al vapor, en cestas de bambú. Condimentados con salsa de soja o con picante es la forma ideal de comerlos. La masa del envoltorio se puede elaborar en casa, pero es mucho más fácil y da gran resultado utilizar las láminas de pasta wonton ya preparadas para *dim sum*.

ELABORACIÓN

1. **Relleno.** Saltea-sofríe en una sartén con un hilo de aceite la cebolla picada, solo 4 minutos. Añade las setas, salpimenta y continúa el salteado 2 minutos más. Vuelca el sofrito en una bandeja para que se enfríe. En la misma sartén y con un hilo de aceite, saltea las espinacas 1 minuto. Incorpora los langostinos en trozos, el jengibre rallado y salpimenta todo junto 30 segundos. Vuelca este segundo salteado sobre la bandeja del primero. Mezcla bien, deja que se enfríe y forma 20 bolas-ración.

2. **Forma los *dim sum*.** Corta la pasta wonton en circunferencias de 9 cm de diámetro y coloca una bola-ración del relleno en cada una. Ve doblando la pasta para atrapar en el centro el relleno, pero dejándolo a la vista, como un pequeño pozo, y reserva en la nevera.

3. **Salsa picante.** En un cazo con un hilo de aceite, sofríe el puerro hasta que esté ligeramente dorado. Añade el ajo y la guindilla, y continúa el sofrito 1 minuto más. Deja que se enfríe en el mismo cazo. Cuando esté frío, agrega el vinagre, la soja, el aceite, el cebollino, la sal y la pimienta, y reserva en la nevera.

FINALIZACIÓN Y PRESENTACIÓN

Cuece los *dim sum* al vapor durante unos 4 minutos. Sírvelos calientes, recién hechos. Queda muy bonito presentarlos sobre hojas de plátano y dentro de las vaporeras de bambú. Puedes añadir encima de cada uno: 1 dadito de mango, 1 piñón crudo y 1 hojita de cilantro. Acompaña con la salsa picante reservada.

Hummus

Para 4 raciones

- 400 g de garbanzos cocidos, sin jugo (o 200 g secos para cocer; receta en p. 51)
- 40 g de tahini
- 40 ml de aceite de oliva virgen extra
- 20 ml de zumo de limón
- 2 dientes de ajo pequeños, pelados y muy picados
- sal
- comino molido

OPCIONAL PARA PRESENTAR EL PLATO

- un hilo de aceite virgen extra y pimentón dulce

Icono de la cocina árabe. Es el puré más consumido mundialmente, y una manera divertida e inteligente de comer legumbres. Se trata de un puré de garbanzos condimentado con pasta de sésamo tahini y con un buen chorrito de aceite de oliva. También puedes condimentarlo con otros ingredientes, como ajo, aceitunas verdes y negras, especias, pimentón, según las diversas versiones. Con esta preparación obtenemos un plato muy nutritivo y saludable.

ELABORACIÓN

1. Tritura los garbanzos con el tahini, el aceite, el zumo de limón y el ajo. Condimenta con una pizca de comino molido y afina el punto de sal.

2. Reserva en frío.

FINALIZACIÓN Y PRESENTACIÓN

Vierte el puré de garbanzos en un bol y aliña con un hilo de aceite virgen extra y una pizca de pimentón dulce.

▸ *La manera más común de comer el hummus es acompañado de pan de pita, tostadas o bastoncillos de hortalizas crudas. Además puedes utilizarlo como crema para hacer bocadillos, incorporando salmón o huevo duro. Puedes sustituir los garbanzos por otra legumbre, como la alubia, que dará un sabor más suave, delicado y cremoso. También puedes preparar otro puré típico de la cocina árabe, como el* baba ganoush, *cuyo ingrediente principal es la berenjena.*

Baba ganoush

Para 4 raciones

- 2 berenjenas grandes
- 40 g de tahini
- 40 ml de aceite de oliva virgen extra
- 20 ml de zumo de limón
- 1 diente de ajo pequeño, pelado y muy picado
- comino molido
- sal

OPCIONAL PER PRESENTAR EL PLAT

- un chorrito de aceite de oliva virgen extra, semillas de sésamo tostado, granos de granada, hojas de cilantro

Icono de la cocina árabe, mediterránea e israelí. Las berenjenas son un fruto muy apreciado en la cocina árabe, y el *baba ganoush* es una presentación muy elegante y seductora. La tradición sugiere acompañarlo con pan de pita.

ELABORACIÓN

1. Escaliva las berenjenas, cortadas longitudinalmente para facilitar la cocción, a **180 °C** durante unos 30 minutos, aliñada con un poquito de aceite.

2. Retira la piel de las berenjenas asadas y mezcla la pulpa con el tahini, con una pizca de comino molido y una puntita de sal. Reserva en frío.

3. En el momento de servirlo puedes presentarlo con un hilo de aceite virgen extra por encima, junto con unas semillas de sésamo tostado, los granos de granada y unas hojas de cilantro.

Tabulé

Para 4 raciones

- 250 g de cuscús precocido
- 200 ml de zumo de naranja
- 50 ml de zumo de limón
- 30 ml de aceite de oliva virgen extra
- sal y pimienta
- 4 tomates maduros, pelados, sin semillas y cortados en dados
- 2 cebolletas picadas
- 1 pepino, cortado en dados, con piel y sin semillas
- 2 naranjas en gajos
- 50 g de pasas y de piñones
- 50 g de piñones
- perejil y menta fresca, picados finos

Icono de las ensaladas de la cultura árabe, originario del Líbano y Siria. Tradicionalmente elaborado con bulgur, que se obtiene de la precocción y moltura del trigo. En muchas zonas del Magreb se prepara el tabulé con la sémola del trigo para el cuscús. Es una preparación refrescante y refinada. También puedes elaborar el tabulé con quinoa, e ir variando los vegetales que lo acompañan.

ELABORACIÓN

1. Hidrata el cuscús con el zumo de naranja y de limón. Añade el aceite, aliña con sal y pimienta, y remueve de vez en cuando para dejar el grano muy suelto.

2. Incorpora las hortalizas, los gajos de naranja y los frutos secos. Finalmente, añade las hierbas picadas. Mezcla el conjunto con delicadeza y reserva en frío hasta el momento de servir.

Cuscús con cordero y vegetales

Para 4 raciones

- 250 g de cuscús precocinado de grano medio
- 400 g de carne deshuesada de paletilla de cordero, cortada en trozos regulares
- 4 tomates sin semillas y rallados
- 2 cebollas picadas
- 2 zanahorias, peladas y cortadas en dados medianos
- 1 nabo, pelado y cortado en dados medianos
- 4 coles de Bruselas, cortadas por la mitad (o ¼ de col cortada en trozos)
- 1 calabacín con piel, cortado en trozos regulares
- 200 g de calabaza cacahuete pelada y cortada en dados no muy pequeños
- 150 g de garbanzos cocidos (p. 51)
- 1 *bouquet* de hierbas con cilantro fresco y perejil
- aceite de oliva
- 2 g de jengibre en polvo, 1 g de azafrán, 1 g de cúrcuma en polvo, 2 g de comino en polvo
- agua mineral
- sal y pimienta negra

Icono de la cocina del Magreb. De origen norteafricano, su nombre proviene del utensilio con el que se prepara esta elaboración. El cuscús es una sémola de trigo que se cocina suavemente mediante el vapor que genera un guiso de verduras y carne, especiado y muy aromático. Cada localidad tiene sus variantes, pero generalmente se elabora con vegetales, garbanzos y un poco de carne, sobre todo cordero. La base del plato debe ser muy rica y perfumada, para que el cuscús se impregne bien de todas las fragancias de la elaboración. El proceso de cocción es muy largo y laborioso; por eso, se ha popularizado en las tiendas el cuscús precocinado, que facilita mucho la cocción, ya que solo hace falta incorporar un caldo muy sabroso relacionado con los ingredientes del plato o simplemente agua con un poco de aceite y sal, y esperar a que se hidrate. Su resultado es muy completo, con hidratos de carbono, proteínas y vitaminas.

Elaboración

1. Necesitas una olla para cocinar al vapor, o al menos una en la que puedas adaptar un colador para cocer al final el cuscús. Vierte un chorrito de aceite en la olla y sofríe la carne, salpimentada, hasta que esté bien dorada.

2. Incorpora la cebolla picada y deja que se sofría con la carne, también hasta que se dore. Añade el tomate y el *bouquet* de hierbas, y continúa sofriendo hasta reducir la textura acuosa del tomate. Condimenta con la sal, la pimienta y las especias. Después de dar un par de vueltas al sofrito, ya puedes agregar el agua mineral hasta cubrir la carne. Cocina a fuego lento durante 30 minutos.

3. Añade a la cocción lenta el nabo y la zanahoria, y deja que se prolongue 30 minutos más.

4. Mientras tanto, en un bol amplio aliña el cuscús con un buen chorro de aceite y un poco de agua mineral, solo para cubrir el grano, y déjalo reposar 5 minutos. Pasado este tiempo, trabaja el cuscús para dejar los granos bien sueltos y aireados. Pasa el cuscús al accesorio de la olla al vapor (o a un colador que encaje) y extiéndelo bien. Comprueba antes el diámetro de los agujeros; si fuesen demasiado grandes, pon una gasa debajo para evitar que los granos caigan en el guiso.

5. Por último, añade al guiso el calabacín, la col, la calabaza y los garbanzos, y afina el punto de sal y pimienta. Encima coloca el accesorio que contiene el cuscús, tapa la olla y deja que se cueza todo junto 10 minutos más. El cuscús está listo para presentarlo en la mesa y servirlo mezclando el guiso con el grano de cuscús perfumado por la cocción.

▸ *También puedes servir el cuscús como guarnición, porque es un ingrediente neutro que puede combinar con muchos otros, como setas, verduras frescas, etcétera. Se utiliza asimismo en frío para ensaladas, combinado con hortalizas frescas. Una ensalada muy conocida, de origen libanés, es el tabulé.*

Pollo *tandoori*

Para 4 raciones
→ **800 g de pollo, preferiblemente 4 muslos enteros** (sin piel ni grasa, cortados en octavos y marcados con unos cortes perpendiculares para que penetre el marinado)
PARA EL MARINADO 1
→ **zumo de 1 limón**
→ **5 g de pimentón dulce y una pizca del picante**
→ **25 g de pasta de jengibre**
→ **25 g de pasta de ajo**
→ **sal**
PARA EL MARINADO 2
→ **300 g de yogur** (sin el suero)
→ **15 g de pasta de jengibre**
→ **15 g de pasta de ajo**
→ **5 g de pimentón dulce y una pizca del picante**
→ **10 g de masala**
→ **aceite de oliva**
→ **sal**

Icono de la cocina hindú, cuyo nombre reciben los platos elaborados con un tipo de horno, cilíndrico y de arcilla, que se utiliza en muchos países de Oriente Próximo y Oriente Medio. La cocina hindú ha hecho muy popular el *tandoori* masala, denominación que toman las elaboraciones realizadas a altas temperaturas en estos hornos y que están muy condimentadas, con una mezcla de especias que generalmente incluye cúrcuma, comino, nuez moscada, jengibre, ajo, cardamomo, cilantro, canela, pimientas... Un buen ejemplo es el pollo *tandoori*, un plato caliente, muy aromático y especiado.

ELABORACIÓN

1. Pon en un bol grande todos los ingredientes del marinado 1 junto con los muslos. A continuación, masajea la carne para que el marinado penetre bien, y deja reposar dentro del bol unos 15-20 minutos.

2. Pon en otro bol los ingredientes del marinado 2, e introduce en él los muslos. Deja que se marine todo junto unos 30 minutos (si dispones de tiempo, es ideal mantenerlo entre 1 y 2 horas).

3. En una bandeja de horno dispón los trozos de pollo y hornea a **220 °C** durante unos 30 minutos. Pasado este tiempo, el pollo estará tierno y muy aromático.

FINALIZACIÓN Y PRESENTACIÓN

Sirve el pollo acompañado de un arroz blanco o una ensalada.

▸ *Esta receta tiene ingredientes típicos de la cocina hindú que puedes encontrar en tiendas especializadas, pero que también puedes preparar en casa. Por ejemplo, para obtener la pasta de jengibre utiliza la raíz fresca, pelada y triturada con el túrmix. Para la pasta de ajo tan solo hay que pelar los dientes y triturarlos. En ambos casos puedes agregar un poco de agua para facilitar el triturado. Para conservar el aroma y el frescor de las dos pastas es mejor prepararlas el mismo día, pero puedes trabajar con antelación y guardarlas en la nevera. El masala es una mezcla de especias que puedes preparar en casa con ingredientes de buena calidad: 10 g de pimentón dulce, de pimentón picante, de cúrcuma, de pimienta negra molida, de comino molido, de ajo en polvo, de jengibre en polvo, de semillas de cilantro molido y 5 g de nuez moscada, de canela en polvo y de clavo de olor en polvo.*

Chucrut

Para 1 tarro de conserva grande

- 1 kg de col
- 15 g de sal

▸ *Puedes preparar el chucrut con otras coles, como la verde o la lombarda, e introducir variaciones incorporando otras hortalizas, como zanahoria, cebolla, manzana o especias.*

Icono de la cocina alemana. La col es una verdura muy apreciada en Alemania, y se utiliza para hacer el chucrut. Es el acompañamiento perfecto de diferentes carnes y embutidos típicos del país; de hecho, en muchos *frankfurts* de Cataluña ya se ofrece como guarnición extra para condimentar los bocadillos.

El chucrut se prepara tan solo con col y sal. Esta combinación da paso a un proceso de fermentación que produce ácido láctico, responsable de su sabor característico. El resultado es una col firme, crujiente, refrescante, con un gusto entre ácido y agrio, rica en proteínas probióticas, minerales y vitaminas.

Esta elaboración solo necesita dos ingredientes, y, como siempre, os recomiendo elaborar la receta con una col de proximidad muy fresca y con una sal de muy buena calidad.

Elaboración

1. Desecha las hojas exteriores de la col y lava el resto muy bien con agua.

2. Retira el nervio más grueso de cada hoja y luego córtalas en tiras, como una juliana fina.

3. En un bol grande, pon la cuarta parte de la col; por encima, reparte una cuarta parte de la sal. Haz lo mismo con el resto de la col y la sal.

4. Trabaja la col con la mano, con un cucharón de madera, estrujándola hasta que este proceso y la acción de la sal extraigan el agua de la col. Si dispones de tiempo, deja reposar la col unas horas.

5. Presiona la col para extraer el exceso de agua y llena el tarro (previamente higienizado, hirviendo agua durante 15 minutos). La col debe quedar muy apretada dentro del recipiente, sin espacios vacíos. Tapa el tarro y resérvalo en un lugar fresco, a unos **18 °C** y durante 4 semanas. Luego resérvalo en la nevera.

Falafel

Para 4 raciones

- 200 g de garbanzos secos
- 1 cucharadita de bicarbonato
- 2 dientes de ajo picados
- 2 cebollas picadas finas
- perejil y cilantro abundantes muy picados
- 5 g de impulsor químico
- 3 g de comino molido
- 3 g de cilantro en polvo
- sal y pimienta
- aceite de oliva para freír

▸ *Con el falafel puedes montar un sándwich o rollito de pan vegetariano muy saludable y nutritivo.*

Icono de la cocina de Oriente Próximo. Es el *good food* de Libia y una de las elaboraciones más populares de Oriente Próximo, aunque se ha exportado a todo el mundo. Se trata de una comida de calle, que generalmente se sirve en pan de pita junto con hortalizas frescas y alguna salsa. El ingrediente básico para elaborar un falafel son los garbanzos, remojados y sin cocer, aparte de especias y hierbas aromáticas. Según el país de procedencia, el falafel se habrá preparado a partir de habas secas o de una mezcla de habas y garbanzos.

Elaboración

1. La víspera, pon los garbanzos en remojo con una cucharadita de bicarbonato.

2. Lávalos y escúrrelos bien para evitar la introducción de agua en la elaboración.

3. Con ayuda de la Thermomix o de un túrmix, tritura los garbanzos hasta que se forme una pasta granulosa (es importante que no sea fina).

4. Añade al triturado la cebolla, el ajo, el perejil y el cilantro fresco, y dale un par de vueltas.

5. Vuelca la masa en un bol e incorpora el resto de ingredientes. Amasa bien con la mano para que todos los ingredientes queden perfectamente integrados.

6. Por último, debes formar una especie de croqueta un poco aplastada y freír en aceite abundante. Resérvalas sobre papel absorbente, para eliminar el exceso de aceite, y preséntalas en la mesa recién hechas.

Rollitos vegetarianos con pan de pita

Para 4 raciones

- 4 panes de pita
- 8 hojas de lechuga cortadas en tiras
- 2 tomates cortados en láminas
- hojas de perejil

PARA LA SALSA TARATUR

- 50 g de tahini
- 50 ml de agua mineral
- 25 ml de zumo de limón
- sal

Para el falafel (p. 206)

ELABORACIÓN

1. **Salsa taratur.** Mezcla los ingredientes hasta conseguir una salsa ligada.

2. Extiende una cucharada de salsa taratur por toda la superficie del pan de pita.

3. Dispón encima 2 o 3 piezas de *falafel*, según el tamaño, y reparte la lechuga, el perejil y el tomate.

4. Enróllalo, y ya está listo para comerlo.

Vitel toné

Para 6 raciones

PARA EL FIAMBRE

- 700 g de redondo de ternera (de la pierna), entero y atado
- 1 cebolla + 1 rama de apio
- un *bouquet* con ½ guindilla seca, 10 granos de pimienta y una pizca de tomillo

PARA LA SALSA DE ATÚN

- 1 huevo
- 200 ml de aceite de oliva
- 1 lata de atún mediana (112 g peso neto)
- 2 filetes de anchoa en salazón
- 2 cucharas de alcaparras
- 2 cucharas de zumo de limón
- sal y pimienta
- hojas de albahaca

GELATINA DEL JUGO DE COCCIÓN (OPCIONAL)

- 200 del caldo de cocción y 2 hojas de gelatina de 2 g cada una

PARA LA PRESENTACIÓN

- 36 alcaparras (6 por ración)
- 60 hojas de albahaca, de hoja pequeña (10 por ración)

Icono de los platos fríos de la cultura italiana, originario de la región del Piamonte. También se le llama «vitello tonnato». Se trata de una agradable fórmula culinaria, muy famosa en todo el mundo, principalmente en Argentina.

ELABORACIÓN

Fiambre. Pon a cocer el redondo, entero y atado, con el resto de ingredientes. Debe cocerse bien cubierto de agua, con su punto de sal. Espuma la superficie con el primer hervor y deja cocer a fuego lento durante 90 minutos. Deja que se enfríe dentro del caldo.

Salsa de atún. Con un túrmix y el vaso adecuado, prepara una mayonesa con el aceite y el huevo. Con la mayonesa ya montada, añade al vaso el resto de ingredientes y tritura hasta obtener una salsa muy fina y homogénea. Reserva en la nevera.

Opcional: la gelatina de la cocción. Cuela 200 ml del caldo de carne, caliéntalo y añádele una puntita de sal. Incorpora 2 hojas de gelatina bien hidratadas para que se integren en el caldo. Vierte la mezcla en un recipiente adecuado para, una vez que esté fría y cuajada, poder cortarla en dados perfectos.

FINALIZACIÓN Y PRESENTACIÓN

Retira la carne del caldo frío, sécala, desecha los hilos y córtala fina a máquina, como si fuese un embutido. Reparte las lonchas en los platos, cubriendo totalmente la superficie. Por encima vierte la salsa de atún con generosidad, y sobre esta las alcaparras, las hojas de albahaca y los dados de gelatina, si es que te has animado a prepararlos.

▸ *Con los mismos ingredientes y pan de molde puedes preparar unos bocadillos magníficos. El caldo sobrante de la cocción de la carne puedes utilizarlo para hacer un consomé frío con tropezones vegetales.*

Pizza margarita

Para la masa

- **1 kg de harina de trigo 00**
- **½ l de agua mineral**
- **30 g de sal**
- **20 g de levadura fresca** (de panadero)
- **25 ml de aceite de oliva virgen extra**

Para la salsa de tomate

- **1 kg de tomate maduro**
- **3 g de hojas de albahaca fresca** (de hoja grande)
- **50 ml de aceite de oliva virgen extra**
- **sal**

Debes disponer de

- **500 g *mozzarella* fresca**
- **hojas de albahaca fresca** (de hoja grande)
- **aceite de oliva virgen extra**

Icono de la cocina italiana y famosa en todo el mundo. Probablemente la *pizza* está relacionada con la antigua Grecia —con la tradición de comer panes planos con quesos fundidos y dátiles—, pero la historia moderna afirma que la *pizza*, tal como la conocemos, nació en Nápoles, donde se convirtió en una receta muy popular, en el siglo XVII. Su triunfo mundial se debe a que constituye una comida rápida y económica. Grandes empresas de alimentos industriales y marcas internacionales se han encargado de expandir su consumo. Podemos encontrar *pizzas* en el supermercado, en los refrigerados y congelados, cada vez más refinadas, pero también las podemos preparar en casa. Una *pizza* de masa bien elaborada y levada, solo con un puré de tomate, una *mozzarella* de calidad, albahaca, aceite de oliva virgen extra y horneada 3 minutos en un horno de leña con suelo de baldosas y a una temperatura de **360 °C** es una auténtica delicia.

La masa

1. Mezcla con una cuchara todos los ingredientes en un bol amplio (la masa de la *pizza* es como la de un pan sencillo).

2. Vuelca la mezcla obtenida en la superficie de trabajo y amasa durante unos 5 o 10 minutos, hasta que la masa se vuelva elástica. La puedas estirar con la palma de la mano; no debe pegarse en la mano ni en la mesa.

3. Deja que la masa fermente dentro de un bol amplio durante unas 3 horas y en un lugar cálido, hasta que haya doblado su volumen.

4. Vuelve a amasarla con delicadeza sobre la superficie de trabajo hasta conseguir el volumen inicial. Ahora divídela en porciones, grandes o pequeñas, a tu gusto (aconsejo que sean de 200 g). Las porciones ya están listas para estirarlas y confeccionar la *pizza*, añadiendo por encima el resto de ingredientes.

La salsa de tomate

1. Lava los tomates, sécalos, córtalos por la mitad para poder retirar las semillas y rállalos con un rallador de agujero grande (desecha las pieles).

2. En un cazo amplio, vierte el aceite y añade el tomate rallado y la albahaca picada. Sofríe a fuego medio hasta reducir la densidad del tomate a una textura espesa. Sala y reserva en la nevera.

Finalización y presentación

1. Espolvorea con harina la superficie de trabajo y extiende con las manos una de las porciones de masa. Una buena técnica es aplanar con la palma de la mano todo lo que puedas la masa, formando alrededor un borde un poco más grueso que ayudará a lograr y proteger la forma circular y tradicional de una *pizza*; luego, con delicadeza, ve estirándola (es una masa elástica, por lo que se irá haciendo más fina). De la porción de 200 g debes obtener una masa redonda y fina de unos 30 cm de diámetro, con el borde un pelín más grueso para proteger la forma. Pero no te preocupes, puedes estirarla en la superficie de trabajo enharinada con ayuda de un rodillo de pastelería.

2. Con la masa estirada, extiende, casi hasta el borde, 4 cucharadas de la salsa de tomate fría. Añade 125 g de *mozzarella* repartida en 8 trozos y 4 hojas de albahaca.

3. Calienta el horno a **220 °C**. Coloca la *pizza* en la bandeja y hornea durante 8 minutos. Sírvela recién salida del horno, con un hilo de aceite de oliva virgen extra por encima.

▸ *Si dispones de un horno con suelo de baldosas, que alcanza los* ***360 °C****, la* pizza *se cuece directamente sobre las baldosas tan solo en 3 minutos. Ya sabes que el número de ingredientes que admite la* pizza *es ilimitado, depende del gusto personal (vegetales, quesos, embutidos o salazones). ¡Juega y experimenta!*

Borsch

Para 6 raciones

PARA EL CALDO BASE DE CARNE

- **700 g de carne de ternera de la parte del morrillo, en un trozo**
- **1 kg de huesos de rodilla en trozos**
- **4 l de agua mineral**
- **400 g de zanahoria en trozos** (de 4 cm)
- **200 g de cebolla en trozos** (de 4 cm)
- **100 g de apio en trozos** (de 4 cm)
- **1 hoja de laurel**
- **7 bolitas de pimienta negra**
- **sal**

PARA EL *BORSCH*

- **1,5 l del caldo base, colado**
- **100 g de patata, en daditos**
- **150 g de de hojas de col, en chifonada ancha**
- **150 g de chalotas, en emincer**
- **350 g de remolacha cruda, en juliana**
- **5 gotas de limón**
- **100 g de zanahoria, en juliana**
- **100 g de pimiento verde, en emincer**
- **100 g de pimiento rojo, en emincer**
- **50 g de tomate rallado, sin piel ni semillas**
- **5 g de eneldo fresco, atado como un *bouquet***
- **5 g de remolacha cruda** (para potenciar el color)
- **sal y pimienta**
- **180 g de crema agria** (o crème fraîche
- **aceite de oliva virgen extra**

Icono de la cocina rusa, es una sopa sabrosa, colorista y perfumada, originaria de Ucrania y famosa en el mundo. Se trata de una sopa caliente con tropezones de ternera y vegetales, pero también es muy popular fría, con textura aterciopelada. La receta que ofrecemos es para disfrutarla en caliente, con vegetales y carne. En el recuadro final encontrarás el *borsch* frío.

ELABORACIÓN

Caldo base de carne. En una olla de tamaño adecuado, introduce los ingredientes de la lista en frío. Cuando rompa a hervir, espuma la superficie, baja la potencia del fuego, tapa la olla y deja cocerlo 2 horas, sala con moderación. Ve espumando con frecuencia. Cuela y reserva el caldo y el trozo de ternera.

Borsch

1. Vierte en una olla el caldo base colado, con las patatas. Cuando comience a hervir dejar cocer 15 minutos, añade la col y cuécelo todo 5 minutos más.

2. Sofríe la chalota en una sartén con un hilo de aceite, agrega la juliana de remolacha y unas gotas de limón, salpimienta y deja que se cueza 25 minutos a fuego lento. ¡Es muy importante que la remolacha quede muy hecha!, pero sin llegar a dorarse.

3. En otra sartén, también con un hilo de aceite, sofríe la zanahoria y los pimientos verdes y rojos durante 4 minutos. Incorpora el tomate rallado, salpimienta y deja que se sofría todo junto 10 minutos más.

4. En la olla del **punto 1**, con la patata y la col ya cocidas, añade los dos sofritos (puntos 2 y 3). Agrega también la ternera cortada en 12 trozos. Lleva a ebullición, afina el punto de sal y pimienta, introduce el *bouquet* de eneldo tan solo 20 segundos, para perfumar el *borsch*, y retíralo. Incorpora los 5 g de remolacha cruda, triturada con 200 g del propio *borsch*, para potenciar el color.

5. Sirve en caliente con platos hondos la sopa con las texturas de los ingredientes que la componen y añade a cada plato 30 ml de crema agria.

▸ *Para el* borsch *frío sigue la misma receta, pero al final tritúralo todo junto (sin la carne de ternera). Cuela y enfría rápidamente para mantener el sabor y el color. Acompaña también con la crema agria.*

Ensalada Waldorf

Para 4 raciones

- **150 g de ramas de apio muy tiernas, peladas y cortadas en trozos** (también puedes añadir las hojas más tiernas y blancas del apio)
- **2 manzanas Golden, peladas y cortadas en trozos**
- **60 g de nueces, peladas y troceadas**
- **150 g de mayonesa** (receta en p. 240)
- **50 g de nata** (35 % MG)
- **20 g de mostaza de Dijon**
- **el zumo de medio limón**
- **sal y pimienta**

Icono de la cocina neoyorquina, cuyo origen se remonta a finales del siglo XIX. Se cree que el *metre* del hotel Waldorf de Nueva York (hoy Waldorf-Astoria), Oscar Tschirky, fue el autor de este plato, aunque todavía hoy persisten las disputas sobre la autoría. Fue una ensalada muy apreciada por el público que se convirtió en una elaboración estrella, pues aún se sirve en la actualidad. La ensalada es muy sencilla y contiene tres ingredientes básicos —apio, manzana y mayonesa—, pero con el paso del tiempo y la aportación de otros cocineros se han ido incorporando otros productos, como lechuga, pollo, pasas, queso azul...

Elaboración

1. Mezcla en un bol la mayonesa, la nata, la mostaza y el zumo de limón, y salpimienta.

2. En otro bol pon el apio, las manzanas y las nueces. Añade la salsa y mezcla bien. Reserva la ensalada en frío hasta el momento de servirla.

▸ *La elaboración de esta receta es rápida y sencilla, y da mucho juego. Partiendo de la misma elaboración clásica, puedes variar el tipo de manzana, lo que modificará considerablemente el gusto y la textura. El mercado ofrece un amplio abanico de manzanas, con colores, texturas y sabores diferentes.*

▸ *Preparada con la manzana Golden Delicious o Fuji, el resultado de la ensalada será dulce y suave; en cambio, con Granny Smith será más refrescante y ácido, y con una textura en boca mucho más crujiente. Otra posibilidad es pelar o no la manzana. Además de una textura más firme, podrás jugar con el color de las pieles: tonalidades de color verde intenso y homogéneo con la manzana Granny Smith, o rojo brillante y atractivo con la Red Delicious o la Royal Gala.*

▸ *Otras variaciones ayudan a suavizar la ensalada. Dado que el apio posee un sabor con mucha personalidad, puedes cambiarlo por el corazón de una lechuga romana, o un buen puñado de pasas, y la ensalada será otra historia.*

Ensalada César

Para 4 raciones

- **1 lechuga romana, limpia y cortada en trozos**
- **1 pechuga de pollo**
- **4 rebanadas de pan cortadas en daditos** (o 100 g de picatostes aprox.)
- **sal y pimienta**

Para la salsa

- **200 g de salsa mayonesa** (receta en p. 240)
- **75 g de parmesano rallado**
- **3 filetes de anchoa en salazón**
- **1 cucharada de mostaza de Dijon**
- **2 cucharadas de salsa inglesa** (Worcestershire)
- **1 diente de ajo pequeño, laminado**
- **sal y pimienta**

▶ *Si quieres darle un punto más crujiente a la ensalada, aparte del pan puedes añadir unos taquitos de beicon bien tostados, crujientes, o cebolla frita crujiente.*

Icono mundial y primera ensalada de aprovechamiento. Según la historia, la ensalada César nació en Tijuana (México) en 1926, fruto de la improvisación. El 4 de julio, y con el restaurante lleno, el inmigrante italiano Caesar Cardini, propietario del restaurante Caesar's, elaboró esta ensalada con restos de comida. Desde entonces, la ensalada César se ha hecho muy popular y se sirve en restaurantes de todo el mundo. Los ingredientes tradicionales son lechuga romana, ajo, daditos de pan tostado y un aliño elaborado con aceite, queso, limón y salsa inglesa. La receta se ha visto modificada a lo largo de los años, y se le han añadido otros ingredientes, como pollo, huevo duro, tomate, etcétera. Con el mismo nombre, César, se ha popularizado el aliño envasado, que se puede encontrar en muchos establecimientos.

Elaboración

1. Marca la pechuga de pollo a la plancha, condimentada con aceite, sal y pimienta. Deja que se enfríe y córtala en dados. Reserva.

2. Hornea los dados de pan a **160 °C** hasta que estén dorados (si utilizas los picatostes elaborados, puedes saltarte este paso).

3. Para la salsa, introduce en el vaso del túrmix la mayonesa, la mostaza, la salsa inglesa, el queso parmesano, el diente de ajo laminado y las anchoas. Tritura hasta conseguir una salsa fina, ligada y emulsionada. Afina el punto de sal y pimienta.

4. Mezcla en un bol la lechuga, el pollo y una parte de la salsa.

Finalización y presentación

Dispón la ensalada en los platos, reparte un poco más de salsa por encima y añade los dados de pan.

Ensaladilla rusa

Para 4 raciones

- **3 patatas, limpias y con piel** (600 g aprox.)
- **2 zanahorias, limpias y con piel** (150 g aprox.)
- **50 g de guisantes** (frescos o congelados)
- **50 g de judías verdes, cortadas en trozos pequeños**
- **3 huevos duros** (p. 36)
- **50 g de aceitunas rellenas de anchoa**
- **150 g de atún en conserva, en aceite de oliva**
- **300 g de salsa mayonesa,** (receta en la p. 240)
- **sal**

- *A partir de esta receta, puedes elaborar numerosas versiones:*
- *A la receta anterior hay quien le añade un par de filetes de anchoa cortados en trocitos y/o un par de pimientos del piquillo, también troceados.*
- *Puedes intercambiar el atún en conserva y las aceitunas rellenas por dados de jamón york o pollo cocido.*
- *Puedes preparar una versión de este país, más actual y económica que la clásica ensalada Olivier, excluyendo de la receta las judías verdes, el atún y las aceitunas, y añadiendo carne cocida de ternera, 4 pepinillos picados, 2 pepinos frescos pelados y cortados en dados, y una cebolleta picada.*

Icono de la cocina mundial, cuyo origen no está claro. Es una ensalada que se elabora en todo el mundo, con diferentes versiones según el lugar y los productos locales de origen, pero generalmente todas incluyen patata, otras hortalizas y mayonesa.

La versión menos conocida y posiblemente la original, también denominada «ensalada Olivier», creada por Lucien Olivier, cocinero de uno de los restaurantes más célebres de Moscú a mediados del siglo XIX, es una fastuosa ensalada elaborada con carne de faisán, lengua de ternera, cangrejo real, langosta, caviar, huevo duro, alcaparras, pepinillos y pepino fresco, entre otros ingredientes, todos cortados en trozos pequeños y aliñados con salsa mayonesa.

La ensaladilla rusa es muy popular en los bares con oferta de tapas y montaditos.

Elaboración

1. En una olla, lleva agua a ebullición con una buena cucharada de sal. Cuece las patatas y las zanahorias unos 30 minutos, hasta que estén tiernas. Deja que se enfríen en la misma agua.

2. En otra olla cuece las judías verdes con agua y sal durante 5 minutos. Incorpora los guisantes y cuece 5 minutos más. Escurre las verduras y enfríalas.

3. Pela los huevos, las patatas y las zanahorias, y córtalo todo en dados de 1 cm aprox.

4. Mezcla en un bol todas las verduras, los huevos, el atún y las aceitunas rellenas, junto con una parte de la mayonesa. Incorpora poco a poco el resto de la mayonesa hasta conseguir una buena textura.

Finalización y presentación

La ensaladilla se debe servir muy fría, popularmente junto con palitos de pan tostado.

Rollito de primavera

Para 4 raciones

- 200 g de carne picada de ternera
- 2 zanahorias, peladas y cortadas en juliana
- 1 cebolleta (incluido el tallo verde), cortada en emincé
- 200 g de col china (o col blanca), cortada en chifonada
- 100 g de brotes de soja germinada
- 50 ml de salsa de soja
- aceite de oliva para sofreír y freír
- azúcar, sal y pimienta
- 8 hojas de pasta filo
- agua y harina de trigo para pintar y pegar el rollito

▸ *Puedes sustituir la carne de ternera por cerdo o pollo, o elaborar una versión vegetariana incorporando solamente verduras y setas.*

Icono de la cocina china, cuyo plato tradicional que forma parte de la celebración de Año Nuevo, que coincide con la llegada de la primavera. Son una especie de paquetitos alargados que se sirven calientes, recién elaborados, de costra fina y quebradiza, generalmente rellenos de verduras cortadas finas y carne picada.

Elaboración

1. Saltea la cebolleta en una sartén con un hilo de aceite durante unos minutos.

2. Añade la col a la sartén. Cuando haya eliminado el exceso de agua, agrega la zanahoria y sofríe todo junto un par de minutos. Reserva las verduras en un bol.

3. En la misma sartén, con un poquito más de aceite, saltea-sofríe la carne hasta que se dore. Incorpora los brotes de soja y sofríe todo junto.

4. Añade todas las verduras reservadas en el bol y sofríe de nuevo para integrar los dos salteados. Condimenta con una pizca de azúcar, sal y pimienta. Incorpora la salsa de soja y saltea de nuevo brevemente. La textura de las verduras debe quedar al dente. Deja que el relleno se enfríe.

5. Corta las hojas de pasta filo en rectángulos aproximados de 20 x 30 cm y rellena con el salteado, unos60 g en cada uno. **Atención:** el relleno debe estar frío y con los jugos escurridos, o la pasta se romperá. Enrolla el relleno con la pasta, que quede bien cubierto y recogido. Sella y cierra cada rollito pintando con una mezcla de agua y harina. Repite la operación con las hojas de pasta filo hasta agotar el relleno.

6. Fríe los rollitos en aceite abundante hasta que estén dorados y crujientes (en un par de minutos están listos). Retira sobre papel absorbente y sirve en caliente con salsa agridulce (receta en p. 250).

Pulpo a la gallega (pulpo *á feira*)

Para 4 raciones

- 1 pulpo de 1 kg, entero y bien limpio
- 1 cebolla y 2 clavos de olor
- 4 patatas medianas, peladas y limpias
- sal

PARA EL ALIÑO

- pimentón dulce sin ahumar
- pimentón picante sin ahumar
- aceite de oliva virgen extra
- flor de sal

Icono de la cocina gallega, este es el modo más popular de preparar el pulpo en Galicia, llamado originalmente pulpo *á feira*. Es un manjar presente en fiestas y romerías por toda Galicia, donde las cocineras (*pulpeiras*) lo preparan en grandes cantidades. El plato también se conoce en todas partes con el nombre de «pulpo a la gallega». Se trata de una elaboración muy sencilla; por tanto, es muy importante que el pulpo, del Atlántico o del Mediterráneo, y las patatas, gallegas o catalanas, sean de muy buena calidad.

La tradición recomienda cocinarlo en un caldero de cobre, porque este material, muy buen conductor del calor, logra una cocción homogénea. Sin embargo, desde hace años este material está prohibido para uso alimentario, y se ha sustituido por el acero inoxidable. Tradicionalmente, el pulpo se corta con tijeras, no a cuchillo, y se sirve sobre unos platitos de madera. Es una maravilla degustarlo bien condimentado, recién salido de la olla.

ELABORACIÓN

Importante. La carne del pulpo fresco es especialmente firme, de manera que, si quieres cocerlo fresco, debes golpearlo con una maza de cocina, para romper las fibras de los tejidos y ablandarlo. Actualmente se emplea una técnica no tan laboriosa y mucho más sencilla: la congelación. Cuando compres el pulpo fresco, lávalo y congélalo un mínimo de 48 horas. De esta manera se consigue el mismo efecto. Es importante sacarlo del congelador 24 horas antes de cocinarlo, para que la descongelación se realice lenta y completamente.

1. Cuece las patatas enteras en agua y sal durante 30 minutos aprox.

2. Lleva a ebullición abundante agua con sal para cocer el pulpo. Cuando rompa a hervir, introduce el pulpo y sácalo suavemente de la olla. Repite esta operación 3 veces: aplicando tres baños, metiéndolo y sacándolo del agua hirviendo, se consigue fijar la bonita y sabrosa piel del pulpo.

▸ *Otra técnica sería disponer de un pulpo de 1 kilo aprox., limpio y descongelado. Introdúcelo en una olla, todo en frío: el pulpo, ½ litro de agua mineral, ¼ de litro de cava, 1 cebolla y 2 clavos de olor con una pizca de sal.*
Con la olla tapada, enciende el fuego, lleva a ebullición y, a continuación, reduce la potencia. Debe cocerse a fuego lento unos 45 minutos. Comprueba el punto de cocción por si requiriera más tiempo. Aparta la olla del fuego y deja reposar con el agua de la cocción unos 45 minutos más. El pulpo está listo para servir.
▸ ***Atención.*** *Para servirlo vigila al calentarlo; el pulpo es un producto muy delicado. Puedes hacerlo en la misma agua de cocción, sin que llegue a hervir, o en el horno a **190 °C**, protegido con papel de horno y aliñado con aceite de oliva.*

3. Después del último baño, déjalo cocer suavemente. Pincha los dos clavos en la cebolla y añádela a la olla. La cocción de un pulpo de 1 kg de peso tarda 30 minutos aprox.

4. Pasado este tiempo, pincha la parte más gruesa de una de las patas para comprobar si está tierno. Retira la olla del fuego y deja reposar unos 15 minutos dentro del agua de cocción.

Finalización y presentación

1. Corta las patatas, aún tibias de la cocción, en rodajas de aprox. 1 cm de grosor y repártelas cubriendo el fondo de los platos. Por encima dispón el pulpo, también tibio de la cocción, en rodajas de un grosor aproximado de 0,8 cm.

2. Por último, aliña cada ración por encima con el pimentón dulce y picante, un buen chorrito de aceite de oliva y unas escamas flor de sal.

Empanada de atún

Para 4 raciones

PARA EL RELLENO

- **2 cebollas, peladas y picadas finas**
- **1 pimiento rojo, cortado en dados** (de 1 cm)
- **1 pimiento verde italiano, cortado en dados** (de 1 cm)
- **300 g de atún en conserva, en aceite de oliva**
- **200 g de salsa de tomate** (receta en p. 244)
- **100 ml de aceite de oliva**
- **pimentón dulce sin ahumar**
- **sal**

PARA LA MASA

- **500 g de harina de trigo**
- **150 ml de leche de vaca**
- **150 ml de aceite de oliva** (o el aceite escurrido del sofrito del relleno)
- **1 huevo**
- **8 g de sal**
- **yema de huevo para pintar la masa**

Icono de la cocina gallega. La empanada gallega data del siglo XII y seguramente al principio no era más que una pieza de pan a la que se le quitaba la miga y se rellenaba con diversos ingredientes. Su forma permitía poder transportarla y, por tanto, era idónea para viajar. Con el paso del tiempo, la receta se ha ido modificando hasta obtener las empanadas actuales, elaboradas a partir de una masa fina con unos ingredientes de primera calidad en el relleno.

EL RELLENO

1. En una cazuela con el aceite caliente, sofríe la cebolla unos 30 minutos a fuego suave. No debe adquirir color, solo ablandarse.

2. Incorpora al sofrito los pimientos verdes y rojos, y continúa la cocción 10 minutos más.

3. En la cazuela con las verduras sofritas y escurridas del aceite, añade la salsa de tomate y dejar que se sofría todo junto 5 minutos más. Por último, agrega el poquito de pimentón dulce.

4. Retira la cazuela del fuego y deja que se enfríe. Luego, incorpora el atún ligeramente desmigado y con ayuda de un colador decanta el exceso de aceite, que puedes utilizar para preparar la masa de la empanada.

LA MASA

1. Vuelca la harina en un bol y dale forma de volcán. Mezcla con la leche y la sal, y después añade el aceite y el huevo ligeramente batido. Trabájala hasta obtener una bola homogénea. Deja reposar unos 20 minutos, tapada con un paño.

2. Divide la masa en dos partes, una un poco más grande que otra. Sobre la superficie de trabajo ligeramente espolvoreada de harina, estira el trozo de masa más grande con un rodillo de panadería: esta será la base de la empanada. Dale la forma que quieras, puedes

▸ *La empanada es una elaboración muy agradecida, pues se puede rellenar con innumerables ingredientes, a tu gusto e imaginación. Puedes prepararla con bonito fresco o en conserva, con bacalao desalado, con sardinas frescas o en conserva, o con otros pescados típicos de Galicia, como congrio, anguila o lamprea. La empanada más popular se elabora con zamburiñas, una especie similar a la vieira pero más pequeña. También admite el pulpo, los berberechos y los mejillones. También es tradicional hacerlas con carne, principalmente con cerdo, condimentado con pimentón dulce y picante, y chorizo.*

▸ *La base del relleno siempre es un buen sofrito de cebolla, pimiento, tomate (opcional), pimentón dulce y aceite abundante. Después solo hay que añadir el ingrediente principal que aportará protagonismo a la empanada.*

▸ *Si te sobre masa, puedes decorar la superficie de la empanada con tiras de masa, recreando formas geométricas, hojas o flores.*

hacerla redonda o rectangular, y colócala sobre una bandeja plana forrada con papel de horno.

3. Reparte el relleno por la base y cubre con el otro trozo de masa estirada con el rodillo. Cierra la empanada presionando ligeramente las dos masas para unirlas. Haz un pequeño agujero en el centro de la empanada, que actuará de chimenea para los vapores de la cocción, y pincha la superficie con un tenedor.

4. Por último, pinta la empanada con la yema de huevo e introdúcela en el horno —precalentado a **190 ºC**— durante unos 40-45 minutos, hasta que la veas cocida y dorada. Procura degustarla recién horneada, tibia o fría.

Trinxat de la Cerdanya

Para 4 raciones

- 1 col verde de invierno
- 500 g de patatas blancas, peladas y cortadas en trozos grandes y regulares
- 200 g de panceta fresca del cuello, con piel, en trozos de 1 cm de grosor
- 2 dientes de ajo, pelados y cortados en láminas
- aceite de oliva
- sal y pimienta

▸ *Al salteado de patata, col, ajo y panceta puedes añadirle 150 g de butifarra negra en dados, sin piel. La butifarra se fundirá, condimentará el conjunto y ¡conseguirás un* trinxat *enmascarado fantástico!*

Icono de la cocina catalana. El *trinxat* de la Cerdanya es una receta muy básica de las comarcas de montaña que se ha popularizado en toda Cataluña. Es un plato que se asocia con el invierno y con el producto estrella de la temporada, la col de alta montaña, acariciada por el frío, sabrosa y tierna.

Elaboración

1. Para comenzar, limpia la col de las primeras hojas. Corta la col por la mitad para eliminar el tronco. Esto permitirá abrirla y deshojarla para retirar, si es necesario, los nervios más gruesos de las hojas. Después, córtalas en trozos.

2. Vierte agua mineral abundante en una olla con una cucharada de sal y cuece las patatas. Cuando lleven 10 minutos hirviendo, añade las hojas de col troceadas, y cuece 10 minutos más, hasta que todo esté tierno. Escurre el agua.

3. En una sartén con un chorrito de aceite, sofríe la panceta salpimentada, lentamente, para que se vaya dorando por ambas caras. Retira de la sartén y reserva.

4. En el mismo aceite de la sartén y con la grasa fundida de la panceta, sofríe los ajos laminados, a fuego lento, para confitarlos y evitar que se quemen.

5. Cuando los ajos estén a punto (ligeramente dorados), incorpora a la sartén la patata y la col, escurrida y ligeramente trinchada. Trabaja, dándole vueltas, el *trinxat*, y con una espátula continúa trinchando-aplastando el conjunto, hasta conseguir un dorado atractivo y sabroso.

6. Tan solo falta dividir el *trinxat* en 4 raciones e incorporar a cada una la panceta correspondiente, con el fin de calentarla y darle una bonita forma al *trinxat*, uniéndolo con la panceta. El *trinxat* está listo para presentarlo caliente, recién salido de la sartén.

Coca de *recapte* (coca de vendimia)

Para 4 cocas

Para las cocas

- **250 g de harina de semifuerza** (harina 00)
- **60 ml de aceite de oliva**
- **5 g de sal**
- **8 g de levadura de París** (de panadero)
- **120 ml de agua mineral**

Para la carga de las cocas

- **400 g de uvas, maduras y peladas**
- **400 g de tomate maduro, de tamaño pequeño**
- **400 g de berenjenas**
- **16 filetes de anchoa en salazón**
- **aceite de oliva, pimentón dulce, sal y pimienta**

Icono de la cocina de los territorios de lengua catalana. La palabra «recapte» se refiere a recoger-recaudar alimentos que se tienen a mano en casa, para cocerlos sobre una masa de pan. Las cocas de *recapte* se elaboran en panaderías artesanales principalmente de las comarcas de Tarragona y Lleida, con formas rectangulares y alargadas, pero también redondas e individuales como la popular *pizza*. Tradicionalmente, las cocas de *recapte* se preparan con productos vegetales: con escalivada; las famosas cocas de Trempó, con pimientos verdes, cebolleta, ajo y tomate, de las Islas Baleares; o las también vegetales cocas *d'espencat* de Xàtiva. Durante la Cuaresma, las cocas de *recapte* suelen incorporar sardinas o arenques (sardinas de bota). También es habitual elaborarlas con embutidos: butifarra —cruda, blanca o negra— o longaniza. La receta de la coca de *recapte* que ofrecemos aquí es un homenaje a la tradición catalana de las comidas en el campo en época de vendimia.

Elaboración

Las cocas. En un bol amplio, vuelca la harina pasada por el cedazo. Crea un hueco en el centro de la harina y vierte dentro la levadura —desleída en agua un pelín tibia—, la sal y el aceite. Amasa muy bien. Tapa la masa con un paño y deja que repose a temperatura ambiente (**22 °C**) durante 30 minutos. Esparce harina en la superficie de trabajo y, con ayuda de un rodillo, estira la masa hasta que esté fina. Forma cocas individuales, alargadas, de un tamaño aproximado de 7 x 17 cm cada una. Dispón las cocas en una bandeja de horno, encima de papel sulfurizado. Píntalas con una mezcla de aceite, pimentón, sal y pimienta.

La carga de las cocas. Dispón sobre las cocas los ingredientes bien alineados: uvas peladas, tomates cortados por la mitad, filetes de anchoa y berenjenas a tiras (precocidas). Aliña con un hilo de aceite y la sal correspondiente. Con el horno precalentado, hornea a **190 °C** durante 15-18 minutos.

PRESENTACIÓN

Sirve las cocas recién salidas del horno. Acompáñalas con un *bouquet* vegetal de ensalada al gusto.

- *La técnica de la masa de la coca permite ponerle encima lo que más te guste, o algo que ande rondando por la nevera, y decidas: «De hoy no pasa, hay que comérselo».*
- *La masa, cuando haya levado, se puede congelar. Hazlo en porciones individuales, como si fuesen panecillos. Una vez descongelada, estira la masa y añade los ingredientes que te apetezcan.*
- *Con la misma masa puedes preparar también una coca dulce. En este caso, sin pintar con la mezcla de aceite y pimienta, sino con una solución de 30 ml de aceite, 30 g de azúcar y con una carga de, por ejemplo, higos o manzanas, o frutas en almíbar. Espolvorea por encima con más azúcar y hornea igual que la coca salada.*
- *Si estiras la masa hasta que esté finísima y la espolvoreas por arriba y por abajo con abundante azúcar moreno, y la horneas a* ***160 °C*** *durante 15 minutos y, al sacarla del horno, le añades unas gotas de anís, obtendrás una especie de coca* de vidre *(crujiente) interesantísima.*
- *También, si la estiras muy fina y, en vez de azúcar, le añades una pizca de sal gruesa y la pincelas con aceite, se convierte en una coca tan buena y apetecible como la corteza del pan.*

Brandada de bacalao

Para 4 raciones

- 500 g de bacalao, desalado al punto y sin espinas, cortado en trozos (de 2 cm)
- 1 l de agua mineral
- 8 dientes de ajo, pelados y laminados
- 200 ml de aceite de oliva virgen extra
- 30 ml de crema de leche

Plato icónico de la cocina mediterránea, muy apreciado desde la Comunidad Valenciana hasta Liguria. La raíz de la palabra hace referencia a «brandar, sacudir, agitar, remover» en un mortero un bacalao cocido junto con aceite de oliva perfumado de ajos. Antaño, la técnica requería fuerza masculina y destreza, lo que le otorgó su popular nombre: bacalao «a la grandi colloni».

Elaboración

1. En un cazo pequeño, sofríe los ajos laminados a fuego medio con el aceite hasta que estén dorados. El objetivo es perfumar el aceite. Retira los ajos ya sofritos y mantén el aceite caliente, ¡sin que se queme!

2. Dispón en un cazo los trozos de bacalao con el agua fría. Debe cocerse a fuego lento. Escúrrelo y retira las pieles, traspásalo a un bol (que no sea de plástico). Comprueba que no hayan espinas, y vierte el aceite caliente por encima. Con un túrmix, tritura el bacalao con el aceite perfumado de ajo, hasta conseguir una textura fina y ligada. Incorpora los 30 ml de crema de leche y continúa triturando unos instantes más. La brandada ya está lista.

3. Puedes presentarla recién hecha en la mesa y acompañarla con tostaditas o bastones de vegetales crudos, como apio, zanahoria o calabaza, o reservarla en la nevera en cazuelitas individuales para servirla más tarde caliente y gratinada con pan tostado por encima.

▸ *La brandada es una elaboración delicada y* gourmet *que puedes transformar en platos deliciosos. Por ejemplo:*
▸ *Pimientos del piquillo rellenos de brandada. Rellena los pimientos del piquillo con la brandada, disponlos de tres en tres en cazuelas individuales, nápalos con salsa de tomate (p. 244), caliéntalos en el horno y gratínalos con queso parmesano rallado por encima.*
▸ *Brazo de patata y brandada. Cocina las patatas* al tenedor *(p. 39). Dispón las patatas en la mesa de trabajo y encima de un papel de horno, ocupando una superficie de unos 30 x 20 cm. Extiende por encima la brandada de bacalao. Con ayuda del papel, enróllalo como un brazo de gitano y ponlo en una bandeja de horno. Napa con la salsa Aurora (p. 236), caliéntalo en el horno y gratínalo con queso emmental rallado por encima.*
▸ *Brandada de bacalao trufada. Elabora la Parmentier con trufas Melanosporum (p. 41). Dispón en el fondo de unas cazuelitas individuales una capa de la Parmentier trufada. Extiende por encima la brandada y napa con otra capa de Parmentier trufada. Calienta delicadamente en el horno y sirve recién hecha.*

Ensalada de *xató*

Para 6 raciones

- **2 escarolas** (preferentemente de la llamada «de la perruqueta» o cabello de ángel)
- **300 g de bacalao desalado, en trocitos, sin piel ni espinas**
- **200 g de una buena conserva de ventresca de atún en aceite** (la receta tradicional se elabora con atún salado)
- **18 filetes de anchoas en salazón, muy limpios**
- **100 g de aceitunas arbequinas**
- **100 g de aceitunas negras de Aragón**

PARA LA SALSA XATÓ

- **4 tomates maduros**
- **2 cabezas de ajo**
- **4 ñoras**
- **40 g de almendras tostadas**
- **40 g de avellanas tostadas**
- **200 ml de aceite de oliva virgen extra**
- **la miga de ½ rebanada de pan**
- **10 ml de vinagre de Jerez**
- **sal y pimienta**

En Cataluña, en invierno y en fechas del Carnaval suele ser un buen momento para preparar esta receta en casa. El *xató* es un plato tradicional vivo y muy interesante, pues constituye una fantástica comida completa, con tantas variaciones y fórmulas de la salsa como familias la elaboran.

ELABORACIÓN

Prepara la salsa con antelación. Hornea los tomates limpios, enteros y untados con aceite, y las cabezas de ajo a **190 °C** durante 25 minutos. Deja que los productos se enfríen, para poder pelarlos y reservar las pulpas.

Mientras, corta las ñoras por la mitad, retira las semillas y ponlas en remojo en agua tibia unos 25 minutos. Pasado este tiempo, podrás retirar la pulpa con mucha facilidad, con ayuda de un cuchillo. En el vaso del túrmix tritura muy bien las pulpas cocidas de los tomates y los ajos, la pulpa hidratada de las ñoras, las almendras, las avellanas, la miga de pan, el aceite, el vinagre, la sal y la pimienta. Prueba y afina el punto de sal y pimienta. La salsa debe quedar ligada, pero de textura ligera. Reserva en la nevera.

El aliño de la ensalada. Lava escrupulosamente las escarolas con agua abundante. Para el xató, utiliza las hojas blancas (y reserva las verdes); bien escurridas, córtalas en trozos de unos 5 cm de largo. Ponlas en un bol grande y mézclalas con la salsa.

PRESENTACIÓN

Reparte en los platos la escarola bien empapada en salsa y dispón por encima, de manera elegante, los filetes de anchoa, el bacalao, el atún y las aceitunas.

▸ *Es tradición acompañar el* xató *con un surtido de tortillas. Te recomiendo una muy original: corta las hojas verdes reservadas de las escarolas en trozos de 2 cm; salpiméntalas y sofríelas en una sartén con un hilo de aceite durante 4 minutos; añade 4 huevos batidos con una pizca de sal y prepara una tortilla, bien cuajada y doradita. Naturalmente, combinan muy bien con el* xató *las tortillas de judías del* ganxet*, de butifarra, de alcachofas, de espinacas y pasas o de patata y cebolla, por ejemplo.*

Pato a la naranja

Para 4 raciones

- 1 pato de gran calidad (unos 2 kg)
- 150 g de cebolla, picada fina
- 100 g de zanahoria rallada
- 100 g de puerro, picado fino
- 50 g de apio, picado fino
- 4 dientes de ajo sin pelar
- un *bouquet* de hierbas con 1 hoja de laurel, 1 ramita de tomillo y 1 trocito de canela
- 50 ml de brandi
- 700 ml de agua mineral
- 5 naranjas
- 50 g de azúcar
- 50 ml de vinagre de Jerez
- 50 g de confitura de fresón
- 50 ml de *curaçao*
- aceite de oliva virgen extra
- sal y pimienta

Icono de la cocina francesa. Es una receta magistral con una salsa agridulce para los amantes del pato.

Elaboración

El asado del ave

1. Pide en la carnicería que te preparen el pato entero, pero sin el cuello, las patas y los interiores. En casa, repasa la pieza para que no queden cálamos ni plumas. Lava el pato, sécalo y salpiméntalo por dentro y por fuera.

2. Unta el pato con un poco de aceite y disponlo en una bandeja de horno (con las pechugas hacia arriba) ligeramente honda. Con el horno precalentado a **190 °C** cuécelo durante 20 minutos.

3. Mientras, sofríe en una sartén la cebolla, el puerro, la zanahoria y el apio con un hilo de aceite durante unos 15 minutos. Salpimenta con prudencia.

4. Retira la bandeja, riega el pato con el brandi e incorpora a la bandeja los vegetales sofritos, los ajos, la piel fina de ½ naranja y el *bouquet* de hierbas. Dale la vuelta al pato (ahora las pechugas deben quedar en contacto con el fondo de la bandeja) y vuelve a hornear a **170 °C** unos 20 minutos.

5. De nuevo retira la bandeja del horno, remueve los vegetales y vierte el agua mineral caliente. Continúa la cocción a **170 °C** durante 30 minutos más, y retira la bandeja del horno.

La preparación de la salsa

1. En un cazo pequeño, cuece a fuego lento el vinagre y el azúcar hasta conseguir un caramelo oscuro (controla que no se queme). Añade el *curaçao*, el zumo de dos naranjas y la confitura de fresón. Haz que rompa el hervor y luego reserva.

2. Tritura en el pasapurés de agujero fino las verduras y los jugos del fondo de la bandeja del horno (deshazte del *bouquet*), y agrega el puré obtenido en el cazo del punto anterior.

3. Pon todo junto a cocer en el cazo (solo durante 5 minutos) y afina el punto de sal y pimienta. Cuela la salsa con un colador chino. Observarás que hay mucha grasa en la superficie: con cuidado y con la ayuda de una cuchara, retírala. Si consideras que la salsa tiene una textura demasiado clara, deja que se cueza a fuego lento hasta que espese un poco.

Finalización

1. Será fácil cortar con unas tijeras el pato asado en unos 8-10 trozos. Si te apetece, también puedes retirar los huesos.

2. En una cazuela del tamaño adecuado, dispón el pato troceado y nápalo con la salsa anterior, bien colada y desgrasada y de textura ligeramente densa. Añade los gajos de las 3 naranjas restantes, bien limpios de las pieles finas, y deja que se cueza todo junto solo 3 minutos. El plato está listo para presentarlo en la mesa.

Tarrina de *foie gras micuit*

Para unos 6-8 raciones
→ un *foie gras* de pato de unos 600 g, de gran calidad y muy fresco
→ 4 g de sal
→ 3 g de azúcar
→ 0,1 g de pimienta
→ una pizca de nuez moscada rallada
→ 50 ml de vino de Oporto

Icono internacional. La receta es una especialidad tradicional occitana. El valor y el refinamiento de la cocina francesa han hecho que sea famosa en todo el mundo. La palabra *foie gras* hace referencia a un hígado graso, de pato o de oca. Se consigue con una alimentación especial para estas aves. La expresión «paté de foie gras» se refiere a la pasta de hígado graso, y «micuit» significa que el hígado graso está medio cocido.

Necesitas una tarrina de porcelana, pírex o silicona, del tamaño adecuado, ya que es muy importante que este ocupe totalmente la tarrina.

Elaboración

El marinado del *foiegras*: dos días de antelación

1. Deja reposar el *foie gras* sobre una superficie envuelto en papel transparente unos 30 minutos. Con el reposo, a temperatura ambiente, el hígado graso adquirirá una textura muy blanda, lo que permitirá retirar con facilidad las venas sanguinolentas que ocupan sus lóbulos. Retíralas con cuidado y mantén el hígado bien extendido sobre el papel transparente y con la parte abierta hacia arriba, de donde has retirado las venas. No te preocupes si el hígado se rompe un poco, pero procura no deshacerlo demasiado.

2. Condiméntalo, al repartir la sal, el azúcar, la pimienta la nuez moscada y el vino.

3. En una tarrina del tamaño del hígado, encaja dentro la pieza. La tarrina debe quedar bien llena y el hígado muy apretado. Tapa totalmente la tarrina con papel transparente y reserva en la nevera durante 24 horas.

▸ *Una tarrina de* foie gras *tiene el* glamour *suficiente para iniciar una comida importante. Utiliza un cuchillo caliente para cortarla. Presenta el trozo de* foie gras *con una pizca de sal marina gruesa por encima. Combina muy bien con rebanadas de pan tostado, vegetales como apio o escarola, frutas frescas como la manzana o las uvas, o frutos secos, como ciruelas, pasas, nueces... También con frutas cocinadas, como el membrillo, y con vinos dulces y licorosos, como el de Sauternes, de Oporto o dulce de Mataró.*

La cocción del *foie gras*: un día de antelación.

1. Calienta el horno a **80 °C** y cuece la tarrina dentro de una bandeja honda con agua, para que se cocine al baño maría, durante 40 minutos.

2. Pasado este tiempo, retira la tarrina del horno. Observarás que durante la cocción ha soltado una grasa amarillenta y transparente que rodea toda la tarrina, y los lóbulos se perciben blandos. Con cuidado, retira totalmente esta grasa de cocción y resérvala en una taza en la nevera.

3. Una vez retirada la grasa transparente, remueve con delicadeza el hígado medio cocido y blando de arriba abajo, para que se unifique la temperatura. Coloca sobre el hígado medio cocido de la tarrina un peso que ocupe todo el ancho, para que ejerza una presión suave; es decir, si el hígado cocinado pesaba 600 g, el peso debe ser solo de 400 g, y nunca superior al del hígado en crudo. Una idea para el peso es recortar un cartón grueso del tamaño de la superficie de la tarrina, envolverlo con papel de aluminio y poner encima un paquete del peso adecuado. Así, deja que la tarrina prensada repose 24 horas en la nevera.

Finalización y presentación

1. Pasado el tiempo indicado, retira el peso. Con un papel de cocina humedecido en agua caliente, limpia las lágrimas de grasa de las paredes exteriores e interiores de la tarrina. Funde en el microondas la grasa que reservaste en la taza, cuélala si tiene posos y viértela sobre la tarrina, cubriendo toda la superficie. Reserva de nuevo la tarrina en la nevera. Cuando haya transcurrido una hora, estará lista para su presentación y disfrute.

Samfaina

Para 4 raciones
→ **3 cebollas, peladas y cortadas en trozos** (de 2 x 2 cm)
→ **8 tomates maduros, rallados, sin piel ni semillas**
→ **2 pimientos rojos, carnosos, pelados y cortados en trozos** (de 2 x 2 cm)
→ **1 pimiento verde, carnoso, pelado y cortado en trozos** (de 2 x 2 cm)
→ **1 calabacín, sin pelar y cortado en trozos** (de 2 x 2 cm)
→ **1 berenjena, sin pelar y cortada en trozos** (de 2 x 2 cm). **Pon los trozos de berenjena en sal durante 15 minutos antes de cocinarla**
→ **aceite de oliva virgen extra**
→ **sal y pimienta**

Elaboración tradicional de la cocina catalana, principalmente en verano, cuando pimientos, berenjenas, calabacines, cebollas y tomates se encuentran en su momento más esplendoroso. Hay *gourmets* que la consideran una salsa, porque combina tanto con carne como con pescado, pero por sí sola es una preparación deliciosa, así como mezclada con patatas fritas, legumbres cocidas o por encima de cocas o tostadas.

Elaboración

1. En una sartén grande con un chorrito de aceite, sofríe la cebolla hasta que esté doradita (unos 20 minutos). Añade el tomate rallado y continúa la cocción unos 20 minutos más. Salpimienta con prudencia, y reserva.

2. En otra sartén grande, también con aceite, sofríe el pimiento rojo. Cuando hayan pasado unos 4 minutos, añade el verde y continúa sofriendo 8 minutos más. Incorpora los trozos de calabacín y sigue sofriendo 5 minutos más. Salpimienta con prudencia, y reserva.

3. Escurre los trozos de berenjena del jugo que habrá soltado al salarla, y sécalos. En otra sartén con aceite, saltéalos hasta que estén cocidos y dorados (unos 7 minutos).

4. Agrega a la sartén con cebolla y tomate los pimientos, el calabacín y la berenjena, deja que se cocine todo junto 3 minutos a fuego lento. Afina el punto de sal y pimienta. La *samfaina* está lista para la degustación.

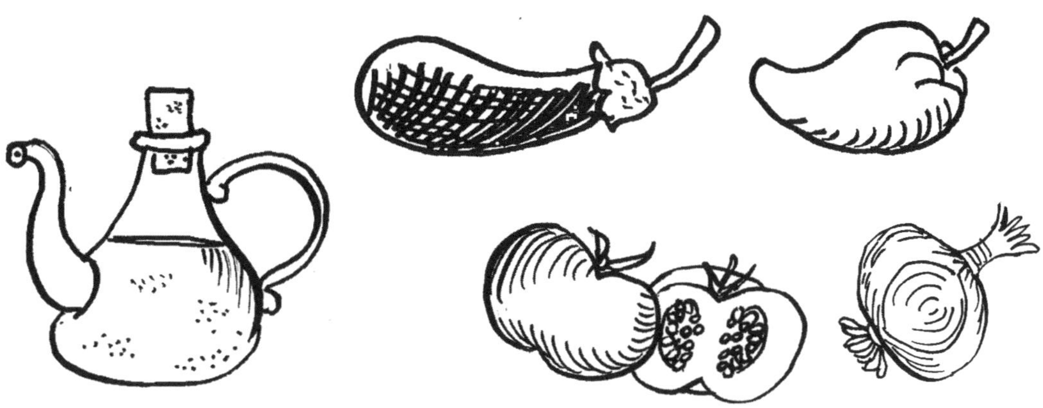

MENORQUE
CIUTADELLA
MAHÓ

10 Las salsas

Llamamos *salsa* a un jugo que puede ser ligero o espeso, que acompaña un plato o varios productos. Tanto da si la salsa en cuestión se crea como resultado de un estofado o asado, o se elabora aparte, mezclando varios ingredientes.

Desde los recetarios romanos más antiguos, recibimos información escrita sobre la importancia de las salsas. Estas pueden ser cocinadas y reducidas, crudas y emulsionadas, frías, calientes, dulces, picantes, ácidas, agrias o agridulces.

Las salsas pueden adquirir también diversos colores y múltiples texturas: líquidas y transparentes, sedosas y aterciopeladas, espesas y rústicas, aireadas o efímeras, elaboradas en el propio proceso de cocción dentro de un recipiente o cazuela, o en un mortero o con batidor manual de varillas, o con túrmix, o en un triturador-emulsionador, o con gas añadido a un sifón de cocina.

Las salsas son el condimento que acompaña la comida, y están estrechamente vinculadas con la cultura culinaria de cada territorio. Actualmente, el gran consumo de productos elaborados ha hecho que la industria alimentaria ofrezca una gran variedad de salsas de todo el mundo, en tarros, en tubos, en sobres, etcétera, con todas las garantías sanitarias, listas para utilizar.

Salsa romesco

Per a 500 g de salsa

- **400 g de tomate maduro** (escalivados al horno a 180 °C durante 35 minutos)
- **1 cabeza de ajos** (escalivados al horno a 180 °C durante 30 minutos)
- **4 ñoras** (la pulpa después de hidratarlas abiertas con agua mineral 5 horas)
- **40 g de almendras tostadas y peladas**
- **40 g de avellanas tostadas y peladas**
- **100 ml de aceite de oliva virgen extra**
- **12 ml de vinagre de Jerez**
- **sal y pimienta**

Salsa fría. Es una de las más antiguas e interesantes de la cultura culinaria catalana, sabrosa, muy sana y puedes combinarla con infinitos alimentos; por ejemplo, para acompañar carne, pescados o vegetales a la plancha o a la parrilla, para untar bocadillos o canapés, para elaborar el dashi de romesco (p. 53) o como base para un guiso caldoso de pescados, tipo *suquet*.

Elaboración

Tritura hasta que quede una salsa muy fina las pulpas de los tomates y los ajos escalivados, la pulpa de las ñoras hidratadas, los frutos secos tostados, el aceite, el vinagre, la pizca de sal y la pimienta. Reserva en la nevera.

▸ *La salsa se elabora tradicionalmente en un mortero, pero también puedes hacerlo en un robot de cocina, ¡fácilmente y con gran éxito!*

Salsa bechamel

Para 1 litro de salsa

- **1 l de leche**
- **45 g de harina de trigo**
- **55 g de mantequilla de vaca**
- **10 g de sal**
- **una pizca de pimienta blanca**
- **una pizca de nuez moscada rallada**
- **30 ml de jerez seco**

Salsa caliente. La bechamel es una salsa icónica de la cocina francesa clásica que hoy en día se utiliza mucho, y es también la base de muchas elaboraciones. Se trata de una salsa cremosa y sedosa, medianamente densa para gratinar alimentos, o más espesa para ligarlos.

Es una salsa láctica y neutra que permite adaptarla al gusto, añadirle sabores finales y crear nuevas salsas, por ejemplo, incorporando hierbas aromáticas picadas, tomate concentrado, queso rallado o los jugos de un asado.

ELABORACIÓN

1. Funde la mantequilla en una ollita a fuego lento. Cuando esté fundida, añade la harina y cuece a fuego lento, sin dejar de remover. La harina debe cocinarse sin tomar color. Agrega la sal, la pimienta blanca y la nuez moscada, y aparta el recipiente del fuego. La operación de cocinar la harina con mantequilla, con objeto de espesar un líquido, se denomina, en el argot de las técnicas culinarias, *roux*.

2. En un recipiente aparte, lleva la leche a ebullición e incorpórala hirviendo a la ollita con el *roux*. Vuelve a poner la ollita a fuego muy suave y remueve con el batidor de varillas hasta que rompa a hervir de nuevo. Cuece solo 20 segundos y aparta del fuego. Vierte el jerez seco y vuelve a remover con el batidor de varillas para que se mezcle bien. Reserva la salsa bechamel. Pásala por un colador chino para garantizar una salsa impecable.

▸ *Es una salsa de las llamadas «básicas», porque, a partir de esta, añadiendo otros ingredientes, se puede convertir en otra salsa. Agregando 150 g de salsa de tomate, se obtiene la salsa Aurora. Añadiendo 3 yemas de huevo y 75 g de queso parmesano rallado, se obtiene la salsa Mornay. Esta es un poco más compleja, ya que las yemas deben incorporarse a la bechamel caliente a* ***70 °C****, recién hecha y sin dejar de remover, para que el huevo no cuaje. Si se añade a la bechamel una cucharada de cebolla sofrita y confitada, adquiere el nombre de salsa Soubise.*

Vinagreta

Para 250 ml de salsa

- **200 ml de aceite de oliva virgen extra**
- **40 ml de vinagre de Jerez**
- **sal**
- **Opcional: una pizca de pimienta blanca molida**

Salsa fría. La vinagreta es una de las salsas más versátiles y fáciles de preparar. Se trata de una elaboración clásica, realizada básicamente con aceite, vinagre y sal, pero que admite otros muchos ingredientes que la convertirán en original y especial.

También una vinagreta es un ingrediente básico para sopas frías, como la Sopa fría de tomate y fresón (p. 25).

Una vinagreta es también una forma de cocinar los alimentos, ya sean vegetales, pescados o carnes; en el libro encontrarás Mezcla de setas a la vinagreta (p. 113) y Pollo de corral a la vinagreta (p. 114).

Elaboración

1. Introduce en un bol el vinagre y una pizca de sal. Vierte todo el aceite poco a poco, en un hilo, removiendo constantemente con un batidor de varillas, hasta que la salsa quede bien emulsionada.

2. En el momento de utilizarla, emulsiona de nuevo.

▸ *Con la vinagreta básica puedes elaborar la vinagreta a «la francesa», añadiendo a la preparación anterior dos cucharaditas de mostaza de Dijon y una de salsa Worcestershire (salsa inglesa).*
Puedes crear también vinagretas con tu toque personal. Por ejemplo: elabora una vinagreta básica y sustituye el vinagre de Jerez por uno balsámico, añade una cucharada de miel y unas avellanas tostadas y picadas, y dispondrás de una vinagreta de miel y avellanas.
▸ ***Atención.*** *La vinagreta es una salsa mezclada, y por ello la emulsión es inestable. Por tanto, hay que tener en cuenta que es preciso remover-emulsionar en el momento de utilizarla.*

Ravigotte

Para 4 raciones

- **200 ml de aceite de oliva virgen extra**
- **30 ml de jerez seco**
- **30 ml de vinagre de Jerez**
- **20 g de mostaza** (de Meaux)
- **un pellizco de pimentón picante**
- **2 filetes de anchoa en salazón, muy picados**
- **3 chalotas, picadas muy finas**
- **2 pimientos de piquillo, muy picados**
- **10 g de alcaparras, muy picadas**
- **20 hojas de perifollo, picadas**
- **20 hojas de perejil, picadas**
- **2 yemas de huevo, cocidas y ralladas**
- **sal y pimienta blanca**

Salsa derivada de la vinagreta. Con una serie de ingredientes picados y añadidos, se convierte en un aliño ideal para fiambres, legumbres o vegetales.

Elaboración

Mezcla todos los ingredientes. Aliña al punto de sal y pimienta, y reserva en la nevera.

▸ *La receta es muy golosa para acompañar carnes cocidas y frías, como la pechuga de pollo, o carnes gelatinosas, también cocidas y frías, como la cabeza de ternera o las manitas de cerdo.*

Alioli

Para 4 raciones

- **4 dientes de ajo, pelados y laminados**
- **un pellizco generoso de sal**
- **250 ml aprox. de aceite de oliva virgen extra**

Es preciso disponer de

- **un mortero** (de cerámica o mármol)
- **una mano de mortero para picar el ajo y ligar la salsa**
- **una aceitera de boquilla fina, llena con el aceite**

Salsa fría. El alioli es una salsa muy antigua. Hay estudios que indican que los romanos y los egipcios preparaban una salsa similar. El alioli es el icono de las salsas del Mediterráneo occidental. Es de textura espesa, color amarillo y muy brillante, y se elabora tradicionalmente en mortero, emulsionando ajo, sal y aceite de oliva. Se trata de una salsa de sabor picante, por la carga de ajo, y está muy presente en la cocina marinera, o para acompañar carnes y butifarras a la parrilla, patatas al rescoldo o pan tostado.

Elaboración

1. Dispón el ajo laminado y la sal en el mortero, y machaca con la mano de mortero hasta conseguir una pasta fina, brillante y húmeda.

2. Vierte el aceite muy poco a poco sin dejar de remover con la mano de mortero. La finalidad es que la pasta de ajo y sal se ligue con el hilo de aceite que va cayendo por las paredes del mortero (los entendidos defienden que se debe remover siempre en el mismo sentido). Es importante preparar el alioli en un ambiente de temperatura agradable: ni mucho calor, ni mucho frío.

3. El proceso es delicado, ya que hay riesgo de que la emulsión se corte. Por eso, es necesario que el alioli lo haga alguien experto y dispuesto a remover sin desfallecer, ¡hasta lograr una salsa ligada, amarilla y brillante!

▸ *Para elaborar un alioli hace falta destreza. Existe un aparato mecánico que, al ritmo preciso de una mano de mortero, prepara alioli dentro de un mortero adaptado a la máquina.*
▸ *Muchos defienden que hay que añadir unas gotas de limón al alioli.*
▸ *Son numerosos los amantes del alioli que lo preparan con mortero y le añaden una yema de huevo para asegurarse de que no se corta el proceso de emulsión.*
▸ *Muchos habituales del alioli lo elaboran emulsionándolo con ayuda de un túrmix y con ajo picado, una pizca de sal, un huevo entero y 200 ml de aceite de oliva virgen extra.*
▸ *En el Pirineo catalán es muy popular el alioli de membrillo, preparado con pulpa de membrillo cocido o asado, sin piel ni semillas. La mezcla con el membrillo convierte el alioli en una salsa no tan agresiva y potente de ajo. Puedes sustituir el membrillo por la manzana.*

Mayonesa

Per a 250 ml de salsa

- **1 yema de huevo**
- **200 ml de aceite de oliva**
- **zumo de medio limón** (10 ml aprox.)
- **sal**

Salsa fría. Icono de la isla de Menorca, que nació en el siglo XVIII. Durante la invasión de Mahón, los franceses se enamoraron de esta refinada salsa y se llevaron consigo la técnica, primero a Francia, luego a Estados Unidos (con el añadido de la mostaza francesa), y triunfó en todo el mundo. Se trata de una salsa muy neutra y fina que, básicamente, se elabora con yema de huevo, aceite de oliva, sal y una pizca de zumo de limón.

Elaboración (con bol y batidor de varillas)

1. En un bol amplio (o un mortero), trabaja la yema de huevo junto con una pizca de sal y unas gotas de limón. Bate la mezcla con un batidor de varillas (o la mano de mortero).

2. Ve añadiendo aceite poco a poco desde la aceitera, un hilo fino, sin dejar de remover el batidor de varillas (o la mano del mortero) hasta agotar el aceite, para conseguir una salsa ligada, fina, brillante y seductora.

Elaboración (con batidora eléctrica)

1. Dispón el huevo entero, la sal, las gotas de limón y el aceite en el vaso de la batidora.

2. Introduce el brazo de la batidora en el vaso y déjalo en el fondo. Sin levantarlo, bate hasta que la mezcla emulsione y se ligue.

3. Una vez emulsionada, mueve el brazo de la batidora de arriba abajo suavemente. Conserva la mayonesa en frío.

▸ ***¡Ten mucho cuidado con las elaboraciones con huevo crudo!*** *Es importante preparar esta salsa en el momento de comerla; además, no permite una larga conservación en frío y se debe consumir el mismo día. Puedes utilizar huevo pasteurizado para que sea más segura, o sustituir el huevo por leche. De esta manera obtendrás una salsa lactonesa. El proceso de elaboración es el mismo. Tan solo debes reemplazar el huevo por 100 ml de leche.*

Salsa rosa (o salsa cóctel)

Para 4 raciones

- **300 g de mayonesa** (p. 240)
- **100 ml de kétchup** (receta en la p. 242)
- **25 ml de zumo de naranja**
- **5 ml de salsa tabasco**
- **5 ml de salsa Worcestershire**
- **5 g de mostaza de Dijon**
- **10 ml de brandi**

Salsa fría. Famosa en todo el mundo, principalmente elaborada con mayonesa, kétchup, zumo de naranja y brandi. Puedes personalizarla añadiendo más picante, una pizca de mostaza o cambiando el brandi por *whisky*.

Es una salsa ideal para acompañar marisco escaldado y frío, y combina muy bien con huevos duros, espárragos, alcachofas cocidas y frías, hamburguesas o perritos calientes.

Elaboración

Bate todos los ingredientes de la lista en el vaso de la batidora eléctrica.

▸ ***¡Ten mucho cuidado con las elaboraciones con huevo crudo!*** *Es importante preparar esta salsa en el momento de comerla; además, no permite una larga conservación en frío y se debe consumir el mismo día.*

Kétchup

Para 500 ml de salsa

- **2 kg de tomate maduro, cortado en dados**
- **500 g de cebolla, picada muy fina**
- **100 ml de aceite de oliva**
- **50 g de mantequilla de vaca**
- **100 ml de vinagre de Jerez**
- **120 g de azúcar moreno**
- **50 g de miel**
- **1 cucharada de salsa Worcestershire**
- **sal y pimienta negra molida**

Salsa fría. Icono internacional relacionado con la comida rápida, que se utiliza principalmente para acompañar patatas fritas, salchichas o hamburguesas. De textura densa y homogénea, posee un sabor agridulce y se elabora con salsa de tomate, vinagre, azúcar, sal y especias.

El origen del kétchup es el *ketsiap*, una salsa china picante y sin tomate que suele acompañar carnes y pescados. A finales del siglo XVII, los ingleses la importaron desde el archipiélago malayo, y le añadieron tomate. Sin embargo, quien popularizó la salsa fue Henry Heinz en 1876, con una fórmula que convirtió famosa su receta en el mundo entero.

Elaboración

1. Tritura el tomate y ponlo a cocer en una olla a fuego medio. Deja reducir hasta una cuarta parte del volumen inicial.

2. En un cazo con el aceite de oliva y la mantequilla, sofríe la cebolla hasta que esté ligeramente dorada. Salpimienta con prudencia.

3. Agrega el azúcar al cazo con la cebolla, y deja que se funda. Incorpora la miel, el vinagre y el tomate sofrito, y sofríe todo junto muy lentamente durante unos 30 minutos a fuego muy lento. Afina el punto de sal y pimienta.

4. Tritura la salsa, cuélala y ponla de nuevo al fuego para recuperar el color rojo y brillante de la salsa.

5. Aparta la salsa del fuego, añade la cucharada de Worcestershire y prueba, por si requiriera una pizca más de sal y pimienta. ¡La salsa está lista!

▸ *Hay mil y una recetas de kétchup: con cebolla, sin cebolla, con especias, sin especias... La cocina siempre te brinda la posibilidad de elaborarla a tu gusto y con tu toque personal.*

Guacamole

Para 4 raciones

- **2 aguacates, en el punto de maduración**
- **1 cebolleta pequeña, picada muy fina**
- **1 tomate maduro, pelado, sin semillas y cortado en daditos**
- **2 cucharadas de cilantro fresco picado**
- **el zumo de media lima**
- **sal**

▸ *Se recomienda prepararlo en el momento de servirlo, porque el aguacate es un fruto que se oxida muy rápidamente.*
▸ *Si decides elaborarlo con antelación, cúbrelo con papel de plástico transparente y en contacto directo con el guacamole, y reserva en la nevera.*
▸ *Comprueba si el aguacate está en su punto: saca el pedúnculo, que se encuentra en uno de los extremos. Si es de color verde aún está verde; si es de color marrón oscuro, está pasado, y si es amarillento, está en el punto óptimo.*

Salsa fría. Icono de la cocina mexicana, que tradicionalmente se elabora en un mortero de piedra llamado «molcajete». Los ingredientes principales son aguacate, tomate, cebolla, chile verde y cilantro fresco. Es una salsa cremosa, vegetal y un pelín picante, que seduce a los *gourmets* al primer bocado.

Elaboración

1. Corta el aguacate por la mitad y hazlo girar para separar las dos mitades. Extrae el hueso y vacía la pulpa del aguacate con ayuda de una cuchara. Introduce la pulpa en un mortero (lo ideal sería un molcajete) y trabájala con la mano de mortero (o en un plato o bol con un tenedor).

2. Añade la cebolleta, el tomate, el cilantro, el zumo de lima y la sal. Mezcla de nuevo, y ya se puede servir en la mesa.

Salsa de tomate

Para 1 kg de salsa de tomate

- **2 kg de tomate maduro, cortado en trozos medianos y regulares**
- **100 ml de aceite de oliva**
- **3 dientes de ajo, pelados y cortados por la mitad**
- **200 g de cebolla, pelada y cortada en trozos medianos y regulares**
- **200 g de zanahoria, pelada y cortada en trozos regulares**
- **un *bouquet* atado con perejil y ½ hoja de laurel**
- **sal**

▸ *En el mercado hay conservas de tomate al natural de gran calidad. Puedes utilizarlas y obtener también una magnífica salsa de tomate. Además, puedes enriquecer la salsa añadiendo un poco de pimiento rojo y verde, incorporándolos cuando sofrías el ajo, la cebolla y la zanahoria.*

▸ *Las hierbas frescas picadas, como la albahaca, el orégano, el perejil o la mejorana, son ideales para perfumar la salsa de tomate.*

Es muy interesante que un producto como el tomate, tan básico en la dieta mediterránea, naciese en el continente americano y que, a través de Europa, haya logrado triunfar en todo el mundo. En México el tomate ya se cultivaba antes de la llegada de los conquistadores, pero su entrada en Europa como fruto comestible fue muy lenta, ya que, como la patata, estaba considerada una planta ornamental. El agrónomo, naturalista, nutricionista e higienista francés Antoine-Augustin Parmentier fue quien, en el siglo XVIII, defendió la patata como una alternativa alimentaria. Sin embargo, en el caso del tomate no conocemos el nombre del personaje relevante; existe, no obstante, una leyenda italiana que cuenta que el tomate se consideraba un fruto venenoso hasta que un reo condenado a muerte aceptó el reto de probarlo para conocer si era o no peligroso, y así conseguir su libertad. Como no se murió, el experimento fue un éxito y el tomate se convirtió en un producto apto para el consumo.

La salsa de tomate es muy versátil, pues en la elaboración admite vegetales y especias. Es también la base de muchos platos, y encaja con numerosos productos. Lo más importante para elaborar una buena salsa es disponer de unos tomates de calidad, en su punto óptimo de maduración, para no tener que añadir azúcar extra. La receta que ofrecemos incorpora un poco de zanahoria, que aportará un punto de dulzor de manera más natural y saludable.

Elaboración

1. En una cazuela del tamaño adecuado, calienta el aceite y sofríe el ajo, la cebolla y la zanahoria. Sala ligeramente.

2. Incorpora los tomates y el *bouquet* de hierbas a la cazuela. Deja que se sofría lentamente durante una hora aprox.

3. Pasa la salsa por un pasapurés de agujero pequeño y ponla de nuevo al fuego para recuperar el color. Comprueba el punto de sal.

Salsa boloñesa

Para 4 raciones

- **500 g de tomate maduro, pelado, sin semillas y troceado**
- **350 g de carne magra de ternera picada**
- **100 g de panceta curada, cortada en daditos**
- **50 g de zanahoria, pelada y cortada en daditos**
- **50 g de cebolla, pelada y cortada en daditos**
- **50 g de apio, limpio y cortado en daditos**
- **50 ml de aceite de oliva virgen extra**
- **50 g de mantequilla de vaca**
- **150 ml de jerez seco**
- **125 ml de leche de vaca**
- **una pizca de nuez moscada**
- **sal y pimienta negra molida**

▸ *Puedes aprovechar el tiempo cocinando en el cazo el doble de tomate, añadir solo la parte correspondiente a la boloñesa y el resto guardarlo en el congelador en bolsitas para alimentos para disponerlo cuando lo precises.*

La boloñesa es una salsa italiana, originaria de la región de Emilia-Romagna, a base de tomate y carne, y es muy popular en todo el mundo. Se trata de una salsa muy rica y sabrosa que requiere una cocción larga y lenta. Puedes utilizar esta elaboración como acompañamiento de diversos tipos de pasta o como relleno de una lasaña.

Elaboración

1. Pon el tomate en un cazo con un hilo de aceite a cocer a fuego lento durante 30 minutos, salpimienta con prudencia.

2. En una cazuela con la mantequilla y el aceite, sofríe los dados de panceta salpimentada hasta dorarlos.

3. Añade la cebolla y sofríe también. Cuando la cebolla esté dorada, incorpora el apio y la zanahoria. Salpimienta y sofríe todo junto 10 minutos más.

4. Agrega ahora la carne picada, previamente salpimentada, y continúa sofriendo hasta que esté suelta y doradita.

5. Vierte la leche en el sofrito y deja que se reduzca a fuego lento. Luego, añade una pizca de nuez moscada y vierte el vino. Deja que también se reduzca.

6. Por último, incorpora el tomate sofrito en el cazo (**punto 1**) y cuece todo junto a fuego muy lento unos 10 minutos más, hasta que la salsa se vuelva densa. Afina el punto de sal.

Salsa carbonara

Para 4 raciones

o para saltear 400 g de pasta seca cocida al dente tipo espagueti

- **20 g de mantequilla de vaca**
- **20 ml de aceite de oliva virgen extra**
- **150 g de panceta curada, cortada en daditos**
- **90 ml de vino blanco**
- **4 yemas de huevo**
- **100 g de queso parmesano rallado**
- **sal y pimienta negra molida**

▸ *La receta que proponemos está elaborada con parmesano, porque es un queso buenísimo que puedes encontrar fácilmente en las tiendas, pero puedes sustituirlo por otro que te apetezca y que sea curado. También puedes sustituir la panceta curada por beicon.*

▸ *No hay ningún problema si eres de esos a los que les gusta la salsa con un toque de nata. Incorpora 100 ml de crema de leche (o leche evaporada, con menos contenido de grasa) en el punto* **2** *de la receta, después de reducir el vino.*

La carbonara es una salsa típica italiana a base de panceta, yema de huevo y queso pecorino (de oveja, curado y de sabor potente). No lleva nata, ingrediente que popularmente se ha añadido para disponer de una salsa con antelación. La carbonara es una salsa que reclama la inmediatez de ser «elaborada y consumida», ya que, básicamente, es el resultado de un batido de yemas de huevo que se añade a la pasta recién cocida, junto con pocos ingredientes, para aportar la cremosidad y la densidad que la caracteriza del resto.

Elaboración

1. En una olla, lleva a ebullición el agua con un poco de sal para cocer la pasta. Es importante que hagas coincidir el final de la cocción de la pasta con la salsa lista para mezclar al momento.

2. En una sartén con el aceite y la mantequilla, sofríe los dados de panceta hasta que estén dorados. Incorpora el vino y deja que se evapore hasta la mitad. Reserva los ingredientes en la misma sartén.

3. En un bol amplio para las 4 raciones, introduce las yemas junto con una pizca de sal y pimienta, y trabaja como una emulsión. Añade el queso rallado y mezcla de nuevo. Incorpora un par de cucharadas del agua de cocción de la pasta (procura que sea el agua del final de la cocción, porque tendrá más almidón y se ligará mejor).

4. Cuando la pasta alcance su punto justo de cocción, escúrrela y vuélcala inmediatamente en el bol con la mezcla de yemas y queso. Mezcla bien y agrega el sofrito de la panceta con el vino, que tendrás que volver a calentar para mezclarlo mejor. Ya está lista la pasta con la salsa integrada. Repártela en los platos y añade un poco de queso parmesano rallado por encima.

Pesto

Para 200 g de salsa

- **120 ml de aceite de oliva**
- **15 g de mantequilla**
- **75 g de queso parmesano rallado**
- **75 g de piñones**
- **5 g de ajo**
- **30 g de albahaca fresca, de hoja pequeña o grande**
- **sal y pimienta**

El pesto es una salsa muy aromática y sabrosa, originaria de Italia, y muy fácil de preparar a partir de albahaca fresca, aceite de oliva, piñones, ajo y queso parmesano. Es una salsa que generalmente se asocia con la pasta, pero puede ser el acompañamiento perfecto de otros muchos platos de verduras, pescado o marisco a la plancha.

Elaboración

Introduce el aceite, la mantequilla, el queso, los piñones y la albahaca en la batidora, y tritura todos los ingredientes hasta que quede casi como una crema. Afina el punto de sal y pimienta, y reserva en frío.

▸ *Esta salsa permite la conservación en frío e incluso se puede congelar sin que se vea alterada. Lo más importante es guardarla en recipientes adecuados para evitar que se oxide. La albahaca tiende a oscurecerse muy rápidamente.*
▸ *Si no tienes albahaca fresca, puedes optar por preparar un pesto de perejil, que es una hierba más fácil de encontrar y mucho más económica que la albahaca. Otra buena opción es combinarlas a partes iguales.*

Curri verde

Para 4 raciones

- **30 g de chalota, picada muy fina**
- **7 g de ajo, cortado en láminas muy finas**
- **10 chiles verdes picantes (o jalapeños), cortados muy finos**
- **10 g de *lemongrass*, picado fino**
- **2 hojas de lima kaffir (sin el nervio central)**
- **5 g de jengibre fresco**
- **0,3 g de comino, ligeramente tostado**
- **3 g de galanga, pelada y rallada muy fina**
- **200 ml de leche de coco**
- **300 ml de agua mineral**
- **10 ml de soja blanca**
- **30 g de hojas de espinaca escaldadas**
- **15 g de cilantro fresco**
- **5 g de albahaca**
- **aceite de oliva**
- **sal**

▸ *La salsa brillante, picante y verde os abrirá un abanico de combinaciones fantásticas.*

Emblemático condimento de la cocina tailandesa, de color verde, cremoso y especiado, y con muchas recetas, fórmulas y variantes. En el mercado se encuentra una pasta ya preparada de curri verde, pero te ofrecemos una receta para prepararlo en casa, tan solo tienes que adaptar el picante a tu gusto. Es una salsa fantástica para amantes del picante que encaja muy bien con vegetales, pasta, arroz blanco, pescado, marisco y carnes.

Elaboración

1. En un cazo con un hilo de aceite, sofríe la chalota 2 minutos. Añade el ajo, los chiles, el jengibre y la galanga, y continúa sofriendo 1 minuto más.

2. Vierte en el cazo la leche de coco y cuece a fuego lento unos 10 minutos, hasta que observes que la grasa de la leche de coco se separa. Es el momento de añadir el agua, el *lemongrass*, las hojas de lima kaffir, la soja y el comino. Continúa la cocción lenta durante 5 minutos más. Sala con prudencia.

3. Enfría la cocción y tritúrala muy fina con el cilantro, la albahaca y las hojas de espinaca. Cuela la salsa y afina el punto de sal.

Curri rojo

Para 20 raciones aprox.

- **7 guindillas de Cayena secas, abiertas y sin semillas**
- **10 g de semillas de comino**
- **10 g de semillas de cilantro**
- **2 raíces de cilantro, cortadas en trozos**
- **la piel de una lima kaffir** (o lima), **cortada muy fina**
- **1 trozo de *lemongrass*, cortado en trozos** (8 cm aprox.)
- **1 trozo de jengibre fresco, cortado en trozos** (4 cm aprox.)
- **3 chalotas, peladas y cortadas en trozos**
- **6 dientes de ajo, pelados y cortados en trozos**
- **30 g de cacahuetes tostados y picados**
- **25 g de pasta de gamba**
- **sal y pimienta**

El curri rojo es también una de las salsas más populares de la cocina thai. Tiene su origen en la cocina india, pero la cultura tailandesa la adaptó y la proyectó al mundo. El curri rojo es más picante que el verde, pero el grado de picante, ya lo sabes, se puede controlar añadiendo más o menos chiles en la elaboración. La receta que os ofrecemos es para elaborar en casa la pasta de curri rojo (puedes comprarla ya hecha en los comercios). La pasta se mantiene en la nevera y puedes convertirla en una salsa o un caldo en el que puedes cocinar vegetales, pescados, carnes o marisco, añadiéndole caldo o leche de coco. Los productos tailandeses se encuentran fácilmente en las tiendas asiáticas.

Elaboración

1. Pon las guindillas en remojo la noche anterior. Por la mañana, escúrrelas y sécalas con papel absorbente de cocina.

2. En una sartén, saltea las semillas de cilantro y comino, para tostarlas ligeramente. A continuación, machácalas en un mortero. Añade luego las guindillas y un poquito de sal, y machaca todo el conjunto hasta obtener una pasta.

3. Añade la pimienta, la raíz de cilantro y la piel de la lima. Continúa trabajando la pasta picante en el mortero hasta que quede muy fina.

4. Incorpora el jengibre y el *lemongrass*, y sigue trabajando la pasta. Por último, añade los ajos, las chalotas, los cacahuetes y la sal con moderación.

5. Una vez que esté todo bien machacado e integrado como una salsa ligada, añade la pasta de gamba. Reserva en un recipiente hermético en la nevera.

Salsa dulce y picante

Para 4 raciones

- **100 g de azúcar moreno**
- **100 ml de vinagre de arroz**
- **100 ml de agua mineral**
- **30 g de pasta de curri rojo (p. 249)**

Originaria de la cultura thai, la salsa dulce y picante combina con un montón de elaboraciones con vegetales, carne, pescado o marisco. La combinación de acidez y picante es ideal para acompañar los rollitos de primavera (p. 216).

Elaboración

1. Calienta en un cazo a fuego suave el agua, el vinagre y el azúcar, hasta que rompa a hervir y el azúcar se disuelva.

2. Añade la pasta de curri rojo y cuécelo a fuego lento durante 5 minutos. Deja que se enfríe y reserva la salsa en un recipiente hermético en la nevera. La salsa está lista para acompañar todo lo que te apetezca.

Salsa tzatziki

Para 4 raciones

- **300 g de yogur griego natural**
- **25 ml de aceite de oliva virgen extra**
- **15 ml de zumo de limón**
- **5 g de ajo, muy picado**
- **150 g de pepino, pelado y rallado fino**
- **15 hojas de menta fresca, picada fina**
- **sal y pimienta**

▶ *Esta salsa también permite variaciones en cuanto a la hierba fresca. Puedes utilizar eneldo en vez de menta, cilantro o mejorana.*

Es una salsa griega elaborada a base de yogur griego de muy buena calidad, pepino, ajo, aceite de oliva, zumo de limón y menta. El resultado es una salsa muy refrescante que puede acompañar carnes y untar canapés o sándwiches.

Elaboración

1. Mezcla en un bol el pepino rallado con un poco de sal y déjalo en un colador para que pierda el agua del vegetal.

2. En otro bol, mezcla el yogur con el zumo de limón, el aceite de oliva y el ajo picado.

3. Incorpora el pepino bien escurrido al bol del yogur y mezcla bien.

4. Por último, añade la menta fresca picada y un punto de sal y pimienta. Reserva en la nevera.

Mole verde

Para 4 raciones

- **100 g de cebolla picada, mediana**
- **5 g de ajo, cortado en láminas finas**
- **15 g de chiles verdes, muy picados**
- **400 g de tomatillo picado**
- **60 g de pistachos, tostados 5 minutos en el horno a 140 °C**
- **60 g de pipas de calabaza, tostadas 5 minutos en el horno a 140 °C**
- **20 hojas de cilantro**
- **10 g de hoja santa, escaldada**
- **5 g de perejil**
- **80 g de hojas de espinaca, escaldadas**
- **600 ml de agua mineral**
- **aceite de oliva y sal**

Famosa salsa de la cocina mexicana, cuyo origen se remonta a la época prehispánica, y su nombre viene de *mulli*, palabra náhuatl que significa «mezcla». Mole hace referencia a diferentes salsas mexicanas elaboradas a base de chiles (pimientos picantes) y especias, y también a muchos platillos de carne y verduras preparados con esta salsa.

En la cocina mexicana actual, el mole suele acompañar a diversas carnes. El más conocido en México es el mole poblano, y está considerado platillo nacional. Existen muchas variedades de esta salsa, debido a la gran variedad de pimientos picantes que se cultivan en el país de donde es originaria.

Elaboración

1. En un cazo con un hilo de aceite de oliva, sofríe a fuego medio la cebolla durante 2 minutos solamente. Añade los chiles y continúa el sofrito 1 minuto más. Incorpora el tomatillo y sigue sofriendo 1 minuto más.

2. Vierte el agua, sala con prudencia y deja que se cueza todo junto hasta que rompa a hervir. Aparta el cazo del fuego.

3. Tritura bien el contenido de la cocción con el resto de ingredientes. Cuela la salsa, afina el punto de sal y reserva.

▸ ***El éxito de la cocina mexicana hace que productos originales como los de esta receta puedas encontrarlos fácilmente en los mercados bien provistos de productos frescos.***

Salsa BBQ

Para 4 raciones

- **50 ml de aceite de oliva**
- **50 g de mantequilla de vaca**
- **1 pimiento rojo, limpio y picado**
- **1 cebolla, pelada y rallada**
- **200 ml de *whisky***
- **200 g de salsa de tomate** (p. 244)
- **60 ml de zumo de naranja**
- **60 g de miel**
- **60 g de salsa Worcestershire**
- **20 g de azúcar moreno**
- **sal y pimienta**

▸ *Puedes hacerla más picante añadiendo tabasco, guindillas, o pimentón picante.*

La salsa barbacoa es la típica salsa americana con la que popularmente se acompaña la mayoría de carnes preparadas a la barbacoa, brasa u horno. Es una salsa que sirve para condimentar cualquier tipo de carne.

Elaboración

1. En un cazo con la mantequilla y el aceite de oliva, sofríe el pimiento y la cebolla a fuego vivo unos 5 minutos.

2. Baja el fuego, vierte el *whisky* y déjalo cocer 5 minutos más, a fuego lento para que se evapore el alcohol.

3. Añade el resto de ingredientes y deja que se cueza a fuego lento 15 minutos más. Salpimienta con prudencia.

4. Tritura la salsa y vuelve a ponerla al fuego, durante unos 10 minutos. Prueba para afinar el punto de sal y pimienta.

Salsa chimichurri

Para 4 raciones

- **20 g de hojas de orégano seco, picadas finas**
- **10 g de ají en polvo (o guindillas), muy picadas o en polvo**
- **50 ml de agua tibia**
- **3 dientes de ajo, pelados y picados finos**
- **50 g de hojas de perejil fresco, muy picadas**
- **150 ml de aceite de oliva**
- **75 ml de vinagre de vino**
- **sal y pimienta**

La salsa chimichurri es de origen argentino, la que acompaña el tradicional asado. Se utiliza mucho en países de América del Sur, principalmente en Argentina y Uruguay. El chimichurri triunfa en todo el mundo porque acompaña muy bien una parrillada de carnes, y es fácil y rápida de preparar en casa.

Elaboración

1. En un bol pon las hojas de orégano y el ají, vierte el agua tibia y mezcla bien, de manera que el producto seco se hidrate durante 5 minutos.

2. Añade una pizca de sal y pimienta, incorpora el ajo y el perejil picados, y mezcla de nuevo. Deja reposar 5 minutos más.

3. Vierte el vinagre y el aceite de oliva, y mezcla de nuevo. Reserva el chimichurri en un recipiente de cristal en la nevera.

▸ *Es una salsa que mejora cuando transcurren un par de días desde su elaboración. Puedes mantenerla unos cuantos días en la nevera, pues el aceite y el vinagre le aportan una conservación más larga.*

Leche de tigre (receta en la p. 195)

Salsa ponzu

Para 4 raciones
→ 30 ml de vinagre de arroz
→ 120 ml de mirin
→ 30 g de alga kombu, en trozos
→ 15 g de *katsuobushi*
→ 120 ml de zumo de yuzu
→ 120 ml de salsa de soja

Se trata de una salsa básica de la cocina japonesa, acidulada y elaborada con vinagre de arroz y yuzu. Se utiliza para aliñar verduras, ensaladas, pescados y carnes. Su elaboración es fácil y rápida, y requiere un par de días de reposo para disfrutar todo su sabor.

Elaboración

1. Mezcla el vinagre, el mirin y el kombu en una cazuela pequeña, y calienta a fuego lento hasta que rompa a hervir. Retira del fuego y añade el *katsuobushi*.

2. Tapa y deja reposar durante 10 minutos. Filtra el líquido a través de un tamiz de malla fina. Deja enfriar totalmente el líquido.

3. Incorpora al líquido ya frío el zumo de yuzu y la salsa de soja.

4. Puedes conservar la salsa ponzu en un recipiente hermético en la nevera durante una semana.

▸ *Uno de los ingredientes principales es el yuzu, un cítrico de origen chino muy utilizado en la cocina japonesa. Si no tienes este fruto, puedes sustituirlo por cualquier otro cítrico que encuentres en el mercado, preferiblemente el limón.*
▸ *También puedes preparar la misma salsa en frío. Mezcla todos los ingredientes en un recipiente y deja que se macere 24 horas, como mínimo, en la nevera. Luego, cuela el resultado.*

Salsa *teriyaki* (receta en la p. 192)

Salsa *Yakitori*

Para 4 raciones

- **125 ml de salsa de soja**
- **125 ml de mirin**
- **1 g de *shichimi togarashi*** (mezcla de especias japonesas)

Es una salsa japonesa con un toque picante y muy aromática. Yakitori es una típica brocheta japonesa, generalmente de pollo y puerro, marinada en la salsa del mismo nombre.

ELABORACIÓN

1. Mezcla los ingredientes en un cazo a fuego suave y deja cocer hasta que la salsa se reduzca a la mitad.

2. Añade la mezcla de especias y cuece solo 3 minutos más. La salsa está lista.

Para 4 brochetas de Yakitori de pollo y puerro

- **4 contramuslos de pollo, limpios de piel y grasa, cortados en trozos regulares**
- **2 puerros tiernos, limpios y cortados en trozos regulares**
- **125 ml de salsa Yakitori**
- **aceite de oliva**
- **sal y pimienta**

ELABORACIÓN

1. Moja en agua los palitos de brocheta para evitar que se quemen durante la cocción. Ensarta de manera intercalada trozos de pollo y de puerro.

2. Aliña con aceite, sal y pimienta, y cocina a la plancha (en Japón es muy popular hacerlas a la brasa).

3. Mientras se asan, se van pincelando con la salsa, para que se caramelice y el resultado sea una brocheta napada y brillante.

Salsa *jurvert*

Para 4 raciones

- 50 g de hojas de perejil fresco
- 0,5 g de hojas de mejorana fresca
- 1 g de hojas de menta fresca
- 2 g de ajo
- 25 g de pan tostado (rebanadas tostadas)
- 50 g de avellanas tostadas y peladas
- 25 g de nueces
- 2 yemas de huevo duro (cocido)
- 150 ml de aceite de oliva virgen extra
- 20 ml de vinagre de Jerez
- 20 g de miel
- sal y pimienta

Salsa medieval catalana del siglo XIV, interesantísima y de fácil elaboración.

ELABORACIÓN

La noche anterior, mezcla todos los ingredientes salvo las hierbas frescas, y déjalos macerar en la nevera. Al día siguiente, tritura con el túrmix junto con las hierbas aromáticas. Afina el punto de sal y pimienta, y reserva la salsa obtenida en la nevera.

▸ *En época medieval, esta salsa acompañaba tradicionalmente el cordero o el cabrito asados. Descubrirás que combina muy bien con carnes frías, huevos, pescados, verduras, pasta y arroz blanco.*

Curri

Para 6 raciones

- **30 ml de aceite de oliva virgen extra**
- **50 g de chalota, cortada en emincer**
- **100 g de manzana Golden, cortada en láminas finas, sin piel ni semillas**
- **80 ml de jerez seco**
- **3 g de curri en polvo**
- **200 ml de caldo vegetal** (p. 53)
- **100 ml de crema de leche** (o leche de coco)
- **3 g de arroz**
- **sal y pimienta**

▸ *Puedes servir la salsa tanto caliente como fría. Es muy interesante también servirla en pequeños boles individuales para mojar desde palitos de pan tostado hasta bastoncitos vegetales, como apio, zanahoria, manzana, etcétera.*

El curri es una mezcla de diversas especias, originaria de la India, muy famosa y utilizada en todo el mundo. Generalmente se consume en polvo o en pasta, es de color amarillo rojizo y ofrece un enorme abanico de variaciones, desde el dulce hasta el picante.

En Occidente, el curri, tanto en polvo como en pasta, aparte de utilizarlo para elaborar salsa y para acompañar canapés, vegetales, pescados, marisco o carnes, también ha triunfado en el mundo de la pastelería, en forma de cremas, *gelées* y salsas dulces, y en el ámbito de la bombonería.

En nuestro libro te ofrecemos una salsa curri muy elegante y ligeramente picante, para combinarla con lo que más te apetezca.

Elaboración

1. Sofríe la chalota en una olla con aceite de oliva 5 minutos a fuego lento.
2. Incorpora la manzana y continúa el sofrito 5 minutos más.
3. Vierte el jerez y deja que se reduzca completamente.
4. Aparta el cazo del fuego, añade el curri y mézclalo con el sofrito.
5. Incorpora al cazo el caldo vegetal caliente y el arroz y déjalo cocer todo junto durante 20 minutos a fuego lento.
6. Agrega la crema de leche (o la leche de coco) y deja cocer todo junto durante 2 minutos más.
7. Deja enfriar la salsa completamente. Tritúrala muy fría, condimenta con una pizca de sal y pimienta, cuélala y reserva la salsa obtenida en la nevera.

Chutney de fresas

Para 6 raciones

- **20 ml de aceite de oliva virgen extra**
- **1 chalota, pelada y cortada en emincer**
- **1 diente de ajo, pelado y muy picado**
- **1 naranja**
- **50 g de azúcar moreno**
- **20 ml de vinagre de Jerez**
- **50 g de pasas, sin hueso**
- **250 g de fresas, limpias y cortadas en trozos**
- **10 g de jengibre fresco, pelado y rallado**
- **1 trozo de canela en rama** (de 4 cm)
- **1 pieza de anís estrellado**
- **10 g de mostaza** (de Meaux)
- **una pizca de pimienta negra molida**

▸ *Puedes variar la salsa a tu gusto, sustituyendo las fresas por melocotón, mango o plátano.*

El *chutney* es una salsa viscosa y agridulce originaria de la India y del resto de países del sur de Asia. Se trata de una especie de confitura o mermelada que se elabora a partir de frutas y/o verduras cocidas en una base de vinagre, azúcar y especias. No existe ninguna receta concreta para elaborarlo, ya que la lista de ingredientes es tan larga y variada que existen numerosas combinaciones. La textura puede ser fina o más gruesa y rústica. Su sabor característico, potente y picante, procede de la combinación de especias y condimentos que se utilizan, como clavos de olor, comino, jengibre, canela, guindillas y mostaza. Los *chutneys* se pueden preparar con uno o varios vegetales. Los más populares son el *chutney* de mango, de calabacín, de tomate, etcétera. Es una salsa muy golosa para acompañar cualquier plato de vegetales, carne o pescado.

ELABORACIÓN

1. Sofríe el ajo y la chalota en un cazo con el aceite. Debe quedar bien hecho, pero sin dorarse.

2. Añade el zumo de la naranja y la ralladura fina de la piel, el vinagre y el azúcar, y deja que se sofría todo junto 5 minutos.

3. Incorpora las pasas, las fresas, el jengibre, la mostaza, la canela, el anís y la pimienta, y continúa sofriendo 10 minutos más a fuego lento.

4. Retira la rama de canela y la pieza de anís estrellado. Tritura la salsa obtenida y reserva en un recipiente en la nevera.

Ras el hanout

Para 6 raciones

- **10 g de semillas de comino**
- **10 g de semillas de cilantro**
- **1 trozo de canela** (5 cm)
- **10 semillas de cardamomo verde**
- **10 g de pimienta negra en grano**
- **10 g de jengibre molido**
- **5 g de cúrcuma molida**
- **1 g de nuez moscada en polvo**

El *ras el hanout* es originario del norte de África. Es un condimento formado por una mezcla compleja de especias y, por tanto, no existe una receta única para elaborarlo. Las combinaciones son numerosas, al emplear una elevada cantidad de diferentes tipos de especias y en diversas cantidades. Entre las más habituales destacan la nuez moscada, el comino, el cilantro, la canela, la cúrcuma, el cardamomo, el clavo, el jengibre y distintos tipos de pimienta. Este condimento se puede adquirir en polvo o en semillas, para molerlo al momento y mantener la frescura de las especias.

El *ras el hanout* es un ingrediente muy habitual en la cocina del Magreb, y se utiliza para muchos platos cocinados en tajín y en algunos de cuscús.

Elaboración

1. Tuesta las especias enteras y las semillas en una cazuela pequeña hasta que percibas un ligero aroma a tostado y un cambio de color.

2. Introduce en un molinillo eléctrico todas las especias tostadas (o utiliza un mortero) y pulverízalas. A continuación, añade las especias ya molidas y tritura de nuevo hasta obtener un polvo fino.

3. Reserva la moltura en un recipiente hermético. Recuerda que recién elaborado es mucho más perfumado e intenso en aromas.

▸ *Puedes sustituir algunas de las especias de la lista por otras que te inspiren. Existen recetas de* ras el hanout *que mezclan hasta 40 especias distintas.*

Pólvora de duque

Para la pólvora de duque
→ 50 g de jengibre en polvo
→ 10 g de canela en polvo
→ 20 g de pimienta blanca en polvo
→ 15 g de cardamomo en polvo
→ 10 g de nuez moscada en polvo
→ 10 g de pimentón picante
→ 5 g de pimentón dulce

En los recetarios de cocina medieval catalana aparece un tipo de mezcla especiada, emparentada con el *ras el hanout*, que dejó de ser popular a mediados del siglo XX.

Elaboración

Mezcla los ingredientes y, como en el caso del *ras el hanout*, utilízalo para perfumar elaboraciones que requieran aromas especiados.

Salsa española

Para el fondo oscuro de ternera
→ 1,5 kg de ternera (preferiblemente, una mitad de huesos de rodilla cortados en trozos y otra mitad de recortes de carne de la parte del morcillo o del costillar)
→ 100 g de zanahorias, peladas y cortadas en dados irregulares
→ 100 g de cebolla, pelada y cortada en dados irregulares
→ 100 g de puerro, pelado y cortado en dados irregulares
→ 100 g de apio, pelado y cortado en dados irregulares
→ 3 dientes de ajo enteros
→ 2 hojas de laurel
→ 500 g de tomate, limpio y cortado en trozos
→ ½ l de vino tinto
→ 5 l de agua

La salsa española se documentó en el siglo XVII, a partir de la influencia de cocineros españoles en la corte del rey de Francia. Sirve para acompañar y napar carnes. Auguste Escoffier, padre de la cocina moderna, reescribió la receta, que sigue en uso actualmente en las escuelas de cocina como en las cocinas profesionales. Es una salsa elaborada a partir del asado de huesos y carnes, para conseguir un caldo oscuro y perfumado de carne. Este fondo oscuro se puede ligar con un *roux* o con fécula de patata o maíz. Se puede reducir hasta una densidad viscosa, concentrada y brillante llamada *demi-glace*.

El fondo oscuro de ternera

1. Asa en el horno los huesos y los recortes de carne a **180 °C** en una bandeja durante 30 minutos, hasta que estén muy dorados (sin que se quemen).

2. Añade a la bandeja las verduras cortadas y vuelve a hornear, para que se oscurezcan, unos 10 minutos.

3. Incorpora el vino y pon la bandeja sobre el fuego para que se evapore un poco el alcohol, unos 5 minutos.

4. Traspasa todo el contenido de la bandeja a una olla. Desglasa la bandeja con un poco de agua para recuperar los jugos de la cocción, e incorpóralos a la olla.

5. Añade el agua a la olla y ponla al fuego. Justo antes de que rompa a hervir, espuma para retirar las impurezas que afloran en la superficie, y deja cocer el fondo a fuego medio/suave durante unas 3 horas, hasta obtener aprox. 1 litro de fondo oscuro. Pásalo por un colador de malla fina y resérvalo en la nevera para poder retirar la grasa que se solidificará en la superficie. Ya tienes un fondo oscuro de carne impecable.

La salsa española

Para la salsa española

- **1 l de fondo oscuro de ternera**
- **25 g de mantequilla**
- **25 g de harina** (o 25 g de Maizena o fécula de patata y 25 g de mantequilla)

Para ligarla con un *roux*. En un cazo y a fuego lento, cocina la mantequilla con la harina durante unos 30 segundos. Añade el litro de fondo oscuro de ternera y lleva a ebullición. Salpimienta la salsa con prudencia y resérvala en frío hasta el momento de calentarla y servirla para acompañar o napar la carne.

Para ligarla con fécula. Diluye con un poco de agua fría la fécula de maíz o de patata. En un cazo, lleva a ebullición el fondo oscuro de carne y agrégale la fécula diluida. Deja cocer a fuego lento hasta que el almidón espese y ligue la salsa. Resérvala. En el momento de utilizarla puedes añadirle unas bolitas de mantequilla para emulsionar y abrillantar la salsa.

▸ ***El* demi-glace.** *Si quieres obtener una salsa sabrosa, ligera y moderna, de un color más brillante y transparente, sigue la receta hasta el* **punto 5**. *A continuación, pon otra vez al fuego el fondo y deja que se cueza lentamente hasta lograr una concentración llamada* demi-glace. *Solo será necesario refinar la salsa con unas bolitas de mantequilla añadidas en el último momento.*

Mojo verde

Para 4 raciones

- 1 manojo de cilantro, solo las hojas (50 g)
- 6 dientes de ajo, pelados y cortados en trozos
- 200 ml de aceite de oliva virgen extra
- 50 ml de vinagre de vino blanco
- 5 g de comino en grano
- sal

Es una salsa de las Islas Canarias, elaborada a base de cilantro fresco. Se trata de una salsa fresca, ligeramente picante, para servir con pescados cocinados a la plancha o a la parrilla, o para acompañar con las populares papas arrugás, también canarias.

Es una salsa que originariamente se elaboraba a mano en un mortero, para obtener una textura rústica, pero si eres amante de texturas más finas, con una trituradora eléctrica conseguirás un óptimo resultado.

Elaboración

Si elaboras la salsa en el mortero, como marca la tradición, machaca primero los ajos con el comino y la sal. Incorpora las hojas de cilantro hasta conseguir una pasta homogénea. Finalmente, vierte el vinagre y, por último, el aceite, poco a poco, para emulsionar la salsa.

▸ *Si decides prepararla con batidora eléctrica, tritura primero el vinagre con los ajos, el comino y la sal. Incorpora después las hojas de cilantro y, por último, el aceite, poco a poco, para emulsionar la salsa.*
▸ *Es una salsa que se conserva en la nevera durante una semana, bien guardada en un recipiente hermético.*
▸ *Si no dispones de cilantro fresco, puedes seguir la misma receta y sustituirlo por perejil, o bien combinar el perejil y el cilantro.*

Mojo picón

Para 4 raciones

- **1 cabeza de ajos, pelados y cortados en trozos**
- **150 ml de aceite de oliva virgen extra**
- **50 ml de vinagre de vino**
- **5 g de comino en grano**
- **2 guindillas, abiertas y sin semillas**
- **25 g de pimienta palmera, o picona** (o pimentón dulce, no ahumado)
- **sal**

El mojo picón es una salsa canaria elaborada a base de un pimiento seco, llamado en las islas «pimienta palmera» o «pimienta picona». La pimienta palmera es similar a la ñora; por tanto, puedes utilizarla en su lugar, o bien directamente pimentón dulce de muy buena calidad. Este es uno de los mojos más picantes, y se elabora, sobre todo, para acompañar preparaciones de carne. La potencia picante puedes adaptarla a tu gusto, reduciendo la cantidad de ajo y guindilla.

Elaboración

1. En un mortero, machaca y rompe las guindillas (añade una pizca de sal para que no salten del mortero).

2. Incorpora los dientes de ajo y continúa machacando hasta obtener una pasta. Agrega ahora el comino y sigue machacando.

3. Añade la pimienta palmera o picona (o el pimentón dulce), y mézclalo todo muy bien, hasta conseguir, prácticamente, una pasta seca.

4. Finalmente, vierte el vinagre y el aceite, poco a poco, para emulsionar la salsa. Reserva en un recipiente en la nevera.

▸ ***Si vas a preparar el mojón picón con ñora, sustituye el pimentón dulce por la pulpa de 5 ñoras hidratadas.***

Piperrada

Para 4 raciones

- **30 ml de aceite de oliva virgen extra**
- **4 cebolletas, peladas y cortadas en láminas finas**
- **6 pimientos verdes, pelados y cortados en láminas finas**
- **1 pimiento rojo, pelado y cortado en láminas finas**
- **4 dientes de ajo, pelados y picados finos**
- **5 g de pimentón dulce, no ahumado**
- **500 g de tomate rallado, sin piel ni semillas**
- **sal**

La piperrada es una salsa vasca, elaborada a partir de un sofrito de pimiento rojo, pimiento verde, cebolla y tomate. Se trata de una salsa muy versátil y fácil de preparar que se usa para acompañar pescados y carnes.

Elaboración

1. En una cazuela con el aceite caliente, sofríe la cebolla a fuego vivo unos 10 minutos sin dejar de remover.

2. Agrega los pimientos verdes y el pimiento rojo, sala y continúa sofriendo a fuego vivo unos 5 minutos más.

3. Reduce el fuego y deja que las hortalizas se cocinen unos 15 minutos. Tapa la cazuela para que queden bien hechas y estofadas.

4. Añade el ajo picado y el pimentón dulce. Mezcla bien el conjunto e incorpora el tomate rallado. Cuécelo todo junto unos 20 minutos más, y la piperrada ya está lista.

▸ *Puedes sustituir el pimentón dulce por pimentón picante.*
▸ *Puedes preparar unos huevos al plato con una base de salsa piperrada, solo tienes que repartirla en 4 cazuelitas individuales de porcelana. Encima de cada una, rompe 1 o 2 huevos y luego hornea, con el horno precalentado a* ***180 °C****, durante unos 5-6 minutos, hasta que el huevo esté a punto.*

Salsa verde

Para 4 raciones

- 50 ml de aceite de oliva virgen extra
- 10 g de harina de trigo
- 25 g de ajo picado
- 10 g de hojas de perejil muy picadas
- 400 ml de caldo (vegetal o del pescado que se va a cocinar)
- 50 ml de vino blanco
- sal

Salsa muy popular de la cocina vasca. Sus ingredientes principales son el aceite, los ajos, el perejil y un caldo adecuado. Es ideal para pescados y mariscos; de hecho, uno de los platos tradicionales es la famosa **merluza en salsa verde**. Su preparación es sencilla, a partir de un *roux* que liga con un buen caldo vegetal o del pescado que se va a cocinar.

Elaboración

1. En una cazuela con el aceite caliente, sofríe el ajo a fuego suave, sin que llegue a dorarse.

2. Aparta la cazuela del fuego y, con el calor residual, añade un tercio del perejil y la harina, y remueve bien para que la harina se cocine con la temperatura de la cazuela y sin quemar el ajo.

3. Vierte el caldo y el vino. Mezcla bien y vuelve a ponerla al fuego, hasta que la salsa adquiera una densidad brillante y fina. Añade el resto del perejil fresco.

Merluza en salsa verde

Para 4 raciones

- 4 trozos de merluza de 150 g
- 200 g de almejas vivas
- caldo de pescado elaborado con la cabeza de la merluza (caldo de pescado en p. 54)

Elaboración

1. Abre las almejas al vapor aparte, para comprobar su calidad. En cuanto se abran, retíralas de la cocción. Reserva las almejas y el jugo del interior colado.

2. Sigue la receta anterior hasta el **punto 3**. Una vez ligada la salsa, incorpora los trozos de merluza. La cocción debe ser suave, para que penetre bien el calor en el pescado y se cocine lentamente. Con cuidado, da la vuelta a la merluza y añade el resto del perejil picado y las almejas con el jugo colado. Deja cocer todo junto solo 15 segundos. La cazuela está lista para presentarla en la mesa.

Salsa holandesa

Para 4 raciones
→ 500 g de mantequilla de vaca clarificada
→ 4 yemas de huevo
→ el zumo de 1 limón
→ sal y pimienta blanca

La holandesa es una salsa clásica de la cocina francesa. Se trata de una salsa caliente de mantequilla, emulsionada con yema de huevo. La técnica de elaboración es muy delicada, y se puede arruinar fácilmente. Salsa ideal para acompañar vegetales, huevos, carnes y pescados.

Elaboración

1. **Clarifica la mantequilla.** Pon en un cazo los 500 g de mantequilla de vaca en trozos, y debajo otro recipiente con agua caliente a fuego muy suave. El objetivo es fundir la mantequilla al baño maría. Con el calor, la mantequilla se funde y aparece un líquido blanquecino en el fondo del cazo. Se trata del suero, que hay que retirar. Por tanto, con mucho cuidado, traslada la mantequilla fundida a otro cazo y desecha el suero. Así, ya tienes la mantequilla clarificada y tibia.

2. Monta las yemas en un bol, sobre un recipiente también con agua caliente y a fuego suave. Debes montar la salsa al baño maría (**atención: mantén el agua a 37 °C**). Trabaja las yemas con un batidor de varillas y deja que se calienten ligeramente sobre el baño maría. Agrega el zumo de limón y no pares de montar la mezcla con el batidor, hasta doblar el volumen inicial.

3. A las yemas montadas ve añadiendo, poco a poco, la mantequilla clarificada y tibia. Continúa emulsionando la salsa sobre el baño maría hasta conseguir una consistencia parecida a la de la mayonesa, pero caliente. Finalmente, salpimienta y reserva tibia.

▸ *La clave de esta técnica es controlar la temperatura del agua del baño maría —el agua que aporta el calor a la emulsión de la salsa—, ¡que no debe hervir nunca! Procura mantenerla a* ***37 °C****.*
▸ *Son muy populares y deliciosos los espárragos blancos, recién cocidos, acompañados de una salsa holandesa tibia.*
▸ *Son famosos los huevos Benedict, huevos escalfados (poché) sobre una tostada de pan y tocino crujiente, napados con slsa holandesa.*

Salsa bearnesa

Para 4 raciones

- **500 g de mantequilla de vaca clarificada**
- **4 yemas de huevo**
- **150 ml de jerez seco**
- **50 ml de vinagre de estragón** (o vinagre de vino blanco)
- **150 g de chalota, pelada y picada muy fina**
- **estragón fresco, picado**
- **sal**
- **pimienta negra, muy gruesa**

Esta salsa es muy importante en la cocina francesa. Como la holandesa, también es una salsa emulsionada caliente, con huevo y mantequilla clarificada. La bearnesa se basa en la reducción de vino y vinagre con chalota y estragón. Es una salsa muy *gourmet* para acompañar carnes, pescados, huevos y vegetales.

Elaboración

1. **Clarifica la mantequilla** (p. 266).

2. En un cazo, cuece a fuego lento el jerez, el vinagre, la chalota y una parte del estragón fresco, hasta reducir la mezcla a la mitad. Reserva la reducción.

3. Monta las yemas con el batidor de varilla sobre un recipiente al baño maría, hasta que las yemas se blanqueen y adquieran un cierto volumen espumoso.

4. Incorpora, poco a poco, la mantequilla clarificada y tibia, y ve emulsionando y ligando la salsa sobre el baño maría (recuerda que al cocinar sobre el baño maría es el recipiente el que aporta calor a la salsa; el agua no debe llegar a hervir nunca, tan solo debes mantenerla caliente).

5. A la salsa de yemas y mantequilla ya bien emulsionada, agrega la reducción reservada y el resto del estragón picado. Añade un punto de sal y pimienta, y la salsa está lista para degustar.

▸ ***Recuerda.*** *Procura que el agua caliente del recipiente que hace la función de baño maría se mantenga a* ***37 °C****, ¡no debe hervir nunca!*
▸ ***Mucho cuidado.*** *Como la mayonesa, y por salud alimentaria, las salsas elaboradas con huevo crudo se deben preparar y consumir rápidamente. No se pueden guardar ni mantener mucho tiempo a temperatura tibia.*

Salsa *remoulade*

Para 4 raciones

- **200 g de mayonesa** (p. 240)
- **10 g de mostaza de Dijon**
- **40 g de pepinillos en vinagre, muy picados**
- **20 g de alcaparras, muy picadas**
- **1 filete de anchoa, muy picado**
- **5 g de hierbas frescas muy picadas** (perejil, perifollo y/o estragón)
- **sal y pimienta**

Esta salsa también es conocida con el nombre de «salsa francesa», aunque su popularidad se ha extendido a muchos otros países. Acompaña muy bien carnes frías y a la plancha, pollo o verduras cocidas. Se utiliza mucho para acompañar elaboraciones con productos ahumados. Los ingredientes principales de la salsa *remoulade* son la mayonesa y la mostaza, pero aquí ofrecemos una receta con más ingredientes, que la hacen más compleja.

Elaboración

1. Incorpora todos los ingredientes a la mayonesa.

2. Mezcla bien y afina el punto de sal y pimienta.

▶ *Es una salsa ideal para utilizarla en un sándwich de pan de molde, relleno de salmón y huevo duro. También puedes usarla como base para rellenar unos huevos duros, añadiendo la yema cocida y un buen atún en conserva.*

Salsa tártara

Para 4 raciones

- **200 g de salsa mayonesa** (p. 240)
- **40 g de chalota, picada fina**
- **40 g de pepinillos en vinagre, muy picados**
- **20 g de alcaparras, muy picadas**
- **3 g de perejil fresco, picado**
- **1 g de estragón fresco, picado**
- **1 g de perifollo fresco, picado**
- **sal y pimienta**

Es una salsa derivada de la mayonesa, muy popular como acompañamiento de pescados y marisco; no es tan habitual, pero también se emplea para acompañar carnes y verduras. Se trata de una salsa muy fresca, elaborada a base de pepinillos en vinagre, alcaparras, chalotas y perejil.

Elaboración

1. Incorpora todos los ingredientes a la mayonesa.

2. Mezcla bien y afina el punto de sal y pimienta.

▶ *Como la salsa* remoulade, *la tártara es ideal para acompañar entrantes fríos, canapés y sándwiches creativos.*

Salsa fría de queso azul

Para 2 raciones

- **200 g de queso azul, tipo roquefort**
- **30 ml de vinagre de Jerez**
- **100 ml de aceite de oliva virgen extra**
- **30 ml de agua mineral**
- **60 g de manzana rallada**
- **una pizca de sal**

Es una salsa ideal para una ensalada de endibias o escarola. Funciona muy bien, además, para acompañar salmón ahumado o para servir en pequeños boles en los que mojar bastoncillos de apio o de zanahoria, o pan tostado.

Elaboración

Tritura en el vaso del túrmix el queso azul desmenuzado, el vinagre, el aceite, el agua mineral, la manzana y una pizca de sal. La salsa está lista para presentar en la mesa.

Salsa de queso caliente

Para 2 raciones

- **100 ml de crema de leche**
- **100 ml de leche de vaca**
- **80 g de queso rallado** (al gusto: emmental, parmesano o roquefort)
- **sal, pimienta blanca y nuez moscada**

Ideal para acompañar una pasta recién cocida, un arroz blanco, un pescado, una carne o unas verduras a la plancha.

Elaboración

1. En un cazo del tamaño adecuado, lleva a ebullición la leche y la crema de leche.
2. En el vaso del túrmix, tritura la mezcla anterior con el queso rallado. Afina el punto de sal, pimienta y nuez moscada.
3. Vierte la salsa en el cazo, para mantenerla caliente y presentarla en la mesa.

hotel
R

11 Postres

Los postres y los dulces suelen seducir a todos los públicos. Siempre encontramos un rinconcito en el estómago para dejarnos tentar por un bonito pastel, que puede ser de fruta fresca o seca, de nata, de crema o de chocolate.

Pero debemos estar atentos a la seducción de los dulces. Los nutricionistas nos alertan de que no se debe abusar del azúcar, de las harinas refinadas y de las grasas, principalmente.

En todas las culturas del mundo existe una gran tradición de comer dulces en días especiales. Si revisamos el calendario de celebraciones tradicionales en Cataluña, descubrimos una lista fantástica: desde buñuelos y cocas hasta cremas, tortas, *panellets* y turrones.

En este capítulo ofrecemos postres y elaboraciones dulces, una selección de iconos de todo el mundo. Son para disfrutarlos y, lo más interesante de todo, para compartirlos.

Procura equipar tu cocina con los aparatos necesarios. Un termómetro es muy importante en la cocina para controlar las temperaturas, así como herramientas que faciliten las tareas de amasar y montar cremas o natas. Recuerda que la pastelería es una ciencia exacta, lo que significa que debes seguir las recetas al pie de la letra, respetar el peso de los productos, la técnica de elaboración, los grados y los tiempos de cocción. Y una recomendación que hemos ido repitiendo a lo largo del libro: procura trabajar con productos de calidad, ya sea el chocolate, la mantequilla, los frutos secos, las harinas o los azúcares.

Es más que probable que si comparas la cantidad de azúcar o mantequilla con otros recetarios de pastelería llegues a la conclusión de que nuestras recetas son más bajas en azúcares y en grasas. Se trata de una voluntad y una filosofía hacia una nutrición más saludable.

Los postres son agradables y nos aportan sensaciones felices, pero hay que tener claro que se deben consumir con moderación.

MUY IMPORTANTE: Antes de ponerte a preparar una receta, procura leerla atentamente, para comprenderla bien y tener claro cada uno de los puntos de trabajo que te dispones a realizar.

SAL

Crema catalana

Para 6 raciones

- 1 l de leche de vaca entera
- 20 g de piel fina de limón, en trozos
- 3 g de canela en rama, en trozos
- 140 g de azúcar blanco
- 50 g de harina de trigo
- 10 yemas de huevo

▸ *La textura de la crema catalana es delicadísima. Tradicionalmente se suele ofrecer «quemada». Si decides quemarla, necesitarás una pala de quemar y ponerla al rojo vivo, y hacerlo en el momento de servir la crema. Reparte por la superficie una capa generosa de azúcar y rápidamente aplica encima la pala bien caliente, al rojo vivo, para conseguir una cobertura de caramelo, vidriosa, quebradiza y con sabor a azúcar quemado.*

Icono de la cultura de postres catalanes, es una de las recetas más antiguas de Europa, documentada en los recetarios catalanes del siglo XIV: el *Sent Soví* y el *Libro de Coch*. Se trata de una receta popularmente vinculada a la celebración de San José y al inicio de la primavera, dado el aumento de producción de huevos. Es un postre de gran éxito tanto en la cocina doméstica como en las cartas de los restaurantes, no solo en Cataluña. La crema catalana es deliciosa, tanto quemada por encima como sin quemar. Actualmente ha inspirado un montón de nuevos productos, como licores, helados o caramelos.

Elaboración

1. En una olla de tamaño adecuado, lleva la leche a ebullición, junto con la piel de limón y la canela. Aparta del fuego, tapa la olla y deja que repose 30 minutos, para que se enfríe y se perfume de limón y canela.

2. Cuela la leche y divídela en dos partes.

3. Pon a cocer una de las partes con el azúcar y la harina, todo bien mezclado y sin parar de remover. Cuando rompa el hervor, continúa la cocción removiéndola durante 15 segundos más, y aparta el recipiente del fuego.

4. Fuera del fuego, vierte en él la otra mitad de leche reservada. Mezcla bien y añade las yemas de huevo. Mezcla el conjunto y viértelo en otra olla limpia.

5. De nuevo ponlo al fuego sin dejar de remover. Muy importante: es preciso controlar con un termómetro de cocina que la cocción solo alcance los **80 °C.**

6. Cuela de nuevo la crema y repártela rápidamente en platitos individuales. Ve removiendo en el momento de repartirla, para lograr una textura lisa y brillante. Reserva los platitos en la nevera, cada uno protegido con papel de plástico transparente, sin que repose sobre la crema.

Crema inglesa

Para 4 raciones

- **½ l de leche de vaca entera**
- **½ vaina de vainilla**
- **5 yemas de huevo**
- **90 g de azúcar blanco**

Icono de la pastelería inglesa, de textura cremosa y semilíquida, perfumada con pulpa de vainilla. Está considerada por los *gourmets* como una de las más refinadas salsas para postres. La crema admite muchas variantes si le añades una pequeña cantidad de algún destilado perfumado, como calvados o ron. Es ideal para acompañar helados, bizcochos o tartas.

Elaboración

1. En una olla del tamaño adecuado, lleva la leche a ebullición con la vainilla bien abierta y raspada, para perfumar al máximo la leche. Aparta del fuego, tapa la olla y deja reposar 10 minutos, para que se enfríe y la leche se impregne de la fragancia de la vainilla.

2. En otra olla, trabaja las yemas y el azúcar con una espátula hasta que la mezcla adquiera un color blanquecino.

3. Añade la leche con la vainilla a la olla de las yemas y el azúcar, y cuécelo todo junto a fuego suave y sin dejar de remover. Controla la temperatura con un termómetro (no debe sobrepasar los **80 °C**).

4. Aparta la crema del fuego, cuélala y resérvala en un recipiente en la nevera, cubierta la superficie con papel de plástico transparente para evitar que se cree una piel.

▸ *La crema inglesa es de una textura sedosa y semilíquida, una salsa dulce ideal para acompañar fruta confitada o elaboraciones de pastelería. Se trata de una crema que admite el añadido de un 10 % de destilados interesantes, como calvados, kirsch o armañac, lo que la convierte en una crema más compleja y rica.*

Crema de limón

Para 8 raciones

- 4 huevos
- 4 limones grandes y ecológicos
- 300 de azúcar blanco
- 50 g de almidón de maíz, tipo Maizena
- 1 l de agua mineral

▸ *Como se trata de una crema elaborada sin leche, resulta muy ligera y refrescante. Combina muy bien con unos daditos de fruta fresca.*

Elaboración

1. Lava los limones y, con un rallador, raspa toda la superficie de la piel y reserva la ralladura obtenida. Exprime también el zumo de los 4 limones y resérvalo.

2. En una olla del tamaño adecuado, pon el azúcar, los huevos y la Maizena, y trabaja el conjunto hasta lograr una mezcla blanquecina.

3. Añade ahora la ralladura de limón, el zumo y el litro de agua previamente calentado, para agilizar la tarea. Pon la olla al fuego y remueve continuamente hasta que rompa a hervir.

4. Cuela la crema obtenida y repártela en platitos o copas. Reserva en la nevera hasta el momento de la degustación.

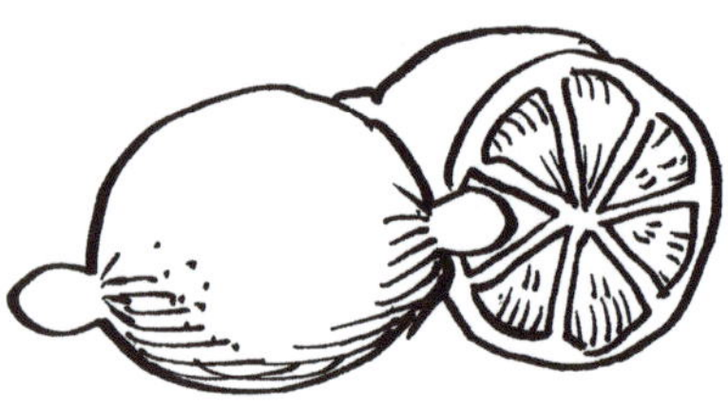

Crema pastelera

Para 500 g de crema

- **½ l de leche de vaca entera**
- **la ralladura fina de un limón**
- **4 yemas de huevo**
- **40 g de almidón de maíz** (Maizena)
- **90 g de azúcar blanco**

Icono de la pastelería en todo el mundo. Su textura es ideal para rellenar tartas, brazos, buñuelos o pequeñas pastas.

ELABORACIÓN

1. En una olla del tamaño adecuado, lleva la leche a ebullición con la ralladura del limón. Aparta del fuego, tapa la olla y deja que repose 30 minutos, para que se enfríe y se impregne del perfume del limón.

2. En otra olla de un tamaño adecuado, mezcla bien las yemas, el almidón y el azúcar, hasta que adquiera un tono blanquecino. Vierte sobre esta mezcla la leche, colada para eliminar la ralladura de limón.

3. Pon la olla al fuego sin dejar de remover. Al romper el hervor, aparta del fuego y reserva la crema obtenida en un bol adecuado para alimentos. Deja que se enfríe y protege la superficie con papel transparente para evitar que se cree una piel seca.

4. Una vez fría, reserva en la nevera en una manga de plástico de un solo uso, especial para alimentos. Ya está a punto para rellenar la tarta o pastas según el gusto personal.

▸ *Al ser una crema bastante espesa, permite la creación de rellenos bellos y perfectos. Se puede añadir complejidad y sabor a la crema fría añadiendo pistachos picados o frambuesas liofilizadas, o virutas de chocolate sin leche.*

Flan de naranja

Para 8 raciones

- 1 l de leche de vaca entera
- 1 rama de canela, en trozos
- 4 naranjas ecológicas
- 6 huevos
- 2 yemas de huevo
- 200 g de azúcar blanco

PARA CARAMELIZAR LAS FLANERAS

- 150 g de azúcar blanco
- 80 ml de agua
- 15 gotas de limón

▸ *Siguiendo los pasos de la receta y eliminando las naranjas puedes elaborar el clásico flan de huevo.*

Icono de la pastelería internacional, de técnica fácil y de resultado refinado y elegante.

ELABORACIÓN

1. En un cazo pequeño introduce los ingredientes para caramelizar las flaneras, y ponlo al fuego hasta conseguir un caramelo oscuro. Repártelo rápidamente en el fondo de cada flanera y resérvalo a temperatura ambiente.

2. Pela 4 naranjas. Interesa capturar los aceites esenciales que se encuentran en la superficie de la piel. Pela retirando tan solo la parte de color naranja. La parte blanca no interesa. Reserva solo la piel fina naranja.

3. En una olla, lleva la leche a ebullición con la canela. Aparta del fuego y añade las pieles finas de las naranjas. Tapa y deja reposar-infusionar durante 20 minutos.

4. Mientras, con ayuda de un cuchillo pequeño y bien afilado, retira los gajos de las naranjas (deben quedar perfectamente limpios de piel). Resérvalos sobre papel de cocina para secarlos de la humedad.

5. En un bol grande, mezcla muy bien los huevos y el azúcar, y vierte en la olla donde está la leche infusionando. Remueve todo el conjunto y pásalo por un colador fino.

6. Reparte en cada flanera los gajos limpios y secos de la naranjas y llena cada una con la mezcla de leche del **punto 5**. Dispón las flaneras en una bandeja honda de horno, y vierte agua en la bandeja hasta cubrir las flaneras por la mitad. (La técnica de cocer dentro de una bandeja con agua alrededor se llama «baño maría».)

7. Pon la bandeja en el horno caliente a **160 °C** durante 30 minutos. Retírala y deja enfriar los flanes a temperatura ambiente. Luego, resérvalos en la nevera con papel transparente para evitar contaminar su sabor con otros productos. Sírvelos desmoldados, con una cucharada de nata montada, si te place.

Panna cotta

Para 8 moldes individuales

- **300 ml de nata líquida** (35 % MG aprox.)
- **200 ml de leche entera de vaca**
- **50 g de azúcar blanco**
- **4 hojas de gelatina** (de 2 g cada una)
- **la pulpa de ½ vaina de vainilla**

Icono de la cocina italiana, de origen medieval, que significa «nata cocida». El postre ha evolucionado hacia una almidón de maíz, tipo más ligera en grasa y azúcares, de fácil elaboración, con un resultado de textura ligera y fina como un flan.

Elaboración

1. Hidrata las hojas de gelatina en agua fría y abundante.

2. En un cazo, lleva a ebullición la nata, la leche, la pulpa de la vaina de vainilla y el azúcar. Retira del fuego.

3. Añade inmediatamente a la mezcla del cazo las hojas de gelatina, hidratadas y bien escurridas del agua. Mezcla para que se incorporen perfectamente.

4. Dentro del mismo cazo, deja que la mezcla se enfríe hasta los **20 °C** y repártela en los moldes individuales. Resérvalos en la nevera, protegidos con papel transparente para evitar que se contaminen con otros olores.

5. Sirve la *panna cotta* desmoldada y acompañada de un *coulis* o una confitura de frutos rojos.

▸ *La* panna cotta *tolera muy bien la congelación. No obstante, debes servirla perfectamente descongelada.*

Tarta de queso fresco con fruta fresca

Para 8 raciones

Para un molde redondo de 20-25 cm de diámetro

Para la galleta de la base y las paredes de la tarta

- **receta en p. 328**

Para el relleno de la tarta

- **125 g de azúcar blanco**
- **3 yemas de huevo**
- **50 ml de agua mineral**
- **50 ml de zumo de limón**
- **7 hojas de gelatina, hidratadas en agua fría** (de 2 g cada una)
- **250 g de queso fresco, cremoso y magro a temperatura ambiente**
- **400 g de nata de 35 % MG, semimontada con 60 g de azúcar**

Para la fruta de la superficie de la tarta

- **1 bandeja de frambuesas**
- **1 bandeja de fresitas**
- **2 kiwis**
- **2 plátanos**
- **8 hojas pequeñas de menta**

Para el baño brillante de la superficie

- **100 ml de agua mineral**
- **2 hojas de gelatina** (de 2 g cada una)
- **20 g de azúcar blanco**

Icono internacional, ya que casi todas las culturas del mundo tienen un pastel de queso genuino.

Elaboración

La galleta de la base y las paredes de la tarta (p. 328)

El relleno de la tarta

1. En un cazo mediano, mezcla el azúcar, las yemas, el agua y el zumo de limón. Ponlo a fuego suave y remuévelo hasta que hierva. Reserva la crema obtenida en un bol grande. Escurre las hojas de gelatina del agua en la que se estaban hidratando y añádelas al bol con la crema caliente. Mezcla bien y luego incorpora el queso fresco. Trabaja la mezcla hasta obtener una textura homogénea.

2. Con mucha delicadeza, agrega a la mezcla la nata semimontada con el azúcar y rellena el molde con la galleta. Reserva en la nevera unas 2 horas para que el relleno cuaje.

3. Reparte sobre la tarta la fruta, en cortes bonitos y combinando los colores, y dispón también las hojas de menta.

4. **El baño brillante de la superficie.** Introduce 2 hojas de gelatina previamente hidratadas y escurridas en un cazo con los 100 ml de agua mineral y el azúcar. Lleva a ebullición y aparta del fuego. Cuando la mezcla esté fría y no cuajada, que será como una solución densa, aplica con pincel una capa de este líquido a las frutas dispuestas sobre la tarta. Ya está listo para presentar y degustar.

▸ *Esta tarta también funciona muy bien sin la base de galleta.*
▸ *Puedes elaborar en casa una masa de galleta más rápida mezclando un 25 % de mantequilla con galletas María muy desmenuzadas. Amasa la mezcla de mantequilla-galletas, forra la tarta, introdúcela unos 30 minutos en el congelador y ya puedes rellenarla.*

Tarta de queso fresco con pasas sin hueso

Para 8 raciones

Para un molde redondo de 20-25 cm de diámetro

PARA LA GALLETA DE LA BASE Y LAS PAREDES DE LA TARTA

- Receta en p. 328

PARA EL RELLENO

- 100 g de mantequilla de vaca, en textura de pomada
- 125 g de azúcar blanco
- 1 vaina de vainilla (la pulpa interior)
- 3 huevos
- 50 ml de agua mineral
- la ralladura fina de la piel de ½ limón
- 50 g de harina de trigo
- 500 g de queso fresco, cremoso y magro
- 50 g de pasas sin hueso

Dispón del horno caliente a 100 °C

Icono internacional, una tarta de queso cocinada a baja temperatura. Casi todas las culturas del mundo cuentan con una tarta de queso similar.

ELABORACIÓN

La galleta de la base y las paredes de la tarta (p. 328)

El relleno de la tarta

1. Mezcla la mantequilla pomada con el azúcar y la pulpa negra del interior de la vainilla.
2. Añade los huevos (deben estar a temperatura ambiente, no fríos de la nevera) y la ralladura fina del medio limón. Trabaja la masa.
3. Incorpora la harina pasada por el cedazo y mezcla bien.
4. Por último, agrega a la mezcla el queso fresco y las pasas. Debes obtener una mezcla muy fina, homogénea y ligada.
5. Vuelca la mezcla en el molde ya preparado con la base y las paredes de galleta horneada, e introdúcelo en el horno a **100 °C**. Cuécelo durante 2 horas.

Atención. La temperatura de **100 °C** es clave para que te quede una tarta de textura tierna y delicada.

- *Si la superficie de la tarta te ha quedado poco dorada, puedes ponerla unos segundos bajo el gratinador, para conseguir un acabado tostadito y atractivo.*
- *Esta tarta también funciona muy bien sin la base de galleta.*
- *Puedes elaborar en casa una masa de galleta más rápida mezclando un 25 % de mantequilla con galletas María muy desmenuzadas. Amasa la mezcla de mantequilla-galletas, forra la tarta, introdúcela unos 30 minutos en el congelador y, a continuación, ya puedes rellenarla y hornearla a **100 °C**.*

Tarta Sacher

Para 6-8 raciones

Para un molde redondo de 20 cm de diámetro, previamente untado con mantequilla y enharinado

PARA EL BIZCOCHO DE CHOCOLATE

- **95 g de mantequilla, en textura blanda de pomada**
- **25 g de azúcar glas**
- **5 yemas de huevo**
- **75 g de chocolate 70 % de cacao, deshecho al baño maría y frío**
- **95 g de harina de trigo, pasada por el cedazo**
- **6 g de levadura química tipo Royal, pasada por el cedazo**
- **5 claras montadas a punto de nieve**
- **75 g de azúcar blanco**
- **la pulpa de ½ vaina de vainilla**

PARA EL RELLENO

- **100 g de confitura de albaricoque** (p. 136 pero utilizando albaricoques)

PARA EL BAÑO-COBERTURA BRILLANTE DE LA TARTA

- **150 g del baño-cobertura brillante de cacao** (p. 283)

Dispón del horno caliente a 180 °C

Icono de la pastelería austríaca. El señor Franz Sacher creó en 1832 la *Sachertorte* cuando todavía era aprendiz de pastelería. Más tarde abrió su propio negocio en Viena y la tarta, en poco tiempo, se hizo famosa en Europa y, posteriormente, en todo el mundo.

ELABORACIÓN

1. Introduce en un bol la mantequilla pomada y el azúcar glas, y trabaja ambos ingredientes hasta unirlos muy bien.

2. Agrega las 5 yemas de huevo. Atención: incorpóralas a la mezcla anterior de una en una. A continuación, añade el chocolate deshecho al baño maría y frío.

3. Incorpora la harina y la levadura, todo pasado por el cedazo.

4. Monta las claras a punto de nieve junto con el azúcar y la pulpa de vainilla, y, con delicadeza, añádelas a la masa.

5. Vuelca la masa en el molde untado con mantequilla y ligeramente enharinado, y hornea a **180 °C,** con el horno precalentado, durante 30 minutos.

6. Cuando el bizcocho esté frío, córtalo en horizontal en 3 partes con ayuda de un buen cuchillo de sierra. Rellena los dos pisos interiores con la confitura de albaricoque, extendiendo 50 g de confitura en cada piso.

7. Tan solo falta bañar la tarta con la cobertura brillante preparada y tibia.

▸ *Es muy interesante poder degustar la tarta recién hecha, sin que haya pasado por la nevera, pero, si te es imposible coincidir la elaboración con la degustación y te ves obligado a guardarla en frío, procura no servirla directamente de la nevera: déjala un rato a temperatura ambiente.*

Baño-cobertura brillante de cacao para una tarta

Para 8 raciones

- **100 ml de agua mineral**
- **100 g de azúcar blanco**
- **66 g de cacao puro en polvo**
- **100 ml de nata líquida** (35 % MG aprox.)
- **3 hojas de gelatina** (de 2 g cada una)

Icono de la pastelería en todo el mundo. La receta que proponemos es muy interesante porque aporta a la tarta un acabado muy brillante y la elaboración permite la congelación.

Elaboración

1. Pon en remojo las hojas de gelatina para que se hidraten.

2. En un cazo aparte, lleva a ebullición el agua mineral, el azúcar, el polvo de cacao y la nata, sin parar de remover hasta que rompa a hervir.

3. Aparta el cazo del fuego, añade las hojas de gelatina bien hidratadas y escurridas. Mezcla muy bien, tritura con un túrmix, y ya tienes preparada la cobertura brillante para una tarta.

▸ *Esta elaboración permite la congelación. Puedes preparar más cantidad y guardarla en el congelador, bien empaquetada por raciones y con la fecha de preparación, para controlar escrupulosamente los productos que tienes congelados en casa.*

▸ ***Una segunda receta****, rápida pero no tan brillante, sería mezclar a partes iguales el chocolate en trozos con un 70 % de cacao y la mantequilla de vaca. Funde delicadamente en el microondas o al baño maría, y ya puedes bañar la tarta.*

Coulis de frutos rojos

***Para 1 litro de* coulis**

- 200 g de fresas
- 200 g de moras
- 200 g de arándanos
- 200 g de frambuesas
- 200 ml de agua mineral
- 100 g de azúcar moreno
- el zumo de ½ limón

Icono internacional, pues en todo el mundo se utilizan técnicas de salsas de frutas. La que proponemos, dado que se le aplica una cocción ligera, mantiene muy bien el sabor y el color.

Elaboración

1. Introduce toda la fruta limpia en un cazo con el azúcar, y cuece a fuego medio sin parar de remover hasta que arranque el hervor. Continúa la cocción a fuego lento y sigue removiendo, durante 3 minutos.

2. Con el cazo fuera del fuego, añade el zumo de limón. Mezcla bien y tritura con un túrmix, pasa la salsa por un colador fino, y ya está listo el *coulis*.

▸ *El* coulis *tolera la congelación. Guárdalo en bolsitas especiales de congelación en porciones de 250 g. Así dispondrás de una magnífica salsa de frutos rojos para acompañar helados, cremas, nata o tartas.*
▸ *Puedes adaptar la receta a tu gusto personal, variando los frutos rojos que proponemos.*

Mousse de frutos rojos

Para 8 moldes individuales

- **250 g de *coulis* de frutos rojos** (p. 284)
- **250 ml de nata** (35 % MG) **semimontada**
- **25 g de azúcar blanco**
- **2 hojas y ½ de gelatina** (de 2 g cada una)

Icono internacional que puedes adaptar a otras frutas.

Elaboración

1. Hidrata las hojas de gelatina en abundante agua fría.

2. Calienta el *coulis* hasta **70 °C**.

3. Incorpora las hojas de gelatina bien hidratadas y escurridas al *coulis* caliente. Añade el azúcar, y controla que la mezcla se enfríe hasta los **40 °C**.

4. Con delicadeza, agrega a la mezcla anterior la nata semimontada, poco a poco, y con una espátula ve removiendo con movimientos envolventes para incorporarla perfectamente sin manipular demasiado la *mousse*.

5. Para facilitar el enmoldado, pon la *mousse* en una manga pastelera y reparte en los moldes individuales. Resérvalos en la nevera hasta el momento de la degustación.

▸ *La* mousse *tolera la congelación. Reserva los moldes en el congelador protegidos con papel transparente para evitar que se altere su sabor. Al servirlos, descongélalos completamente, para presentarlos impecables.*

Mousse de chocolate

Para 6 raciones (copas)

- 6 yemas de huevo
- 6 claras de huevo
- 60 g de azúcar blanco
- 180 g de chocolate con 70 % de cacao
- una pizca de sal

Icono internacional, cuya técnica es fácil y da un resultado espectacular.

Elaboración

1. En un bol de tamaño adecuado, trabaja las yemas con el azúcar hasta conseguir una mezcla unida y blanquecina.

2. Funde el chocolate al baño maría, o con mucho cuidado en el microondas, y añádelo a la mezcla del **punto 1.**

3. Monta muy firmes las claras y la pizca de sal con el batidor de varillas, y, con mucha delicadeza, incorpóralas a la mezcla del **punto 2**, para lograr una *mousse* muy aireada.

4. Reparte en las copas o los boles elegidos y reserva en la nevera para que la *mousse* se estabilice y adquiera la textura ideal.

▸ *Su textura es golosa y densa. Puedes usar una bandeja o un molde tipo* cake*, de cristal o cerámica, y servirla en porciones. Como se elabora sin cocción y con huevos frescos, procurad mantenerla en frío y consumirla a corto plazo.*

Tarta de chocolate sin harina

Para 6 raciones

Para un molde redondo de 20 cm de diámetro o 6 individuales de 8 cm de diámetro, forrados con papel de horno

- **12 yemas de huevo**
- **70 g de azúcar blanco**
- **9 claras de huevo**
- **una pizca de sal**
- **135 g de chocolate con 70 % de cacao**
- **30 g de cacao puro en polvo**

Dispón del horno caliente a 170 °C

Icono de la pastelería moderna, la que investiga técnicas y elaboraciones para las personas con intolerancia al gluten.

Elaboración

1. En un bol del tamaño adecuado, trabaja las 12 yemas de huevo con los 70 g de azúcar hasta lograr una mezcla unida y blanquecina.

2. Monta bien firmes, con el batidor de varillas, las 9 claras de huevo con una pizca de sal, y resérvalas.

3. Funde el chocolate al baño maría, o caliéntalo con mucho cuidado en el microondas hasta que el chocolate alcance los **40 °C**.

4. A la mezcla del **punto 1**, incorpora un tercio de las claras montadas, y añade el chocolate fundido a **40 °C** y el cacao en polvo.

5. Finalmente y con delicadeza, incorpora el resto de las claras montadas.

6. Vuelca la mezcla en los moldes forrados con papel de horno, individuales o en uno grande de 20 cm de diámetro, como prefieras.

7. **Cocción.** Si utilizas moldes individuales, calienta el horno a **170 °C** y hornea durante 8 minutos. Si optas por el molde grande, hornea durante 25 minutos con el horno precalentado a **170 °C**.

▸ *Es una tarta muy agradable para tomar tibia. Dado que no contiene harina, la textura es muy ligera. Es ideal para los intolerantes al gluten. Si la preparas con antelación y la reservas en la nevera, quedará más aplanada por el reposo, pero la textura permanecerá hidratada y cremosa.*

Brownie

Para 8 raciones

Para un molde cuadrado de 20 x 20 cm forrado con papel de horno

- **200 g de chocolate con 70 % de cacao**
- **200 g de mantequilla de vaca**
- **80 g de yemas de huevo**
- **50 g de azúcar blanco**
- **120 g de claras de huevo**
- **80 g de azúcar blanco**
- **40 g de harina de trigo, pasada por el cedazo**
- **100 g de nueces, picadas en trozos** (de 1 cm)
- **10 g de azúcar glas, pasado por el cedazo**

Dispón del horno caliente a 160 °C

Icono de los postres de Estados Unidos. Surgió a partir del error de un pastelero al olvidar añadir levadura a una masa de bizcocho de chocolate y nueces. El resultado es un bizcocho tierno y cremoso, agradable de tomar tanto tibio como frío. Es muy apreciado por los amantes del chocolate.

ELABORACIÓN

1. En un bol apto para microondas y a baja temperatura, mezcla el chocolate y la mantequilla, ve removiendo cada 15 segundos hasta llegar a **50 °C**.

2. En otro bol, trabaja las yemas con 50 g de azúcar y añade esta mezcla a la anterior.

3. Con un batidor eléctrico de varillas, monta las claras con 80 g de azúcar, hasta conseguir que estén firmes y brillantes. Incorpóralas a la mezcla anterior.

4. Añade con cuidado la harina y la mitad de las nueces, y traspasa la masa al molde forrado.

5. Reparte el resto de nueces por encima y el azúcar glas. Con el horno precalentado a **160 °C**, deja que se cueza durante 35 minutos.

▸ *Puedes preparar el* brownie *sin las nueces, u optar por otros frutos secos, como pistachos, avellanas o almendras.*

Plumcake

***Para un molde tipo* cake**

Molde tipo cake de 30 cm de largo, forrado con papel de horno

- **100 g de mantequilla de vaca, en textura pomada**
- **80 g de azúcar blanco**
- **una pizca de sal**
- **3 huevos, a temperatura ambiente**
- **180 g de harina de trigo, pasada por el cedazo**
- **8 g de levadura química tipo Royal, pasada por el cedazo**
- **0,5 g de canela en polvo**
- **0,3 g de nuez moscada rallada**
- **50 ml de ron añejo**
- **50 g de pasas, sin hueso y cortadas por la mitad**
- **50 g de dátiles, sin hueso y cortados a 1/6**
- **50 g de guindas rojas confitadas, sin hueso y cortadas por la mitad**
- **50 g de guindas verdes confitadas, sin hueso y cortadas por la mitad**
- **50 g de avellanas, cortadas en ¼**
- **50 g de pistachos, cortados por la mitad**

Dispón del horno caliente a 160 °C

Icono de la pastelería inglesa, de gran éxito en todo el mundo y con diversas variantes de fruta confitada en el interior. La densidad de la masa y la carga de la fruta confitada y los frutos secos lo convierten en un bizcocho compacto, tierno y muy sabroso.

Elaboración

1. En un bol, hidrata y perfuma las pasas y los dátiles en el ron.

2. Con un robot de cocina con accesorio mezclador, trabaja la mantequilla con el azúcar y una pizca de sal.

3. Incorpora a la mezcla los huevos, poco a poco y de uno en uno, hasta lograr una masa unida.

4. A la masa anterior, añade la harina y la levadura, la canela y la nuez moscada, y a continuación las pasas y los dátiles hidratados con el ron, las guindas, las avellanas y los pistachos. Trabaja la masa a mano durante poco tiempo, solo hasta conseguir una textura bien mezclada.

5. Vuelca la masa en el molde forrado. Con el horno precalentado a **160 °C**, deja que se cueza durante 35 minutos, tapado con papel de aluminio. Destapa y sigue horneando 25 minutos más. Pincha el centro del *plumcake* con una broqueta; si sale limpia, el bizcocho está listo.

▸ *Bizcocho de textura densa y melosa, ideal para desayunos o meriendas. Combina muy bien con café, té, nata y chocolate, y con vinos generosos.*

▸ *El* plumcake *se puede congelar. Protégelo muy bien con papel siliconado y una bolsa especial o cajas adecuadas para la congelación. Añade la fecha, para controlar las existencias que tienes en casa.*

Cake de chocolate y nueces

***Para un molde tipo* cake**

Molde tipo cake de 30 cm de largo, forrado con papel de horno

- **4 huevos**
- **175 g de azúcar blanco**
- **200 g de harina de trigo, pasada por el cedazo**
- **16 g de levadura química tipo Royal, pasada por el cedazo**
- **100 g de mantequilla de vaca**
- **125 g de chocolate con 70 % de cacao**
- **150 g de nueces, cortadas en ¼**

Dispón del horno caliente a 160 °C

Para los amantes del chocolate con frutos secos.

Elaboración

1. Funde al baño maría (o en el microondas, a baja temperatura y en intervalos de 15 segundos) la mantequilla con el chocolate, y reserva la mezcla.

2. Con el batidor eléctrico de varillas, monta los huevos y el azúcar hasta que estén espumosos, e incorpora delicadamente la harina y la levadura.

3. A la mezcla anterior, añade el chocolate y la mantequilla reservados, y las nueces.

5. Vuelca la masa en el molde forrado con papel de horno y alisa la superficie para que quede muy plana.

6. Introdúcelo en el horno precalentado a **160 °C** durante 45 minutos. Pincha con una broqueta el centro del *cake*; si sale limpia, el bizcocho está listo.

▸ *Puedes modificar la personalidad del* cake *variando la carga de frutos secos según tu gusto. Por ejemplo, con pasas sin hueso, orejones de albaricoque en dados, pistachos o avellanas.*

Castella

Para un molde hondo

Molde hondo de 23 x 15 cm, preferiblemente una caja de cartón, forrada con papel de horno por dentro y con papel de aluminio por fuera

- **170 g de claras de huevo**
- **120 g de azúcar blanco**
- **8 yemas de huevo**
- **40 g de miel**
- **120 g de harina de fuerza, pasada por el cedazo**
- **40 ml de leche entera de vaca**

Dispón del horno caliente a 160 ºC

Icono de la pastelería japonesa. La tradición popular cuenta que la receta llegó a Japón en el siglo XVI de la mano de los jesuitas y su actividad misionera para cristianizar Oriente.

Elaboración

1. Con el batidor eléctrico de varillas, monta las claras a baja velocidad, para conseguir una burbuja pequeña.

2. Añade el azúcar, y continúa montando hasta un punto aún más firme.

3. Continúa montando a velocidad lenta y agrega las yemas, una a una.

4. Con ayuda de una espátula, añade la harina a la masa montada. Por último y con delicadeza, vierte la leche mezclada con la miel.

5. Vuelca la masa en el molde preparado, pero no de golpe, sino en tres tiempos y golpeando el molde contra la mesa cada vez, para eliminar las burbujas de aire.

6. Introdúcelo en el horno precalentado a **160 ºC** durante 60 minutos.

7. En cuanto lo retires del horno, dale la vuelta para desmoldarlo. Deja que se enfríe sobre una rejilla para eliminar el calor y el vapor interior.

▸ *La delicada textura de este bizcocho es ideal para acompañar una taza de té Sencha, matcha u Hojicha.*

Tarte Tatin

Para un molde

Molde apto para el fuego directo y luego al horno, de unos 28 cm de diámetro y 10 cm de hondo

PARA LA BASE DE GALLETA

- **250 g de masa *sucrée*** (p. 328)
- **6 manzanas Golden**
- **150 g de azúcar blanco**
- **70 g de mantequilla de vaca, en dados** (de 1 cm)

Dispón del horno caliente a 170 °C

▸ *También puedes elaborar esta tarta con peras o con membrillos precocidos.*

Icono de la pastelería francesa, creada por las hermanas Tatin. Según cuenta la historia, la tarta surgió como resultado de un error, o por corregir unas manzanas demasiado doradas. Sea como fuere, en 1889, en el hotel Tatin de Lamotte-Beuvron, la elaboración de una tarta de manzana al revés supuso una revolución en la pastelería francesa y un gran éxito mundial. Es muy popular preparar la base de la *Tatin* con masa de hojaldre, pero aquí ofrecemos la receta original francesa, con la base de masa de galleta.

ELABORACIÓN

1. Introduce los 150 g de azúcar en el molde y ponlo a fuego medio. Deja que el azúcar se funda y adquiera un bonito color dorado.

2. Con el azúcar dorado, aparta el molde del fuego y ve incorporando los dados de mantequilla, haciendo movimientos rotativos, para conseguir una unión perfecta de los dos ingredientes.

3. Corta las manzanas por la mitad, pélalas y retira los corazones. Dispón los trozos de manzana en vertical, uno al lado de otro, formando una espiral. **Atención.** Corta una pizca la base de los trozos, para facilitar la colocación y que el resultado sea bonito.

4. Con el rodillo, sobre una superficie ligeramente enharinada, estira la masa *sucrée* hasta conseguir un círculo amplio, de unos 40 cm de diámetro. Pincha la masa y corta un círculo perfecto de 35 cm de diámetro. Enróllala en el rodillo, para colocarla fácilmente sobre las manzanas del molde, cubriéndolas totalmente. Coloca los bordes de la masa *sucrée* hacia dentro del molde y hornéalo a **170 °C**. Debe cocerse durante 50 o 60 minutos. Al sacarla del horno, deja que repose unos 25 minutos para que se enfríe un poco. Con cuidado, pasa un cuchillo alrededor del molde para despegar la tarta, y dale la vuelta sobre la bandeja de presentación. Ya puedes disfrutar de la tarta, acompañándola de nata semimontada o una bola de helado de vainilla.

Coc rápido

Para un molde

Molde redondo de 30 x 20 cm, forrado con papel de horno

- **4 huevos**
- **250 g de azúcar blanco**
- **125 g de harina de trigo, pasada por el cedazo**
- **10 g de levadura química en polvo tipo Royal, pasada por el cedazo**
- **la ralladura muy fina de ½ limón**
- **40 g de piñones**
- **400 g de fruta fresca, cortada en trozos o en láminas regulares** (manzana, pera o melocotón, lo que te apetezca)
- **una pizca de azúcar moreno para esparcir por encima**

Dispón del horno caliente a 180 °C

Icono de la pastelería casera, su técnica es fácil y el resultado, espectacular. La receta casera es: mismo peso de huevos que de azúcar, y la mitad de harina, un pellizco de levadura, trozos de fruta fresca, piñones y azúcar por encima según cada gusto.

Elaboración

1. Con un batidor eléctrico de varillas, monta hasta que estén firmes los huevos y el azúcar.

2. Con la mano y delicadamente, incorpora la harina, la levadura y la ralladura de limón a la mezcla anterior.

3. Vuelca la masa en el molde y, por encima, reparte la fruta elegida, los piñones y el azúcar moreno. Introduce el *coc* en el horno, precalentado a **180 °C**, durante 20 minutos.

▸ *Puedes convertir el* coc *en una coca de chicharrones si repartes por encima 40 g de piñones y de chicharrones desmenuzados, y una pizca de azúcar moreno.*
▸ *También puedes elaborar el* coc *con fruta confitada, en lugar de fresca.*
▸ *La misma receta sirve para un bizcocho, sin los piñones ni la fruta. Utiliza un molde de 20 cm de diámetro, y así tendrás un bizcocho redondo que puedes rellenar, por ejemplo, con crema pastelera, nata, chocolate o confitura.*

Apfelstrudel

Para 6 raciones
Para la masa que envuelve el pastel
→ 100 g de harina de trigo, pasada por el cedazo
→ 35 ml de agua mineral tibia
→ 15 g de mantequilla de vaca fundida
→ 15 g de clara de huevo
→ 2,5 ml de vinagre de Jerez
→ 3 g de sal
Para el relleno
→ 500 g de manzanas (mezcla de Fuji y Golden)
→ 60 g de pan rallado (o galletas María trituradas no muy finas)
→ 35 g de azúcar blanco
→ 1 g de canela en polvo
→ la ralladura de ½ limón
→ la pulpa de ½ vaina de vainilla
→ 35 g de pasas remojadas en 30 ml de ron
→ 35 g de nueces, cortadas en dados (de 1 x 1 cm)
Debes disponer de
→ mantequilla de vaca fundida para pintar la masa cruda y también la masa por fuera antes de hornear
Opcional
→ azúcar glas para la superficie del pastel
Dispón del horno caliente a 200 °C

Icono de la pastelería tradicional de Austria y del sur de Alemania. Probablemente a raíz de las influencias de la cocina de las culturas bizantina, armenia y turca.

Elaboración

La masa que envuelve el pastel

Es necesario preparar con antelación la masa que recubre el pastel.

1. En un bol, mezcla perfectamente la harina, la sal, el agua, la clara de huevo y el vinagre. Añade la mantequilla fundida y trabaja bien la mezcla.

2. Vuelca la masa sobre la zona de trabajo y amasa con las manos mientras la golpeas suavemente contra la superficie, hasta que quede elástica y suave.

3. Estira la masa con un rodillo para crear un cuadrado de 20 x 20 cm, y resérvalo en una bandeja untada con mantequilla. Unta también la superficie de la masa con un poco más de mantequilla. Tapa con papel transparente y reserva en la nevera durante 4 horas.

El relleno

1. Pela las manzanas, córtalas a cuartos y luego en láminas finas.

2. En un bol grande, mezcla las láminas de manzana con el resto de ingredientes, y reserva.

La forma alargada del pastel

La masa debe estar fuera de la nevera, para poder trabajarla sin que esté fría ni dura.

1. Coloca un mantel sobre la mesa de trabajo y esparce por encima un poco de harina. Dispón la masa, a temperatura ambiente, sobre el mantel y estírala con el rodillo. Luego, estírala con las manos: el objetivo es lograr que sea muy fina, manteniéndola sobre el mantel (la tradición austríaca señala que se debe poder leer a través de ella).

2. Sobre el mantel, pinta con la mantequilla toda la superficie de la masa fina. Dispón el relleno sobre uno de los laterales de la masa, ocupando una longitud aproximada de 30 cm, y, con ayuda del mantel, enrolla el relleno con la masa (al ser tan fina, serán varias vueltas). Ve cerrando las puntas mientras vas enrollando, para garantizar que el relleno quede meloso y la cobertura, seca y crujiente.

3. Sobre una bandeja plana, forrado el fondo con papel de horno pintado con mantequilla, dispón el rollo y píntalo a su vez con mantequilla fundida. Con el horno caliente a **200 °C**, cuécelo durante 15 minutos. Luego, baja la temperatura a **170 °C** y sigue horneando 25 minutos más.

4. Déjalo reposar un poco cuando lo saques del horno, porque concentra mucha temperatura en su interior. Esparce por encima el azúcar glas.

▸ *Es un postre ideal para tomarlo recién horneado, a temperatura tibia.*
▸ *Puedes acompañarlo con nata semimontada o con una bola de helado de vainilla.*

Creps Suzette

Para unas 18-20 creps
PARA LA MASA DE LOS CREPS
→ 50 g de mantequilla de vaca, deshecha y líquida
→ 500 ml de leche entera de vaca
→ 3 huevos
→ 225 g de harina de trigo
→ 50 g de azúcar blanco
→ 2 g de sal
PARA EL JARABE SUZETTE
→ 60 g de azúcar blanco
→ 80 ml de zumo de naranja
→ 24 ml de zumo de limón
→ 70 ml de licor de naranja, tipo Grand Marnier
→ 75 g de mantequilla de vaca, blanda, textura pomada
→ la ralladura fina de ½ limón
→ la ralladura fina de ½ naranja
→ una pizca de mantequilla para untar la sartén

Icono de los postres de autoría de origen francés. Se ha debatido mucho sobre quién las inspiró o a quién se dedicaron, o si no fue más que un accidente o una casualidad. En cualquier caso, estos creps son alabado internacionalmente desde que se popularizaron en la Francia del siglo XIX.

ELABORACIÓN

La masa de los creps

1. Salvo la mantequilla, introduce todos los ingredientes en un bol y tritúralos con el túrmix a velocidad lenta. Deja reposar 1 hora.

2. Incorpora la mantequilla líquida a la masa reservada. Ya está lista para cocer los creps.

La cocción

1. Calienta al fuego una sartén antiadherente de 18 cm de diámetro.

2. Unta la sartén con una pizca de mantequilla. Vierte en ella dos cucharadas de masa (atención: debes ser ágil a la hora de hacerlo, poner la cantidad justa y repartir bien el líquido, en forma de espiral). Cuando observes que los bordes están dorados, da la vuelta al crep para cocer la otra cara.

3. Ve cociendo los creps de uno en uno, y resérvalos para terminarlos con la salsa caliente que da personalidad a los creps Suzette.

El jarabe Suzette

1. Pon un cazo al fuego con el azúcar, el licor y los zumos de naranja y limón, y cuece a fuego lento durante 2 minutos.

2. Retira el cazo del fuego y, cuando el jarabe esté a **35 °C**, incorpora la mantequilla en textura pomada y las ralladuras de limón y naranja. Dispondrás de

unas 24 cucharadas soperas del jarabe Suzette para finalizar el postre.

Finalización

Vuelve a poner la sartén, limpia, al fuego. Mantén el fuego muy bajo, vierte una cucharada del jarabe Suzette y pon rápidamente un crep en la sartén. Dale la vuelta, dóblalo sobre sí mismo por la mitad, y vuelve a doblar por la mitad, para que quede la forma de un cuarto de crep. Dale la vuelta y reserva en el plato de postre con todo el jugo residual. Repite la operación con cada crep, y sírvelos tibios.

▸ *En casa puedes jugar a cambiar el sabor, y preparar un jarabe con* kirsch *o calvados.*
▸ *Para acompañar, puedes elegir el contraste con nata montada o semimontada, o una bola de helado de vainilla o de chocolate.*

Creps de trigo sarraceno

Para 12-16 creps

Para la masa

- 150 g de harina de trigo sarraceno
- 350 ml de leche entera de vaca
- 7 g de levadura en polvo tipo Royal
- 25 g de mantequilla de vaca
- 40 g de yogur natural de vaca
- 1 yema de huevo
- 1 clara montada a punto de nieve con una pizca de sal
- 3 g de sal
- 10 g de azúcar blanco

Para pintar los creps

- 50 g de miel
- 50 g de mantequilla de vaca, fundida
- una pizca de mantequilla para untar la sartén

▸ *Los creps pintados con miel y mantequilla están buenísimos, pero puedes variarlos rellenándolos de nata montada, chocolate caliente o fruta confitada.*

▸ *Estos creps, sin el añadido final de la miel y la mantequilla, son también ideales para disfrutar en la cocina salada. Puedes rellenarlos de un salteado vegetal o de setas, o de un asado desmenuzado de carne o pescado.*

Icono de las elaboraciones con trigo sarraceno, un cereal muy apreciado en todo el mundo y apto para intolerantes al gluten.

Elaboración

La masa de los creps

1. Calienta la leche hasta **40 °C**, añade el azúcar y la levadura, mezcla bien y deja reposar 5 minutos.

2. Introduce la harina en un bol y, poco a poco, ve incorporando la mezcla anterior, y trabájala hasta conseguir una masa sin grumos.

3. Agrega el yogur y mezcla muy bien.

4. Añade la mantequilla fundida y la yema de huevo. Sigue trabajando la masa.

5. Finalmente, incorpora la clara montada (muy firme) con una pizca de sal.

La cocción

1. Calienta al fuego una sartén antiadherente de 18 cm de diámetro.

2. Unta la sartén con una pizca de mantequilla. Vierte en ella dos cucharadas de masa (atención: debes ser ágil a la hora de hacerlo, poner la cantidad justa y repartir bien el líquido, en forma de espiral). Cuando observes que los bordes están dorados, da la vuelta al crep para cocer la otra cara.

3. Ve cociendo los creps de uno en uno, resérvalos calientes y, finalmente, píntalos con la mezcla de miel y mantequilla.

Piel de naranja confitada

Para unas 100 tiras

- **6 naranjas**
- **½ l de agua mineral**
- **250 g de azúcar blanco**
- **10 ml de zumo de naranja**

Dispón del horno caliente a 90 °C

Icono de la bombonería y la pastelería en todo el mundo.

Elaboración

1. Lava las naranjas y retira las pieles de cada una en 4 partes (reserva el interior de las naranjas para otro uso; por ejemplo, para preparar zumo o elaborar flan de naranja). Si la piel es demasiado gruesa, rebaja un poco la parte blanca con un cuchillo bien afilado.

2. Escalda las pieles de naranja preparar agua hirviendo durante 1 minuto. Escúrrelas y enfríalas inmediatamente en agua y hielo.

3. Repite la misma operación con agua nueva: escaldar y enfriar.

4. En una ollita, pon el medio litro de agua, el azúcar y el zumo de naranja. Cuando rompa a hervir, incorpora las pieles de naranja escaldadas. Tapa la ollita y cuece a fuego muy lento durante 90 minutos. Pasado este tiempo, deja que las pieles se enfríen dentro del mismo recipiente.

5. Escurre las pieles, córtalas en tiras largas no muy finas y disponlas sobre un Silpat (lámina de silicona antiadherente) para secarlas dentro del horno a **90 °C** durante 20 minutos. Reserva en un recipiente hermético.

▸ *Las tiras de piel de naranja confitada son aún mejores si las bañas, solo por la mitad, en chocolate templado (receta, a continuación).*

Técnica para templar chocolate

Icono de las técnicas de pastelería para trabajar el chocolate y convertirlo en formas y creaciones artísticas, de textura fina, seca y brillante.

Debes disponer de un termómetro de cocina para controlar las temperaturas.

Atención. El templado del chocolate es una técnica de pastelería y bombonería profesional, pero, si te apetece, puedes realizarlo en casa. Se trata de fundir el chocolate y controlar una curva de temperatura en tres tiempos —temperaturas alta, baja y media— para poder bañar bombones o crear figuras como, por ejemplo, los huevos de Pascua, y conseguir un chocolate bonito, fino, brillante y crujiente.

CURVAS DE TEMPERATURA PARA CONTROLAR EL CHOCOLATE

Algunas marcas de chocolate indican en sus envoltorios la curva de temperatura que se debe seguir para templarlo, pero si no tienes esta información, puedes seguir estas indicaciones:

Chocolate negro: 50 °C — 29 °C — 31 °C
Chocolate con leche: 48 °C — 28 °C — 30 °C
Chocolate blanco: 45 °C — 27 °C — 29 °C

Procura elaborar el templado del chocolate en un lugar fresco y seco. Lo ideal sería una estancia con una temperatura entre **17** y **21 °C**, con una humedad ambiental entre el 50 y el 55 %.

La técnica para templar chocolate negro con el 70 % de cacao

Elaboración

1. Corta en trozos regulares 300 g de chocolate negro con el 70 % de cacao (algunas marcas ya se comercializan en trozos; si no, córtalos), y divide la cantidad en tres partes.

2. En un bol apto para microondas, funde dos partes del chocolate (en este caso serán 200 g) a baja temperatura y en breves intervalos, para poder remover el chocolate con una espátula y controlar la temperatura con un termómetro de cocina (debe llegar solo a **50 °C**).

3. Añade al bol con el chocolate a la temperatura óptima el tercio de chocolate reservado (100 g) y, delicadamente, remueve la mezcla con la espátula hasta bajar la temperatura a **29 °C**.

4. De nuevo pon el bol en el microondas. Trabaja una vez más a baja temperatura y en breves intervalos de tiempo, para controlar que la temperatura ascienda solo hasta **31 °C**. Este es el punto óptimo para trabajar el chocolate para, por ejemplo, rellenar-bañar los moldes de huevos de Pascua, o bañar trufas, o tiras de naranja confitada, o crear piezas según tu gusto e imaginación. Deja que se enfríen las piezas creadas para que el chocolate se seque-cristalice y adquiera la belleza de un chocolate brillante y crujiente. Reserva tus creaciones con chocolate templado en un lugar fresco y seco.

También puedes templar chocolate con leche o blanco, siguiendo la misma técnica y aplicando la curva de temperatura adecuada en cada caso.

Fraisier-shortcake

Para un molde rectangular
Molde rectangular de 15 x 30 cm x y 4,5 cm de hondo, forrado con papel de horno
PARA EL BIZCOCHO
→ 5 huevos, a temperatura ambiente
→ 150 g de azúcar
→ 75 g de harina de trigo de media fuerza, pasada por el cedazo
→ 75 g de harina de trigo floja, pasada por el cedazo
→ 2,5 g de levadura química tipo Royal
→ 50 g de mantequilla de vaca, fundida
PARA EL JARABE (PARA MOJAR EL BIZCOCHO)
→ 50 g de azúcar blanco
→ 50 ml de agua mineral
→ 30 ml de un destilado de fresas, o frambuesas o cerezas
PARA LA NATA DE LA TARTA
→ 600 ml de nata (35 % MG)
→ 50 g de azúcar glas
DEBES DISPONER DE
→ 45 fresas grandes, limpias, sin pedúnculo y enteras, para el relleno
→ 30 fresas grandes, limpias, sin pedúnculo y cortadas por la mitad, para la superficie
Dispón del horno caliente a 170 °C

Icono de la pastelería francesa desde el siglo XIX, elaborado actualmente en todo el mundo. En Japón es una tarta muy apreciada para grandes festejos.

ELABORACIÓN

El bizcocho

1. Con el batidor eléctrico de varillas, monta los huevos con el azúcar a velocidad baja, hasta conseguir una textura firme (con ayuda de un secador de pelo, calienta el recipiente mientras vas montando para que sea muy firme).

2. Añade las harinas y la levadura delicadamente, en tres tandas y con una espátula.

3. En un bol con tres cucharadas de la mezcla anterior, agrega la mantequilla fundida y ya fría y mezcla bien, e incorpora el conjunto a la masa general. Con la mezcla total, rellena el molde forrado con papel de horno.

4. Cuece el bizcocho en el horno precalentado a **175 °C** durante 35 minutos. Desmóldalo y déjalo enfriar sobre una rejilla.

5. Una vez frío, recorta con un cuchillo de sierra la piel dorada de la superficie y deja la parte de la solera tal cual. Corta el bizcocho por la mitad en sentido horizontal y resérvalo; ya está a punto para mojarlo con el jarabe.

El jarabe

Lleva a ebullición el agua y el azúcar en un cazo pequeño. Retira del fuego, vierte el destilado y, con un pincel, moja el bizcocho hasta dejarlo uniformemente empapado.

La nata

Monta la nata con el azúcar hasta que esté firme, y divídela en cuatro partes.

Montaje de la tarta

1. Sobre la base del bizcocho extiende una de las partes de nata. Dispón encima las fresas enteras, unas junto a otras, cubriendo toda la superficie (sobre todo, bien alineadas en los laterales).

2. Unta la otra mitad del bizcocho con la segunda parte de la nata, y junta las dos caras con nata realizando una ligera presión para que la tarta se compacte bien. Unta la parte superior del bizcocho con la tercera parte de la nata y alísala bien. Reserva la tarta en la nevera un par de horas para que adquiera consistencia.

3. Con la tarta ya firme, haz un corte en cada lateral con un cuchillo de sierra bien afilado, para conseguir unos bordes muy pulcros y con las fresas cortadas a la vista.

4. Sobre la superficie, y con la última parte de la nata reservada en una manga pastelera de punta estrellada, aplica unos bonitos puntos de nata, enmarcando toda la tarta, y dispón las fresas reservadas y cortadas por la mitad.

> ▸ ***Si compruebas que las fresas no son muy dulces, esparce por encima azúcar glas.***

Tiramisú

Para un molde tipo cake
Molde tipo *cake* de cristal o cerámica de 30 cm de largo
PARA LA CREMA DE MASCARPONE
→ 400 g de mascarpone
→ 5 yemas de huevo
→ 75 g de azúcar blanco
→ 5 claras de huevo
PARA EL ALMÍBAR Y LA GELATINA
→ 25 g de azúcar
→ 25 ml de agua
→ 2 hojas de gelatina, hidratadas
PARA LOS BIZCOCHOS CON CAFÉ
→ 30 bizcochos de huevo (soletilla, melindros, savoiardi)
→ 150 ml de café exprés concentrado
→ 30 g de cacao puro en polvo

▸ *En el mercado encontrarás melindres de muy buena calidad, pero si te apetece elaborarlos en casa, en la p. 323 tienes la receta.*

Icono de los postres italianos relativamente modernos, pues tiene su origen a mediados del siglo XX y, según cuenta la historia, se preparaba en los burdeles de la zona del Véneto, donde se ofrecía tanto a los clientes como a las chicas como tentempié amable y energético.

ELABORACIÓN

1. Monta con el batidor eléctrico de varillas las 5 yemas de huevo con los 50 g de azúcar (procura que quede firme y brillante).

2. Prepara el almíbar: lleva a ebullición el azúcar y el agua, y retira del fuego; mezcla con las dos hojas de gelatina hidratadas y, con delicadeza, añade el almíbar a las yemas montadas. Incorpora con cuidado el mascarpone a las yemas. La textura final debe ser como una crema lisa y uniforme.

3. Con el batidor eléctrico de varillas monta las 5 claras con los 25 g de azúcar, procurando que el resultado sea brillante y firme, y añádelo a la crema anterior.

4. Extiende sobre una bandeja plana los 30 bizcochos (la parte más dorada debe quedar debajo, en contacto con la bandeja). Reparte por encima el café concentrado, para hidratarlos y teñirlos por igual.

5. A continuación, monta el postre. Dispón 10 bizcochos hidratados con café en el fondo del molde *cake*. Por encima distribuye un tercio de la crema elaborada; alísala bien y espolvorea por encima con un colador un tercio del cacao en polvo. Cubre esta capa con 10 bizcochos más, un tercio de crema; luego alisa y espolvorea otro tercio del cacao. Repite la operación una última vez: bizcochos, crema bien alisada y cacao en polvo. Reserva el postre en la nevera hasta el momento de servirlo.

Tarta de Santiago

Para 6 raciones

Para un molde de 22 cm, engrasado y enharinado ligeramente

- **6 huevos**
- **250 g de azúcar blanco**
- **250 g de almendra en polvo**
- **la ralladura de la piel de ½ limón**
- **una pizca de canela en polvo**

Para la decoración de la superficie

- **10 g de azúcar glas**

Dispón del horno caliente a 170 °C

Icono de la pastelería tradicional gallega, probablemente tenga su origen como influencia de las tartas medievales de almendra y sin harina; por tanto, también es apta para las personas con intolerancia al gluten.

Elaboración

1. Mezcla en un bol la almendra en polvo, el azúcar, la ralladura de limón y la pizca de canela.

2. Añade a la mezcla anterior los huevos, uno a uno. Atención: los huevos deben añadirse sin montar la masa, sin batir, solo removiendo para conseguir una masa homogénea.

3. Rellena con la masa el molde untado y enharinado y hornéalo, con el horno precalentado a **170 °C**, durante 40 minutos.

4. Deja que se enfríe y prepara la decoración de la superficie. Recorta en una cartulina la figura de la cruz de Santiago, disponla sobre la tarta y esparce por toda la superficie el azúcar glas a través de un colador fino. Retira la cartulina, y la tarta de Santiago ya está a punto para degustar.

Tarta de limón y merengue

Para 4 raciones
Molde de 15 cm de diámetro
PARA LA GALLETA DE LA BASE Y LAS PAREDES DE LA TARTA
→ ½ receta de masa *sucrée* (p. 328)
PARA LA CREMA DE LIMÓN
→ 60 ml de zumo de limón, recién exprimido y colado
→ la ralladura fina de un limón
→ 60 g de azúcar blanco
→ 75 g de huevo
→ 85 g de mantequilla de vaca, blanda, a temperatura ambiente
→ ½ hoja de gelatina hidratada en agua fría
PARA EL MERENGUE ITALIANO
→ receta en la p. 325

Icono, muy probablemente, **de la tradición pastelera francesa** del siglo XIX, aunque también es una tarta muy tradicional en Estados Unidos y Gran Bretaña.

ELABORACIÓN

1. **La galleta de la base y las paredes de la tarta.** Sigue la receta de la página indicada, y reserva la base horneada y fría para llenarla con la crema de limón.

2. **La crema de limón.** Mezcla en un cazo el zumo y la ralladura de limón, el azúcar y el huevo. Cuece al baño maría, sin dejar de remover con un batidor de varillas, hasta alcanzar los **84 °C.** Aparta el cazo del fuego y añádele la media hoja de gelatina hidratada (mezcla bien para incorporarla perfectamente). Cuando la temperatura de la crema haya descendido hasta los **30 °C**, incorpora la mantequilla, mezcla bien y deja enfriar hasta los **15 °C.** Ya puedes llenar con la crema la galleta horneada. Es necesario dejar que la tarta repose para que la crema cuaje: 4 horas en la nevera o 1 hora en el congelador. A continuación, se termina con el merengue italiano por encima, y ya se puede degustar.

3. **El merengue.** Sigue la receta de la página indicada e introduce la preparación en una manga pastelera con una boquilla redonda. Cubre con pequeños puntos de merengue toda la superficie de la tarta fría. Enciende el gratinador al rojo vivo y deja que las puntas del merengue adquieran un bonito color dorado. La tarta está lista para presentar y degustar.

Clafoutis de cerezas

Para dos moldes
Dos moldes de 18 cm de diámetro
PARA LA GALLETA DE LA BASE Y LAS PAREDES DE LOS MOLDES
→ receta de masa sucrée (p. 328)
PARA EL RELLENO
→ 400 g de cerezas frescas, cortadas por la mitad y sin hueso
→ 200 ml de leche entera de vaca
→ 200 ml de nata líquida (35 % MG)
→ 3 huevos
→ 100 g de azúcar blanco
→ la pulpa de ½ vaina de vainilla
→ 10 g de azúcar glas (para la superficie de la tarta)
Dispón del horno caliente a 250 °C

Icono de la pastelería francesa, muy apreciado en toda Francia desde el siglo XIX, además de cosechar gran éxito en Europa y en todo el mundo.

ELABORACIÓN

1. **La galleta de la base y las paredes de la tarta.** Sigue la receta de la página indicada y reserva las dos bases horneadas y frías para rellenarlas con el *clafoutis.*

2. **El relleno.** Mezcla bien todos los ingredientes de la lista, salvo las cerezas y el azúcar glas, hasta obtener una masa homogénea.

FINALIZACIÓN Y COCCIÓN

Reparte las cerezas en las dos bases de galleta ya frías. Añade a ambas el relleno cubriéndolas e introduce las tartas en el horno, precalentado a **250 °C.** En cuanto estén dentro, baja la temperatura a **200 °C** y deja que se cuezan 25 minutos. Retira las tartas del horno, esparce por encima el azúcar glas y termina la cocción, aún a **200 °C**, durante 5 minutos más.

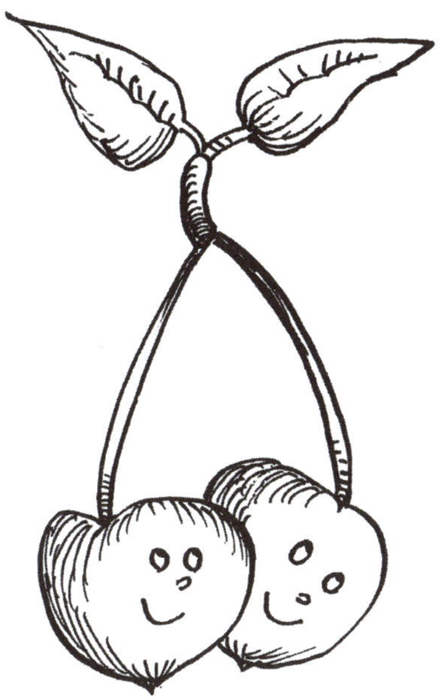

▸ *Esta tarta funciona igual de bien con ciruelas frescas, arándanos, moras o frambuesas; también con cerezas en conserva, pero recuerda que debes escurrir muy bien su jugo antes de incorporarla a la base de galleta.*

Selva Negra

Para un molde
Molde de 15 cm de diámetro, engrasado y enharinado
PARA EL BIZCOCHO
→ 3 huevos
→ 75 g de azúcar blanco
→ 85 g de harina de trigo, pasada por el cedazo
→ 15 g de cacao en polvo, pasado por el cedazo
→ 15 g de mantequilla de vaca, fundida y fría
PARA EL RELLENO
→ 300 g de nata para montar (35 % MG)
→ 50 g de azúcar glas
→ la pulpa de ½ vaina de vainilla
PARA EL JARABE
→ 100 ml de agua mineral
→ 50 g de azúcar blanco
→ 100 g de *kirsch*
→ 150 g de cerezas de conserva tipo *griottes* (o cerezas frescas)
PARA LAS VIRUTAS DE CHOCOLATE NEGRO
→ 75 g de chocolate con el 70 % de cacao
Dispón del horno caliente a 180 °C

Icono de la pastelería alemana, y postre por excelencia de la zona sur, en concreto, la zona de Baden-Baden. La tarta data del siglo XVI, cuando, muy probablemente, el cacao ya se había asentado en Europa. Se trata de una elaboración con ingredientes emblemáticos del territorio como las cerezas y el *kirsch*, el destilado de cerezas típico del lugar.

ELABORACIÓN

El bizcocho

1. Con el batidor eléctrico de varillas, monta los huevos con el azúcar hasta lograr una masa bien firme.

2. Delicadamente, incorpora a la masa la harina y el cacao en polvo con ayuda de una espátula de pastelería. Hazlo con cuidado y en tres tandas.

3. Agrega también a la masa la mantequilla, y mezcla rápidamente. Vuelca la preparación en el molde engrasado y enharinado. Introdúcelo en el horno precalentado a **180 °C**, y déjalo cocer 20 minutos. Comprueba si está lista la cocción pinchando con una brocheta.

4. Desmolda sobre una rejilla para agilizar el enfriado. Una vez que el bizcocho esté frío, córtalo por la mitad en horizontal para disponer de dos piezas de bizcocho y poder aplicar el relleno en medio.

El relleno

Con el batidor eléctrico de varillas, monta bien firme la nata con el azúcar y la pulpa de la vainilla, y reserva en una manga pastelera en la nevera.

El jarabe

Lleva el agua a ebullición junto con el azúcar y el *kirsch*. Si vas a usar cerezas frescas, es el momento de ponerlas a cocer en el jarabe, solo 2 minutos, cortadas por la mitad y sin hueso. Reserva las cerezas decantadas del jarabe.

Si te has decidido por las cerezas *griottes*, mantén por un lado las cerezas y por otro el jarabe.

Las virutas de chocolate negro

1. Templa el chocolate (receta en la p. 301).

2. Extiende el chocolate formando una capa muy fina sobre una superficie perfectamente lisa e impecablemente limpia. Deja que el chocolate adquiera una textura firme y, con ayuda de una rasqueta, forma virutas para decorar la tarta. Reserva las virutas en una caja en un ambiente fresco y seco.

Finalización

1. Toma como base una de las dos mitades del bizcocho, disponla en la bandeja para presentar la tarta, y remoja bien con la mitad del jarabe.

2. Por encima, cúbrela con la mitad de la nata que habías reservado en la manga pastelera. Aplica unos bonitos puntos de nata que cubran la superficie totalmente, y reparte la mitad de las cerezas.

3. Dispón encima la otra mitad del bizcocho, mójalo con el resto del jarabe y cúbrelo con la nata y el resto de las cerezas (reserva un poco de nata para los laterales de la tarta).

4. Finalmente, con una espátula, cubre las paredes laterales con nata y esparce por encima y por los laterales las virutas de chocolate. Reserva un ratito en la nevera, y ya lo puedes presentar y disfrutar.

Panellets

Para 6-8 raciones
PARA LA PASTA DE MAZAPÁN
→ 500 g de almendra en polvo
→ 350 g de azúcar blanco
→ 150 ml de agua mineral
→ ½ clara de huevo
PARA LOS SABORES DE LOS *PANELLETS*
→ 200 g de piñones
→ 200 g de membrillo
→ 200 g de coco rallado
→ 2 yemas de huevo
Dispón del horno caliente a 210 °C

Icono de la pastelería tradicional catalana, cuyo origen es controvertido. Podría ser una adaptación de los pasteles de mazapán europeos o, muy probablemente, sean originarios de la cultura árabe. Los *panellets* datan del siglo XVIII, y se vinculan a la celebración de Todos los Santos. Son muy populares y se elaboran tanto en la pastelería profesional como en la doméstica.

ELABORACIÓN

La masa madre (mazapán)

1. En una cazuela del tamaño adecuado, lleva a ebullición el azúcar y el agua. Cuando rompa a hervir, añade la almendra en polvo. Debes remover continuamente sobre el fuego hasta que la masa se cueza, haga burbujas y se despegue de las paredes de la cazuela (la operación no dura más de 1 minuto). Vuelca la masa obtenida en un bol para que se enfríe.

2. Cuando la masa esté fría, incorpora la ½ clara de huevo sin montar y mezcla bien. De nuevo deja reposar la masa, unas 2 horas en la nevera, para poder elaborar los panellets (es muy práctico hacer la masa madre el día anterior).

Los *panellets*

1. Divide la masa madre en 3 partes.

Los de piñón. Con una parte de la masa, forma bolas pequeñas y regulares y rebózalas con los piñones. La masa madre es bastantepegajosa, lo que facilita que se enganchen los piñones. Disponlos en una bandeja de horno cubierta con papel sulfurizado y píntalos con la yema de huevo, mezclada con unas gotas de agua. Con el horno precalentado, hornéalos a **210 °C** unos 6 minutos, el tiempo de dorarse los piñones. El objetivo es lograr una costra bonita y seca, y un interior muy tierno. Deja que se enfríen y mantenlos a temperatura ambiente.

Los de membrillo. Estira con el rodillo una parte de la masa madre entre dos papeles de horno, hasta conseguir un grosor de 1 cm. Sobre esta lámina de mazapán, dispón a lo largo una tira de membrillo (de 1 cm de grosor aprox.). Envuelve el membrillo con el mazapán (te quedará una barra larga y rellena). Reboza la barra en azúcar y córtala en trozos de 2 cm. Disponlos en una bandeja de horno cubierta con papel sulfurizado, y hornéalos a **210 °C** durante 4 minutos, el tiempo justo para que se forme una costra sutil. Deja que se enfríen y mantenlos a temperatura ambiente.

Los de coco. Amasa la última parte de mazapán con el coco rallado, y crea figuras redondas o con punta, como una seta. Disponlos en una bandeja de horno cubierta con papel sulfurizado, y hornéalos a **200 °C** durante solo 4 minutos. Deja que se enfríen y mantenlos a temperatura ambiente.

▶ *El mazapán permite ser creativo y elaborar* panellets *muy originales. Puedes añadir fruta confitada o frutos secos, como pistachos, o utilizar chocolate o especias.*
▶ *Como la masa madre es mazapán puro, también puedes trasladarla al mundo de las creaciones más complicadas, como turrones con frutas confitadas y piñones.*

Arroz con leche

Para 8 platitos individuales

- 1 l de leche entera de vaca
- 100 g de arroz bomba
- la piel de un limón ecológico, fina, solo la parte amarilla
- ½ rama de canela, en trozos
- 110 g de azúcar blanco

Icono de la cultura española y latinoamericana, puede tener diversas variantes de matices aromáticos. También en Asia se prepara un postre similar de arroz, pero en este caso con leche de coco.

ELABORACIÓN

1. En una olla grande, lleva a ebullición la leche, la piel de limón y la canela. Aparta la olla del fuego, tapa y deja reposar 20 minutos.

2. Cuela la leche aromatizada y ponla de nuevo al fuego. Al romper el hervor, echa el arroz y deja cocer a fuego lento 20 minutos. Remueve de vez en cuando, para que el arroz no se pegue en el fondo del recipiente.

3. Agrega el azúcar y continúa la cocción 1 minuto más sin dejar de remover.

4. Reparte el arroz en los platitos, deja que se enfríen y resérvalos en la nevera, con la superficie protegida con papel de plástico transparente.

▸ *Antes de servirlos puedes añadir a la superficie una pizca de canela en polvo y otra de ralladura de limón muy fina, obtenida con el rallador americano Microplane. También puedes ofrecer el arroz con leche «quemado» con una pala de quemar al rojo vivo. Esparce por la superficie una capa generosa de azúcar y rápidamente ponla en contacto con la pala para conseguir un techo de caramelo, cristalizado, quebradizo y con sabor a azúcar quemado.*

Torrijas

Para unas 15 torrijas
→ 15 rebanadas de pan seco, o rebanadas de *brioche* seco (de un tamaño aproximado de 9 x 5 cm y de 1,5 cm de grosor)
Para bañarlas
→ 1 l de leche entera de vaca
→ 1 rama de canela, en trozos
→ la piel fina de un limón, solo la parte amarilla
→ 3 huevos
Para freírlas
→ ½ l de aceite de oliva virgen extra
Para rebozarlas
→ 200 g de azúcar blanco
→ 3 g de canela en polvo

Icono de los postres tradicionales en España, es un reflejo de la cultura del aprovechamiento del pan seco. De origen muy antiguo, posee probablemente influencia romana. Aunque es un postre que se toma todo el año, está muy vinculado al Carnaval, la Semana Santa y la Pascua. En algunas zonas las torrijas se preparan con un pan especial de textura de *brioche*.

Elaboración

1. En una olla, lleva a ebullición la leche junto con la canela y la piel de limón. Aparta del fuego, tapa y deja que repose 20 minutos. Cuela y reserva.

2. Mezcla el azúcar con la canela en polvo y reserva para rebozar al final las torrijas.

3. En un bol amplio, bate los huevos y reserva.

4. En una sartén honda tipo *parisien*, calienta el aceite y controla con un termómetro que la temperatura de la fritura sea de **170 °C**.

5. Báñalas muy bien en la leche perfumada. A continuación pásalas por el huevo batido y fríelas en el aceite a **170 °C**. Procura freír las torrijas de tres en tres. Cuando estén doradas, retíralas y deja que se escurran sobre un papel absorbente, y luego rebózalas en la mezcla de azúcar y canela. Repite la técnica con todas las rebanadas.

> ▸ *Procura degustar las torrijas tibias. La técnica también funciona muy bien con otros tipos de panes o bizcochos.*

Magdalenas

Para 12 magdalenas

Moldes de silicona o de papel de un solo uso de 6 cm de diámetro

- 3 huevos
- 180 g de azúcar blanco
- una pizca de sal
- la ralladura muy fina de 1 limón
- 65 ml de leche de vaca
- 20 g de miel
- 200 ml de aceite de oliva virgen extra (o 200 g de mantequilla)
- 225 g de harina de trigo, pasada por el cedazo
- 8 g de levadura química tipo Royal, pasada por el cedazo
- una pizca de azúcar moreno para esparcir por encima

Dispón del horno caliente a 180 °C

Icono de las pastelerías francesa y española. Originarias de Francia, donde se elaboran con forma de concha y con mantequilla, se popularizan en España con forma redondeada y a menudo sustituyendo la mantequilla por aceite de oliva.

Elaboración

1. En un bol y con el batidor eléctrico de varillas, bate los huevos con el azúcar y una pizca de sal, hasta conseguir una masa montada.

2. Incorpora la leche, el aceite, la miel y la ralladura de limón, y sigue montando la mezcla.

3. Con la harina y la levadura ya pasadas por el cedazo, ve añadiéndolas delicadamente a la mezcla montada hasta que esté homogénea.

4. Llena los moldes de las magdalenas y esparce por encima un poco de azúcar moreno. Con el horno ya caliente a **180 °C**, dispón los moldes en una bandeja y hornea durante 20 minutos.

Cupcakes

Para 12 cupcakes
Moldes de silicona o de papel de un solo uso de 6 cm de diámetro
PARA LA MASA
→ 3 claras de huevo
→ una pizca de sal
→ 145 g de mantequilla de vaca, textura pomada
→ 140 g de azúcar blanco
→ 3 yemas de huevo
→ 150 g de harina de trigo, pasada por el cedazo
→ 4 g de levadura química tipo Royal, pasada por el cedazo
→ 125 ml de leche entera de vaca
→ la pulpa de ½ vaina de vainilla
PARA CORONAR
Consulta el apéndice de la receta.
Dispón del horno caliente a 180 °C

Icono de Estados Unidos y Gran Bretaña, en este último país se llaman también *fairy cake*. Originariamente se elaboraban dentro de una taza, de ahí el nombre, pero en la actualidad se hornean, como las magdalenas, en moldes redondos de silicona o de papel de un solo uso. Sin embargo, la superficie de los *cupcakes* es plana, a diferencia de las magdalenas, que es redondeada. Los *cupcakes* se terminan añadiendo encima lo que más le gusta al artífice de la receta. Por tanto, puedes jugar a tu gusto y coronarlos con crema, nata, merengue, virutas de chocolate o *toppings* de colores.

ELABORACIÓN

1. Trabaja la mantequilla blanda con el azúcar. Añade las yemas de huevo y sigue trabajando los ingredientes hasta que adquieran un color blanquecino.

2. Incorpora la harina y la levadura, y la leche mezclada con la pulpa de la vainilla. Trabaja el conjunto hasta conseguir una masa homogénea.

3. Monta las claras con el batidor eléctrico de varillas y una pizca de sal (¡han de quedar muy firmes!). Incorpóralas delicadamente a la masa anterior.

4. Con ayuda de un dispensador de helado (o una cuchara honda), rellena los moldes de *cupcake* (de 6 cm de diámetro) hasta ¾ partes de su capacidad. Disponlos sobre una bandeja y hornea, con el horno precalentado, a **180 °C** durante 25 minutos. Comprueba con un palillo que los *cupcakes* ya están listos. Deja que se enfríen y prepárate para coronarlos.

▸ *Puedes rematarlos con merengue (p. 325),* mousse *de chocolate (p. 286), crema pastelera (p. 277), nata montada sin azúcar o mezclando al 50 % la crema pastelera y la nata montada sin azúcar. Procura añadir siempre unos dados de fruta fresca, como plátano, manzana, pera o frutos rojos.*

Cruasanes

Para unos 16 cruasanes

Para unos 16 cruasanes de 70 g de masa cada uno (o 32 minicruasanes de 35 g de masa)

Para la masa

- **250 g de harina de fuerza y de harina floja**
- **250 g de harina floja**
- **10 g de sal**
- **280 ml de agua mineral**
- **30 g de levadura fresca de panadero**
- **15 g de leche en polvo desnatada**
- **55 g de azúcar blanco**
- **25 g de mantequilla de vaca, fundida**

Para el plegado de los cruasanes

- **325 g de mantequilla de vaca, firme**

Para pintar los cruasanes al hornear

- **2 yemas de huevo**
- **40 ml de leche entera de vaca**

Dispón del horno caliente a 175 °C

Icono de la pastelería austríaca. La historia relaciona esta apreciada elaboración con el momento en que Viena se libera de la opresión del ejército del Imperio otomano en el siglo XVII, y nació con el nombre alemán *halbmond* («media luna»). Ya antes, en el siglo XVI, triunfaban en París los pasteleros vieneses ofreciendo una nueva línea de bollería, y todavía actualmente las piezas creadas para desayunar o merendar mantienen el nombre genérico de *viennoiseries*. En Francia, la evolución de este bollo toma el nombre de *croissant*, en referencia al cuarto creciente lunar. También en este país han desarrollado una clasificación para distinguir la calidad de los cruasanes: los de forma recta están elaborados con mantequilla pura (como los de la receta que ofrecemos aquí) y los de forma curvada se elaboran a partir de margarinas u otros tipos de grasa.

Elaboración

1. Con ayuda de un robot de cocina eléctrico y el accesorio amasador, mezcla todos los ingredientes de la masa y deja que trabaje a velocidad lenta durante 10 minutos. Forma una bola y déjala reposar en la nevera 1 hora.

2. Corta la mantequilla firme en trozos de 1 cm de grosor y únelos, estirados y planos, para formar una pieza plana y cuadrada de unos 15 x 15 cm.

3. Estira la masa reservada sobre la superficie de trabajo ligeramente enharinada, hasta conseguir una masa plana de un tamaño aproximado de 30 x 30 cm.

4. En el centro de la masa estirada dispón el cuadrado de mantequilla y cúbrelo con la masa para atrapar la mantequilla. Con la superficie enharinada, estira con un rodillo hasta que la masa rellena de mantequilla adquiera un tamaño aproximado de 30 x 30 cm.

5. Ahora debes doblar la masa rellena y estirada sobre sí misma como un tríptico. El resultado será una masa de 30 x 10 cm. Es el momento de volver a estirarla con el rodillo para devolverle el tamaño original: 30 x 30 cm. Dóblala otra vez como un tríptico, y protégela con un paño de cocina limpio antes de dejarla reposar en el congelador durante 20 minutos.

6. Debes repetir la operación «doblar como un tríptico y estirar» dos veces más y, finalmente, protegida con el paño de cocina, deja que repose en el congelador 30 minutos más ya estirada.

7. La masa está lista para cortarla en los triángulos, que serán los cruasanes. Si quieres hacerlos de tamaño mini, corta triángulos de 8 x 16 cm; para los de tamaño normal, corta triángulos de 16 x 22 cm. Enrolla los triángulos desde la parte ancha a la estrecha, y conseguirás la forma tradicional del cruasán. Déjalos reposar a temperatura ambiente-cálida durante 2 horas para que fermenten, crezcan y se ahuequen.

8. Con mucha delicadeza para no hundir las piezas, pinta los cruasanes con la mezcla de yema de huevo y leche. Hornea a **175 °C** durante 15 minutos las piezas de 70 g; si te has decidido por las de 35 g, serán 12 minutos de horno.

▶ *La masa permite la congelación. La puedes congelar tanto cortada en triángulos sin enrollar como ya enrollados (si cuentas con un congelador grande). A la hora de hornear los cruasanes congelados, déjalos antes a temperatura ambiente para que se descongelen, fermenten y crezcan.*

▶ *Un cruasán es una elaboración de pastelería que puedes combinar tanto con productos dulces (nata, crema, chocolate...) como salados (quesos, vegetales para ensalada, salchichón, jamón de York o ibérico...).*

Helado *biscuit glacé*

Para 8 o 10 raciones

- 200 g de azúcar
- 200 ml de agua mineral
- 7 gotas de zumo de limón
- la pulpa de ½ vaina de vainilla
- 10 yemas de huevo
- 250 g de nata montada muy firme

Icono de la pastelería francesa clásica. Es un helado cremoso y muy nutritivo que no necesita mantecadora (la clásica turbinadora o sorbetera para elaborar helados); simplemente trabajando cada punto de la elaboración se obtiene un resultado muy *gourmet* y delicado.

Elaboración

1. En un robot de cocina eléctrico y con el accesorio batidor de varillas, monta las 10 yemas de huevo. El objetivo es lograr que queden firmes (compruébalo levantando un poco el batidor; la masa montada debe crear una especie de cordón que se mantenga).

2. Mientras se montan los huevos, pon a cocer en un cazo el azúcar, el agua, las gotas de limón y la pulpa de vainilla. Debe cocerse a fuego suave hasta que el jarabe alcance los **104 °C**.

3. Con las yemas ya montadas y el jarabe hirviendo, es el momento de unir ambos elementos. Vierte el jarabe caliente en hilo fino sobre las yemas montadas y a velocidad de montado lenta. Cuando ya lo hayas incorporado todo, debes seguir montando un buen rato hasta que las yemas estén cocidas en su punto (unos 10 minutos). Una buena técnica para ayudar a la cocción es utilizar un secador de pelo para calentar el recipiente donde se están montando las yemas y el jarabe. Deja de añadir calor con el secador y prosigue con el montado lento, durante 10 minutos más, para enfriarlo y estabilizarlo.

4. Con suma delicadeza y la ayuda de una espátula, une la nata montada con la mezcla anterior. Rellena unos moldes individuales o una tarrina tipo *cake* de cristal o porcelana, y reserva en el congelador para disfrutar de un helado tradicional y muy cremoso.

▸ *El* biscuit glacé *bien elaborado posee una textura cremosa y apetitosa, que a la vista debe ser uniforme de arriba abajo. Si, por el contrario, se aprecia en el fondo una capa más densa, revelará que no ha sido impecablemente elaborado. Puedes acompañarlo con una salsa de chocolate negro o un* coulis *de frutos rojos (p. 284).*

Helado cremoso de fruta «en un minuto»

Para 8-10 raciones

- 500 g de la fruta elegida
- 250 g de queso fresco y no graso, tipo Quark
- 150 ml de leche evaporada sin azúcar, tipo Ideal
- 120 g de azúcar glas
- el zumo de ½ limón

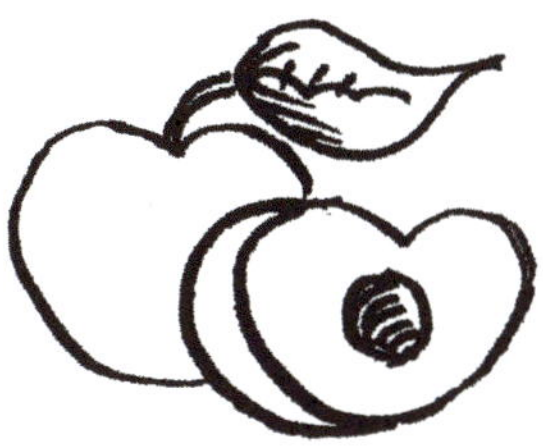

▸ *Es un helado que debe consumirse inmediatamente. Si lo guardas en el congelador, perderá la cremosidad y se convertirá en un helado duro, como un polo.*

Icono de la pastelería moderna y doméstica. No es técnicamente un helado, sino un triturado congelado que proporciona «en un minuto» el placer y el resultado de un helado.

Ingredientes según el gusto personal: fresas, mango, melocotón, melón, pera...

Elaboración

1. Lava (y pela, en caso necesario) la fruta escogida y córtala en trozos regulares de unos 2 cm. Congela los dados en plano, sin amontonarlos (congela la fruta el día anterior).

2. En el momento de servirlo: con ayuda de un robot de cocina tipo Thermomix u otro aparato potente, tritura bien los dados de fruta congelada, el queso fresco, la leche evaporada, el zumo de limón y el azúcar glas. La potencia trituradora de la máquina convierte los alimentos en un helado cremoso, elaborado al momento.

Trufas heladas

Para unas 50 trufas
PARA EL INTERIOR
→ **250 g de chocolate con el 70 % de cacao, cortado en trozos pequeños**
→ **125 ml de nata** (35 % MG)
→ **50 ml de leche entera de vaca**
→ **15 ml de Grand Marnier** (o brandi, amaretto u otro licor)
PARA LA COBERTURA
→ **200 g de chocolate con el 70 % de cacao**
→ **50 g de azúcar glas**

▸ *La cobertura de trufas de esta receta es muy fácil de elaborar, y con trufas congeladas funciona muy bien, pero si te apetece preparar una cobertura con chocolate templado, para que sea más dura, puedes seguir la receta* *de la p. 301.*

▸ *Puedes también rebozar las trufas congeladas con fideos de chocolate, y así ahorrarte la elaboración y la aplicación de la cobertura.*

Icono de la bombonería tradicional, originario de Bélgica. Probablemente el nombre «trufa» surgió por el parecido con la trufa Melanosporum.

Elaboración

1. En un cazo, lleva a ebullición la nata, la leche y el licor. Retira del fuego cuando rompa a hervir.

2. Añade el chocolate a la mezcla anterior caliente. Trabaja con energía el conjunto con un batidor de varillas, para conseguir una textura brillante y emulsionada.

3. Vierte la crema obtenida en pequeños moldes de silicona semiesféricos, y reserva en el congelador.

4. A continuación es preciso juntar las piezas congeladas para formas bolas. Para facilitar la unión, calienta un plato y frota 2 segundos en él cada hemisferio para pegarlos entre sí. Pincha cada bola con un palillo y reserva en el congelador.

Aplicación de la cobertura

1. Funde el chocolate en el microondas a potencia media y en breves intervalos para que se deshaga perfectamente.

2. Gracias al palillo, será muy fácil bañar las trufas en chocolate caliente. Hazlo de una en una, y luego ve clavando los palillos en un corcho o porexpán, en vertical, como un chupachups, para conseguir una bonita forma redondeada. En un ambiente fresco y seco, espera a que la cobertura se endurezca.

3. Con el chocolate ya seco y duro de la superficie, retira los palillos, reboza las trufas en abundante azúcar glas, y reserva en una caja con tapa, adecuada para alimentos, en el congelador, hasta el momento de la degustación.

Masa *brioche*

Para la masa levada

- 250 g de harina de trigo de fuerza
- 55 g de levadura de panadería
- 20 ml de agua tibia

***Para la masa de* brioche**

- 250 g de harina de trigo de fuerza
- 500 g de harina de trigo floja
- 170 g de azúcar
- 170 g de mantequilla de vaca
- 4 huevos
- 75 ml de agua mineral
- 5 g de sal
- una pizca de ralladura de limón
- una pizca de canela en polvo
- una pizca de pulpa de vainilla
- yema de huevo para pintar
- la masa levada (la del primer paso de la receta)

Dispón del horno caliente a 180 °C

Icono de la pastelería tradicional francesa. La palabra «brioche» aparece documentada en el siglo XV. Elaborada con huevos, levadura, leche, mantequilla y azúcar, el resultado es un pan muy esponjoso, dulce, con una costra fina como una piel dorada y delicada, que casa muy bien con productos dulces y salados. La técnica adapta mil formas y tamaños, e incorpora fruta confitada en otras culturas, como el *panettone* italiano o las tradicionales cocas de verbenas de San Juan y San Pedro en los territorios de lengua catalana.

Atención. Se debe preparar en dos tiempos: 1. La masa levada. 2. La masa del *brioche*.

ELABORACIÓN DE LA MASA LEVADA

Deshaz la levadura en el agua tibia y amasa con la harina formando una bola más bien seca. Márcala con una cruz, cúbrela con un paño y deja que fermente en un ambiente tibio, a unos **28 °C,** durante 20 minutos.

ELABORACIÓN DE LA MASA DE *BRIOCHE*

1. En un robot de cocina con accesorio amasador, trabaja todos los ingredientes durante 15 minutos a velocidad lenta.

2. Forma a tu gusto las piezas de *brioche*: puedes crear bolas pequeñas o más grandes y ovaladas, o rellenar un molde tipo *cake*.

3. Dispón las piezas en una bandeja cubierta con papel sulfurizado, y de nuevo deja que leven, en un ambiente tibio (**28 °C**), hasta que doblen su volumen.

4. Cuando ya estén levadas y antes de hornear, pinta la superficie de las piezas de *brioche* con la yema de huevo mezclada con unas gotas de agua. Con el horno precalentado, hornea a **180 °C** durante 15 minutos las piezas más grandes, y 10 minutos las pequeñas. Un *brioche* en un molde tipo *cake* debe hornearse a **170 °C** durante 20 o 25 minutos (protege la superficie con papel de aluminio los primeros 10 minutos; luego retíralo y prosigue la cocción).

Coca de verbena

Para una coca grande

Elabora una masa de brioche (p. 321) con ligeros cambios

- Sustituye el agua mineral de la masa por agua de azahar y añade 40 ml de licor de anís seco.

Para colocar encima de la coca

- 200 g de mazapán (receta de *panellets*, p. 310)
- 100 g de piñones
- 100 g de guindas confitadas rojas
- 100 g de guindas confitadas verdes
- 100 g de tiras de naranja confitada (p. 299)
- 100 g de tiras de melón confitado
- 20 g de azúcar glas (opcional)

Dispón del horno caliente a 180 °C

Icono de las celebraciones de San Juan o San Pedro, relacionado con las fiestas del solsticio de verano en algunas comunidades autónomas.

Elaboración

1. **La masa de la coca.** Elabora la masa de *brioche* como explica la receta de la p. 321. En el **punto 2** de esa receta, extiende la masa sobre una bandeja de horno cubierta con papel sulfurizado, creando una coca larga y ancha, de un grosor aproximado de 2 cm.

2. **Encima de la coca.** A los 200 g de mazapán añádele 50 ml de agua, mezcla muy bien e introduce esta masa en una manga pastelera para poder distribuirla sobre la coca en cordones de arriba abajo y en diagonal. También encima, con gusto y belleza, reparte las frutas confitadas: guindas, naranja, melón y piñones. Deja la coca decorada unos 20 minutos en un lugar de temperatura cálida para que leve de nuevo.

3. **Horneado.** De manera opcional, espolvorea la superficie de la coca con el azúcar glas. Con el horno caliente a **180 °C**, cuece la coca hasta que esté doradita; serán unos 15, 20 o 25 minutos aprox.

Masa para bizcochos de soletilla (o plancha)

Para el bizcocho

- 3 huevos
- 100 g de azúcar
- 100 g de harina de trigo, pasada por el cedazo
- 3 g de ralladura de limón
- azúcar glas

Dispón del horno caliente a 220 °C

▸ ***Bizcocho plancha.*** *Puedes preparar un bizcocho esponjoso y fino, denominado «plancha» en el argot de pastelería. Sigue la misma receta, pero en el punto* ***2****, en lugar de crear barritas, extiende la masa en plano sobre el papel de horno con la manga pastelera, y hornea a* ***220 °C*** *durante 3 minutos para crear brazos o bracitos de gitano o pequeñas piezas de pastelería.*

Icono originario de la cultura francesa, documentado desde el siglo XV en la corte del duque de Saboya con motivo de la visita del rey de Francia. Los bizcochos de soletilla son pequeños bollos alargados y esponjosos, de puntas redondeadas. Son ideales para tomar con chocolate a la taza, con o sin nata, y es un ingrediente importante para elaborar el tiramisú o la tarta Charlotte.

Elaboración

1. Con el batidor eléctrico de varillas, monta los huevos con el azúcar hasta conseguir que quede una masa muy firme. Con delicadeza, incorpora la harina y la ralladura de limón. No debes trabajar mucho la masa; solo tiene que estar unida, esponjosa y homogénea.

2. Introduce la masa en una manga pastelera, con boquilla redonda, lisa y grande (9 mm). Sobre papel de horno, extiende unas líneas gruesas, como barritas, de la longitud que quieras (10 o 15 cm), dejando un margen entre ellas de 3 cm.

3. Espolvorea con azúcar glas y cuece en el horno (precalentado) a **220 °C** durante 3 minutos. Deja que se enfríen, despégalos del papel y únelos de dos en dos por la parte que estaba en contacto con el papel. Los bizcochos están listos para degustar, mojados en chocolate a la taza o acompañando una taza de café o té, nata montada o una copa de vino dulce.

Brazo de cabello de ángel y nata

Para 6 raciones

Una plancha de bizcocho de 30 x 30 cm (receta en p. 323)
- **200 g de confitura de cabello de ángel** (receta en p. 139)
- **200 g de nata montada, muy firme y sin azúcar**

Icono de la pastelería que se ha extendido por todo el mundo. El pastel, largo como un brazo y enrollado, permite la creatividad de rellenarlo con lo que más te guste, por ejemplo, con crema pastelera, nata, chocolate fundido mezclado con nata, o confitura. Otra opción es crear pequeñas piezas individuales, en vez de una más grande, para servir en porciones.

> ▸ *Esta técnica permite variaciones según la creatividad de cada uno: desde combinar y mezclar rellenos a empapar el bizcocho-plancha en licores o jarabes.*

Elaboración

1. Dispón el bizcocho-plancha recién hecho y frío sobre un paño de cocina limpio. La parte de la costra dorada debe quedar en el exterior, es decir, en contacto con el paño.

2. Cubre todo el bizcocho-plancha con la confitura de cabello de ángel.

3. Por encima de la confitura, extiende la nata montada muy firme. Con ayuda del paño, enrolla el brazo sobre sí mismo creando una bonita forma.

4. Reserva en la nevera hasta el momento de servirlo.

Opcional. Espolvorea el brazo con azúcar glas, o con azúcar blanco, para quemarlo después con la pala al rojo vivo.

Merengue italiano

Para 250 g de merengue

- 2 claras de huevo, a temperatura ambiente
- 140 g de azúcar
- 50 ml de agua mineral

Icono en la pastelería de todo el mundo. Los merengues pueden presentar diversas texturas, tanto blandas y esponjosas, con una costra delicada coronando tartas tan populares como la de limón y merengue, como pequeñas piezas individuales y neutras, perfumadas con licores o teñidas con zumo de frutas. También son populares los merengues secos, solos o mezclados con frutos secos.

Elaboración

1. En un cazo a fuego lento, elabora un jarabe con el agua y el azúcar. Controla la temperatura (debe llegar a **121 °C**).

2. Monta las claras con un batidor eléctrico de varillas. Cuando el jarabe alcance los **121 °C,** añádelo a hilo fino sobre las claras a medio montar, y continúa montando hasta que las claras estén frías y muy brillantes.

3. El merengue italiano está listo para ponerlo en una manga pastelera y decorar, por ejemplo, una tarta, o coronar unos *cupcakes*.

▸ *Con la manga pastelera puedes preparar en casa porciones individuales de merengue del tamaño de un* cupcake. *Dispón los merengues individuales sobre papel de horno, esparce por encima azúcar glas y hornea a **250 °C** durante 2 minutos.*
▸ ***Merengues secos.** Los puedes elaborar formando piezas pequeñas o medianas y horneándolas a **90 °C** durante 1 hora.*

Tarta Charlotte

Para una tarta de 6 raciones

- **Necesitas un aro de pastelería de 15 cm de diámetro y unos 5 cm de altura.**
- **20 bizcochos de soletilla para la pared de la tarta**
- **15 bizcochos de soletilla para cubrir la base de la tarta** (puedes comprarlos elaborados o prepararlos, tienes la receta en p. 323)

PARA LA CREMA BÁVARA

- **210 ml de nata para montar** (35 % MG)
- **3 hojas de gelatina, hidratadas en agua fría** (2 g cada una)
- **300 g de crema inglesa** (receta p. 275)

PARA EL JARABE PARA EMPAPAR LOS BIZCOCHOS

- **100 ml de agua mineral**
- **50 g de azúcar blanco**
- **30 ml de *kirsch* o un destilado de frambuesas**

DEBES DISPONER DE

- **250 g de frutos rojos frescos** (por ejemplo: 100 g de fresas, 100 g de frambuesas, o 50 g de arándanos)

Icono de la pastelería francesa, es una tarta famosa en los cinco continentes. La autoría se atribuye al gran cocinero Antonin Carême del siglo XVIII. Tradicionalmente se elabora con bizcochos perfumados con un jarabe de aguardiente, rellena con crema bávara (*bavaroise*) y frutos rojos.

ELABORACIÓN

1. **Crema bávara.** Elabora la crema inglesa como en la (p. 275); necesitas unos 300 g (reserva el resto en la nevera para otro uso). A los 300 g de crema inglesa caliente, añádele las hojas de gelatina, hidratadas y escurridas. Mezcla bien y reserva hasta que se enfríe a **30 °C**. Monta ahora la nata; debe quedar ligera, no muy firme (en el argot de pastelería se llama «nata semimontada»). Añade a la nata semimontada la crema anterior. Mezcla el conjunto con delicadeza para disponer de una crema ligera y aireada, y resérvala en una manga pastelera.

2. **El jarabe.** Lleva a ebullición los ingredientes y reserva.

Montaje de la tarta

1. Cubre la superficie de una bandeja (unos 20 x 20 cm) con papel sulfurizado. Dispón encima el aro de pastelería de 15 cm. Rodeando la pared interior del círculo coloca una tira ancha de papel sulfurizado de 60 x 8 cm (facilitará el desmoldado de la tarta). Cubre completamente el fondo con los bizcochos (la parte dorada, en contacto con el papel de la bandeja) y píncélalos con el jarabe frío.

2. Es el momento de hacer una pared rodeando el interior del aro. Corta una de las puntas de los bizcochos (la que irá abajo), para embellecerlo cuando se coloquen, y humedece cada uno con jarabe. Coloca los bizcochos, uno al lado del otro y bien apretados, hasta rodear completamente el aro-molde (la parte dorada de los bizcochos debe quedar en contacto con la pared del aro).

3. Rellena el círculo tapizado de bizcochos con la crema bávara y reserva la tarta en la nevera unas 2 o 3 horas, para que cuaje el relleno.

4. Tan solo falta repartir por encima los frutos rojos (opcional: añade unas hojitas de menta y unos pétalos de flor). La tarta está lista para retirar el círculo y los papeles protectores, y presentar en la mesa.

▸ *Puedes cambiar la fruta fresca por confitada, o añadir cacao a la crema inglesa y así crear una nueva tarta a tu gusto.*

Masa *sucrée*

Para hornear 500 g de masa
→ 250 g de harina de trigo, pasada por el cedazo
→ 30 g de almendra en polvo
→ 90 g de azúcar
→ una pizca de sal
→ la pulpa de ½ vaina de vainilla
→ 150 g de mantequilla de vaca, en dados y muy fría de la nevera
→ ½ huevo, frío de la nevera
Dispón del horno caliente a 180 °C

Icono de la pastelería francesa, se elabora y es famosa en todo el mundo. Sirve para preparar galletas, o la base y paredes de una tarta, o una textura arenosa dulce.

Elaboración

La masa. Mezcla la harina, la almendra en polvo, la sal y el azúcar. Añade la pulpa de vainilla y la mantequilla, y amasa sobre una superficie de trabajo mezclando los ingredientes (el amasado debe ser rápido, para no calentar la mantequilla). Incorpora el huevo y continúa el amasado rápido para que quede homogéneo. Forma una bola, envuélvela con papel transparente y déjala reposar en la nevera 2 horas. La masa estará lista para elaborar galletas, base y paredes de una tarta, o crear una textura arenosa dulce. Esta masa cruda admite la congelación, para poder utilizarla cuando más te convenga.

Las galletas. Esparce azúcar moreno sobre la superficie de trabajo y estira la masa con un rodillo hasta obtener un grosor de ½ cm. Puedes crear las formas que desees con un cortapastas, y añadir una almendra o una avellana, o gránulos de chocolate. Junta las puntas sobrantes y vuelve a amasarlas para preparar más galletas. Píntalas con una yema de huevo mezclado con una cucharada de agua mineral, espolvoréalas con azúcar moreno y hornéalas en una bandeja con papel sulfurizado unos 20 minutos a **170 °C** con el horno precalentado. Deja que se enfríen y luego resérvalas en una caja hermética.

La base y las paredes de la tarta. Con un rodillo, estira la masa entre dos papeles de horno hasta que quede muy fina; retira los papeles y forra la base y las paredes del molde (no te preocupes si la masa se rompe, puedes ir parcheando los agujeros sin problemas). Pincha la masa con un tenedor y cúbrela con papel de horno; coloca encima pequeñas piezas que hagan de peso (piedrecitas o legumbres), para evitar que al cocerse se creen burbujas en la masa. Con el horno precalentado, introduce el molde con el papel y los pesos en la base y hornea a **180 °C** durante 10 minutos. Retira los pesos y el papel, y continúa el horneado 5 minutos más. La masa debe quedar bien cocida y dorada. Reserva dentro del molde para terminar la tarta.

La textura arenosa dulce. Sigue la receta de las galletas, estira la masa hasta obtener ½ cm de grosor y, en lugar de crear formas bonitas, hornea la masa en 3 o 4 piezas, con el mismo tiempo y temperatura que las galletas. Resérvalas cuando estén frías en una caja hermética. Puedes servirlas en trozos rústicos o picados, para acompañar una crema, un helado o una macedonia.

Masa *choux*

Para unos 50 choux

PARA UNOS 50 *CHOUX* DE UNOS 4 CM DE DIÁMETRO

- ½ l de agua mineral
- 300 g de mantequilla de vaca
- 400 g de harina de trigo, pasada por el cedazo
- una pizca de sal
- 9 huevos

Dispón del horno caliente a 220 °C

▸ *Con la masa en la manga, puedes optar por crear piezas pequeñas o grandes, o elaborar dos coronas y rellenarlas, como un roscón. Puedes rellenar los* choux *con crema pastelera (p. 277), nata montada muy firme con una pizca de azúcar o nata montada mezclada con un poco de chocolate fundido y azúcar. También puedes rellenar los* choux *con cremas saladas; por ejemplo, de queso o setas, o tartar de carne, pescado o marisco.*

Icono de la pastelería internacional. La masa *choux* nació probablemente en Italia con otra denominación, pero cuando llegó a la corte de Francia en el siglo XVI cosechó un gran éxito y, con el paso del tiempo, tomó el nombre actual. Se trata de una masa delicada y ligera, que puedes rellenar tanto con productos dulces como salados.

ELABORACIÓN

1. En un cazo, lleva a ebullición el agua, la mantequilla con una pizca de sal, y aparta del fuego.

2. Introduce la harina en un robot de cocina con el accesorio amasador, y vierte encima la mezcla de agua y mantequilla hirviendo, para escaldar la harina. Pon en marcha el robot a velocidad media, y deja que trabaje hasta conseguir una masa muy lisa, espesa y reluciente.

3. Añade ahora, uno a uno, los huevos sin dejar de amasar. Es importante no introducir el siguiente huevo hasta observar que la masa haya absorbido completamente el anterior. Finalmente, la masa quedará brillante, homogénea y ligada. Introdúcela en la manga pastelera con una boquilla lisa o estrellada, para elaborar los *choux* lisos o rayados.

4. Sobre una bandeja de pastelería cubierta con un tapete de silicona, ve disponiendo pequeñas porciones de masa. Durante el horneado doblarán su volumen, por lo que debes dejar una separación entre ellas y tener en cuenta que, si quieres unos *choux* de 4 cm de diámetro, deberás usar una manga con la boquilla de 1 cm. Para conseguir una bonita forma final, no olvides dejar un extremo del *choux* con la punta hacia arriba.

5. Con el horno precalentado a **220 °C**, introduce la bandeja y deja que las piezas se cuezan durante 10 minutos, hasta que estén esponjosas y doradas. Deja que se enfríen. Ya están listas para rellenarlas a tu gusto.

Gofres-*waffles*

Para 12 raciones

- 200 g de harina de trigo de media fuerza, pasada por el cedazo
- 3 g de levadura de panadería, en polvo
- 6 g de azúcar blanco
- 2 g de sal
- 1 g de de bicarbonato sódico, pasado por el cedazo
- 310 ml de leche de vaca
- 60 g de mantequilla de vaca, fundida
- 1 huevo, ligeramente batido

Icono de la pastelería belga, de origen antiguo, que se han popularizado en todo el mundo. Es necesario disponer de un aparato especial para elaborarlos. Son dos planchas que suman calor y atrapan la masa, para convertirse en el apreciado resultado: una especie de galleta semiblanda con huecos, dulce y golosa, que invita a ponerle encima nata, chocolate o confituras.

Elaboración

1. Mezcla bien la harina, la levadura, el azúcar, la sal y el bicarbonato.
2. Calienta la leche hasta **50 °C** y añádela a la mezcla anterior.
3. Incorpora la mantequilla fundida y el huevo, y trabaja la masa con un batidor manual de varillas hasta conseguir que esté lisa y homogénea. Introduce la masa en un bol y deja que repose en la nevera durante 1 hora. Observarás que en la superficie aparecen unas pequeñas burbujas, a causa de la acción de la levadura y el bicarbonato.

La cocción

1. Calienta el aparato para gofres y prepara al lado un poco de mantequilla para ir pintando-engrasando la plancha a medida que los vas haciendo.
2. Con la masa reposada y bien mezclada, rellena con un par de cucharadas el molde-aparato caliente y engrasado. Ciérralo para aplicar el calor de la cocción hasta que los gofres-*waffles* estén dorados, sellados por fuera y un poco esponjosos por dentro.
3. Elabora gofres hasta agotar la masa, y disfrútalos calientes, recién hechos.

▸ *Sírvelos en la mesa acompañados por pequeños boles de nata, chocolate a la taza, confitura o crema, para combinarlos con diferentes sabores.*

Tarta Saint Honoré

Para 8 raciones
→ un molde de 25 cm de diámetro
PARA EL HOJALDRE
→ un trozo de masa de 25 x 25 cm (si te apetece prepararla, receta en p. 334)
PARA LA MASA *CHOUX*
→ para las paredes de la tarta y los petit-choux (p. 330)
PARA LA CREMA CHIBOUST
→ ½ receta de crema pastelera (p. 277) (sustituye la piel de limón por ½ vaina de vainilla)
→ 1 receta de merengue italiano (p. 325)
PARA EL CARAMELO
200 g de azúcar blanco
200 ml de agua mineral
5 ml de zumo de limón
Dispón del horno caliente a 220 °C

Icono de la pastelería francesa. Existe discrepancia respecto a su origen. Unos creen que se dedicó a Sant Honorato, patrón de los pasteleros. Otros piensan que el nombre se debe al pastelero Chiboust, propietario de un establecimiento en la rue Saint Honoré. En cualquier caso, se trata de una tarta de extrema elegancia, en la que intervienen diversas técnicas de pastelería: el hojaldre, la masa *choux*, la crema pastelera, el merengue italiano y el caramelo.

ELABORACIÓN

La masa *choux* y el hojaldre

1. Estira la masa de hojaldre en la mesa de trabajo y córtala en un disco de 25 cm de diámetro. Pínchala con un tenedor y disponla en una bandeja, cubierta con papel de horno.

2. Con la masa *choux* elaborada y dentro de la manga pastelera, aplica un cordón alrededor del disco de la masa de hojaldre. Aplica también un pequeño punto de masa *choux* en el centro del disco, y entre este punto y el cordón alrededor del disco, aplica un segundo cordón entre ambos.

3. Con el resto de la masa *choux* que ha quedado en la manga, elabora pequeños *choux*, de unos 2 cm de diámetro, sobre una bandeja forrada con papel de horno (procura dejar una distancia entre ellos de unos 2 cm, ya que crecerán durante el horneado y, si se tocasen, perderían su belleza). Con esta masa sobrante podrás elaborar unos 20 *petit-choux*.

4. Con el horno precalentado a **220 °C**, introduce la bandeja con la base de la tarta y los cordones de *choux* y hornea durante 15 minutos.

5. A la misma temperatura, hornea a continuación la bandeja con los *petit-choux* durante 10 minutos.

La crema Chiboust

1. Debes disponer de ½ receta de crema pastelera fría. Recuerda que debes sustituir la piel de limón por ½ vaina de vainilla.

2. Ten preparada la receta de merengue italiano, ya frío.

3. Con mucha delicadeza, une-mezcla la crema con el merengue mediante movimientos envolventes para que el resultado sea esponjoso. La crema Chiboust ya está lista.

4. Introduce un tercio de la crema Chiboust en una manga pastelera con una boquilla de punta fina, para poder rellenar los *petit-choux*, y los dos tercios restantes en otra manga pastelera con la boquilla llamada «Saint Honoré», para poder aplicar con la máxima belleza la crema a la tarta.

El relleno de los *petit-choux*. Cuando estén fríos, rellena los *petit-choux* con la crema Chiboust y resérvalos para aplicarles el caramelo por encima.

El caramelo (y el caramelizado de los *petit-choux*)

1. Introduce en un cazo todos los ingredientes y cuece hasta conseguir un bonito color oscuro y rojizo.

2. Con el cazo fuera del fuego, y con cuidado, moja la parte superior de los *petit-choux* rellenos. Déjalos reposar por la parte empapada de caramelo sobre el papel de horno, para conseguir una superficie de caramelo plana y cristalina.

FINALIZACIÓN Y PRESENTACIÓN

1. En la base de hojaldre ya horneada y fría, aplica la crema Chiboust con buen gusto formando tiras con rosetones desde el centro. El cordón de *choux* del medio y el punto central te ayudarán a disponer la crema con belleza.

2. Alrededor de la tarta y sobre el cordón exterior de masa *choux*, coloca los *petit-choux* en contacto para pegarlos a la tarta por la parte del relleno con la crema Chiboust y con la parte del caramelo plano por encima.

Hojaldre

Para una masa de 25 x 25 cm

- **300 g de harina de trigo de media fuerza**
- **300 g de harina de de trigo fuerza**
- **15 g de sal**
- **15 g de mantequilla (para el punto 1)**
- **400 ml de agua mineral**
- **8 gotas de vinagre**
- **500 g de mantequilla, de textura firme, pero no dura y refrigerada** (en un bloque de 18 x 18 cm) (para el punto 2)

Icono de la pastelería de todo el mundo. Probablemente de origen muy antiguo —griego o romano—, se expandió por Europa a través de la cultura árabe. Es una masa muy apreciada por la delicadeza de sus hojas finas y crujientes. El reto de un buen hojaldre es lograr un horneado impecable y unas hojas delgadas, quebradizas y nada grasientas. Se debe evitar la humedad para no perder la textura hojaldrada y sonora al morder. El hojaldre hace muy buena pareja con productos tanto dulces como salados.

Elaboración

1. Amasa la harina con la sal, los 15 g de mantequilla, el agua y las gotas de vinagre. Trabaja bien la masa en el robot de cocina con el accesorio amasador a velocidad baja y durante 25 minutos. Forma una bola y resérvala en la nevera 25 minutos, protegida con un paño de cocina.

2. Estira la masa reposada formando un cuadrado de 35 x 35 cm de diámetro y coloca el bloque de mantequilla de 500 g en el centro con los extremos hacia dos puntas del hojaldre, de tal modo que puedas atrapar-cerrar bien la mantequilla con las puntas de la masa de hojaldre. Con la mantequilla envuelta en la masa, estira el conjunto sobre una superficie de trabajo ligeramente enharinada. Debes conseguir un rectángulo de 25 x 35 cm aprox. Dobla sobre sí mismo y por la parte más alargada, como un tríptico, el rectángulo obtenido, que quedará de unos 25 x 12 cm. Reserva la masa en la nevera durante 25 minutos sobre una bandeja protegida por un paño de cocina.

3. Transcurrido el reposo, estira la masa en la misma superficie enharinada hasta lograr un rectángulo aproximado de 35 x 25 cm. De nuevo, dóblalo en tres pliegues, como un tríptico, y reserva.

4. Debes realizar la técnica de estirar y doblar 5 veces, y entonces la masa estará lista para cortarla del tamaño que te apetezca (puedes optar por piezas pequeñas o elaborar la base de una coca dulce o salada).

EL HORNEADO

La masa sin carga encima. No pinches la masa, o pínchala solo levemente. De manera opcional, pinta la superficie con una yema de huevo mezclada con unas gotas de agua. La masa sola debe cocerse a **210 °C** unos 14 minutos.

La masa con carga encima. Con, por ejemplo, una crema pastelera, o láminas de manzana, o queso y rodajas de tomate, también debes pinchar la masa ligeramente con un tenedor. No es necesario que la pintes con huevo. Tienes que hornearla a **190 °C** unos 14-15 minutos.

▸ *Descubrirás que puedes combinar el elegante hojaldre con un montón de ingredientes. Es habitual comprar la masa de hojaldre elaborada, congelada y a punto para hornear. En los supermercados suelen tener varias marcas y calidades. También puedes congelar el hojaldre elaborado en casa.*

Polvorones de limón

Para unos 40 polvorones

- 100 g de grasa de cerdo de muy buena calidad, a temperatura ambiente
- 100 g de azúcar glas, pasada por el cedazo
- 125 g de almendra en polvo
- 250 g de harina de media fuerza, pasada por el cedazo
- la ralladura de un limón
- 0,1 g de canela en polvo
- 0,1 g de pimienta blanca
- 0,1 de nuez moscada
- 0,1 g de sal

Dispón del horno caliente a 220 °C

Icono de la cultura de los dulces españoles de Navidad. Son pequeñas piezas dulces y perfumadas que se desmenuzan al tacto, elaboradas principalmente con harina, grasa de cerdo, azúcar, especias y almendra.

Elaboración

1. Con el horno precalentado a **190 °C**, tuesta la harina, bien extendida en una bandeja, durante 15 minutos (remuévela cada 5 minutos para repartir la acción del horno). Una vez tostada, deja que se enfríe.

2. Tuesta también a **190 °C** la almendra en polvo, extendida en otra bandeja, solo durante 5 minutos. Una vez tostada, deja que se enfríe.

3. Trabaja la harina y la almendra ya frías junto con la grasa de cerdo y el resto de ingredientes, hasta conseguir una masa homogénea. Forma una bola plana, envuélvela con papel de plástico transparente de cocina y deja que repose en un lugar fresco durante 1 hora.

4. Estira la masa para convertirla en una lámina plana de 2 cm de grosor. Corta la masa en piezas cuadradas de 2 x 2 cm o redondas, con un cortapastas de 3 cm de diámetro, como prefieras. Si optas por piezas redondas, puedes volver a amasar los recortes sobrantes, estirar y cortar de nuevo.

5. Dispón las piezas cortadas en una bandeja de horno con papel sulfurizado en el fondo. Con el horno precalentado a **200 °C**, solo tendrás que hornear durante 3 minutos para sellar y dorar el exterior de los polvorones. Deja que se enfríen. Ya están listos para presentar y degustar.

▸ *Puedes variar el perfume de los polvorones, desde ralladura de naranja a polvo de café, cacao o jengibre.*
▸ *Tradicionalmente, los polvorones se presentan envueltos de uno en uno en papel de seda, con flecos en los extremos.*

Muffins de frambuesas y nueces

***Para unos 15* muffins**

- **15 cápsulas-moldes especiales para hornear los *muffins***
- **340 ml de nata líquida caliente a 30 °C** (35 % MG)
- **150 g de mantequilla de vaca, a temperatura ambiente**
- **275 g de azúcar glas, pasado por el cedazo**
- **200 g de huevos, a temperatura ambiente**
- **340 g de harina de trigo floja, pasada por el cedazo**
- **38 g de Maizena, pasada por el cedazo**
- **13 g de levadura química tipo Royal** (o impulsor de pastelería pasado por el cedazo)
- **3 g de bicarbonato sódico, pasado por el cedazo**
- **90 g de nueces, picadas** (en 0,5 cm)
- **45 g de frambuesas liofilizadas**

Dispón del horno caliente a 170 °C

Icono de la pastelería de Estados Unidos, desde donde se han extendido con éxito por todo el mundo, aunque es probable que sea originarios de la cultura inglesa. Los *muffins* están emparentados con las populares magdalenas. La diferencia reside en el tamaño, en el sombrero en forma de seta, en la cantidad de mantequilla de la elaboración y en la carga de otros ingredientes, como la fruta confitada o liofilizada, los frutos secos o el chocolate.

Elaboración

1. En un robot de pastelería con el accesorio amasador, trabaja la mantequilla con el azúcar hasta conseguir una masa muy suave y blanquecina.

2. Continúa batiendo y ve incorporando los huevos de uno en uno (si observas que la masa se corta, aporta calor al exterior del recipiente con un secador de pelo o una toalla caliente, y, sin dejar de batir, recuperarás la textura montada).

3. Añade a la masa la harina, la Maizena, la levadura y el bicarbonato, y continúa trabajando a velocidad lenta hasta unirlo todo.

4. Incorpora a la masa la nata caliente.

5. Con delicadeza, agrega a la masa las nueces y las frambuesas liofilizadas.

6. Rellena con 100 g de masa cada una de las cápsulas especiales para *muffins*.

7. Con el horno precalentado a **170 °C**, hornea los *muffins* durante 30 minutos. Deja que se enfríen. Ya los puedes presentar.

Dorayaki

Para 25 dorayakis

- 16 huevos a temperatura ambiente
- 1 kg de azúcar
- 250 g de miel
- 1,250 kg de harina de trigo de media fuerza, pasada por el cedazo
- 13 g de bicarbonato de sodio, pasado por el cedazo
- 350 ml de agua mineral, caliente (a 20 °C)
- 100 ml de sake
- un poco de mantequilla de vaca

Icono de la pastelería japonesa, es famoso internacionalmente gracias al personaje televisivo de dibujos animados japonés Doraemon, gran consumidor de *dorayakis*, unos bizcochos redondos y esponjosos, unidos por un relleno cremoso de *anko*, una masa dulce que se elabora con *azuki*, una judía roja. Es muy común que los *dorayakis* estén rellenos de puré dulce de castañas, mermeladas, frutas picadas y confitadas o crema de chocolate.

Elaboración

1. En un robot eléctrico con el accesorio de varillas, monta-bate los huevos con el azúcar y la miel, hasta que la textura quede montada y firme.

2. Mezcla el bicarbonato con el sake e incorpóralo a la masa.

3. Con delicadeza, agrega la harina y, finalmente, el agua caliente.

4. Deja reposar la masa 30 minutos.

La cocción

Calienta en el fuego una sartén antiadherente de unos 20 cm de diámetro. Úntala con un poquito de mantequilla y, cuando esté caliente, puedes elaborar 3 *dorayakis* a la vez, si distribuyes dentro de la sartén tres puntos iguales para conseguir circunferencias de unos 8-9 cm de diámetro. Cuando en la superficie cuajada aparezcan burbujas, dales la vuelta. Reserva los bizcochos para unirlos con el relleno que prefieras.

Ganache

- 275 g de cobertura de chocolate con el 70 % de cacao
- 70 ml de nata de 35% MG
- 186 g de huevo pasteurizado, a temperatura ambiente (o 3 huevos frescos)
- 50 g de mantequilla en textura pomada

Para rellenar los *dorayakis* u hornear como un pastelillo caliente y fundente.

Elaboración

La técnica es sencilla, pero es necesario seguir el orden de la mezcla de ingredientes.

1. En el microondas y a baja potencia, funde el chocolate en trozos pequeños dentro de un bol.

2. Calienta la nata a **20 °C** y añádela al bol del chocolate fundido. Mezcla muy bien.

3. Incorpora los huevos a la mezcla, batidos ligeramente.

4. Finalmente, agrega la mantequilla y mezcla perfectamente para conseguir una textura fina y brillante.

Para rellenar los *dorayakis*

Reserva la mezcla en un recipiente en la nevera, para disponer de una crema espesa para rellenarlos.

Los pastelillos fundentes

Rellena con la *ganache* pequeños moldes redondos de silicona, de un tamaño aproximado de 3 cm de diámetro (o moldes-aro forrados con papel sulfurizado), hasta una altura de 3 cm, y resérvalos en la nevera. Hornéalos a **190 °C** solo 3-4 minutos para disfrutar de un pastelillo cremoso, caliente y fundente.

Bizcocho (*pa de pessic*)

Para 4 raciones

- 125 g de azúcar
- 4 huevos
- 125 g de harina de trigo de media fuerza, pasada por el cedazo
- la piel de ½ limón, rallada muy fina en el Microplane
- 5 g de levadura química tipo Royal, pasada por el cedazo
- 20 g de mantequilla de vaca
- una pizca de azúcar glas

Dispón del horno caliente a 180 °C

Icono de la cultura pastelera catalana, tradicionalmente se elabora en las pastelerías de toda Cataluña. En la ciudad de Vic son emblemáticos los de tamaño individual, pero hay otras muchas variantes en formato más grande.

Elaboración

1. Monta con el batidor eléctrico de varillas los huevos con el azúcar y la ralladura de limón. ¡Debe quedar muy firme!

2. Con cuidado y una espátula de pastelería, incorpora la harina y la levadura, pasadas por el cedazo.

3. Con mucha delicadeza, agrega la mantequilla deshecha.

4. Vuelca la masa en un molde untado con mantequilla y enharinado de 20 cm de diámetro, o cuadrado de 20 x 20 cm. Cuece en el horno precalentado a **180 °C** durante 30 minutos.

5. Al sacar el bizcocho del horno, desmolda al revés, para que luzca una superficie muy lisa. Disponlo sobre una rejilla para que se enfríe más fácilmente. Sírvelo frío, ligeramente espolvoreado con azúcar glas.

▸ *Puedes hornear la masa de manera individual, para lo que deberás adaptar el tiempo de horneado a piezas pequeñas.*
▸ *El bizcocho es una base perfecta para preparar tartas en casa, abriéndolo, rellenándolo y napando al gusto: nata, crema,* ganache *de chocolate o de mermelada.*

Galletas de almendras

Para unas 50 galletas

- 200 g de almendras laminadas
- 180 g de azúcar
- 30 g de harina de trigo, pasada por el cedazo
- 3 claras de huevo, a temperatura ambiente
- 40 g de mantequilla de vaca, en textura pomada

Dispón del horno caliente a 190 °C

▸ ***Una teja gigante.*** *Sigue la misma receta, pero en vez de elaborar galletas pequeñas, extiende la masa, también muy fina, formando un óvalo grande, de un tamaño aproximado de 30 x 18 cm. Cuécela en el horno 2 minutos más que las pequeñas. Retírala del horno y, aún caliente, ponla sobre el cuerpo de una botella tumbada. Al enfriarse, la galleta tomará esa forma y parecerá una teja gigante. Resérvala también en una caja hermética, y preséntala en la mesa para acompañar el café o el té.*

Elaboración

1. Mezcla todos los ingredientes. Debe quedar una masa bien trabajada y homogénea.

2. Sobre unos tapetes de silicona, dispón pequeñas porciones de 8 g de la masa, extendiéndolas para que queden muy finas y con una forma redonda, ovalada o alargada (un diámetro aproximado de 7 cm).

3. Dispón los tapetes de silicona sobre bandejas de horno y cuece las galletas, con el horno precalentado, a **190 °C** durante 7-9 minutos (los bordes deben quedar más dorados que el centro).

4. Rápidamente, en cuanto salgan del horno, retira las galletas con una espátula o rasqueta fina, y deja que se enfríen.

5. Una vez frías, resérvalas en una caja hermética, para poder disfrutarlas crujientes.

▸ *Recién salidas del horno, puedes dar a las galletas formas diferentes. Puedes enrollarlas sobre sí mismas, creando una especie de barquillo, darles forma de teja, poniéndolas en contacto rápidamente con una superficie redonda (por ejemplo, una botella tumbada).*

Tarta Sarah Bernhardt

Para un molde de 20 cm

Para el bizcocho

- 4 huevos
- 88 g de azúcar
- 22 ml de leche de vaca
- 22 g de mantequilla de vaca, fundida
- 80 g de harina de trigo, pasada por el cedazo
- 30 g de Maizena (almidón de maíz), pasada por el cedazo
- la ralladura muy fina de ½ limón
- una pizca de mantequilla y harina para el molde

Para la crema de mantequilla

- 330 g de mantequilla, en dados
- 80 ml de leche de vaca
- 3 yemas de huevo
- 80 g de azúcar

Para el jarabe para el bizcocho

- 80 ml de agua mineral
- 8 g de azúcar
- la pulpa de ¼ de vaina de vainilla

Para el exterior de la tarta

- 150 g de almendra laminada, tostada en el horno a 150 °C durante 12 minutos
- 20 g de azúcar glas

Dispón del horno caliente a 160 °C

En el siglo XIX, la actriz francesa Sarah Bernhardt disfrutaba de fama internacional, y esta popular tarta fue una creación de los pasteleros barceloneses de la época, inspirados por la famosa actriz y como homenaje a su figura. La tarta sigue hoy siendo un éxito en las pastelerías catalanas.

Elaboración

El bizcocho

1. Monta los huevos en un bol con el batidor eléctrico de varillas a velocidad media. A medio montar, ve añadiendo el azúcar poco a poco, hasta conseguir un montado esponjoso y firme.

2. Con delicadeza y con una lengua de pastelería, ve incorporando la harina y la Maizena, pasadas por el cedazo, con movimientos envolventes.

3. Finalmente, también con mucha delicadeza y poco a poco, incorpora a la masa la mantequilla fundida, mezclada con la leche y la ralladura de limón.

4. Unta con un poco de mantequilla el interior del molde, espolvoréalo con harina y vierte en él la masa. Con el horno precalentado, hornea a **160 °C** unos 25 minutos. Desmóldalo sobre una rejilla para que se enfríe rápidamente.

El jarabe para el bizcocho

Introduce los ingredientes en un cazo, lleva a ebullición y reserva en la nevera.

La crema de mantequilla

1. Con el batidor eléctrico de varillas, trabaja en un bol las yemas y el azúcar, hasta que la mezcla se blanquee. Incorpora la leche caliente a **50 °C**. En un cazo y a temperatura media, calienta esta crema sin dejar de remover, hasta llegar a los **84 °C**. Viértela en un bol grande y espera a que esté tibia (hasta los **35 °C**).

2. Monta los dados de mantequilla (a temperatura ambiente, casi pomada) con el batidor eléctrico de varillas, hasta conseguir una textura esponjosa. Poco a poco (en tres tandas), ve incorporando a la mantequilla la crema anterior a **35 °C**, y continúa montando hasta lograr una crema lisa y homogénea.

FINALIZACIÓN

1. Divide la crema de mantequilla en tres partes.

2. Haz dos cortes al bizcocho horizontalmente (dispondrás de 3 discos de bizcocho).

3. Con un pincel de pastelería, reparte el jarabe por encima de los discos de bizcocho (por la parte de la miga). Reserva aparte el bizcocho superior, el que actuará de tapa.

4. Sobre los otros dos discos de bizcocho, extiende por encima una de las partes de crema de mantequilla. Dispón uno encima de otro, y tapa con el disco de bizcocho reservado, el de la tapa.

5. Finaliza la tarta repartiendo la tercera parte de crema de mantequilla por la superficie y los laterales de la tarta. Esparce por encima y los laterales la almendra laminada y tostada, y por encima espolvorea el azúcar glas. ¡La tarta está lista!

Epílogo

Vivimos en un mundo moderno, dirigido por la estrategia económica y por una publicidad que inspira nuevas elaboraciones que llevan a la sociedad hacia una nueva manera de entender la alimentación. Podremos programar electrodomésticos que gestionarán la compra en los hogares, aconsejarán qué conviene cocinar y harán el cálculo de los valores nutricionales necesarios para combatir enfermedades, alergias o intolerancias alimentarias.

Este recetario quiere hacerte amar la naturaleza de los productos bien cultivados y las culturas culinarias del mundo, tanto por el valor del motor económico que significa para el entorno como por la calidad de nuestra alimentación.

¡Incluye la cocina en la lista de las cosas interesantes de tu vida!

Carme Ruscalleda, 2017

Agradecimientos

He disfrutado mucho trabajando en este recetario. También he sufrido, porque lo he escrito en un momento de actividad profesional muy intensa, difícil de compaginar con la calma que la escritura requiere. Me ha empujado la voluntad de defender un patrimonio culinario de todos, de expresar mi pensamiento y la filosofía que me guían en la cocina, y porque siempre he creído que la mejor huella que puede dejar un cocinero del plato preparado es una receta escrita.

Pero no habría logrado terminar este libro sin la paciencia de mi marido, Toni Balam (y les aseguro que es un hombre de poca paciencia), la generosidad de Anna Alberni y Teresa Gil, y la colaboración de la orquesta humana que me acompaña en las cocinas de Sant Pol, de Tokio y de Barcelona. He aquí la lista de las personas que me han ofrecido consejo, ayuda, catas, control y correcciones, y que me es grato mencionar al poner punto final a este libro, en agradecimiento a su trabajo y esfuerzo:

Jérôme Quilbeuf
Sue Chávez
Yosuke Okazaki
Anna Ryazanskaya
Francesc Danés
Valentina Lorieto
Alberto Castiñeiras
Mireia Bosch
Joan Lluis Gómez
Albert Rovira
Raül y Mercè Balam

Índice alfabético de platos y terminología culinaria

Índice

Este libro
fue cocinado durante el mes de octubre de 2017, aunque la preparación comenzó mucho antes. Una vez mezclados los ingredientes, y siguiendo paso a paso las instrucciones, salió del horno y fue servido en las mesas de las librerías el mes de noviembre del mismo año. Se presenta en dos tintas, negra y Pantone 1807 U, sobre papel ófset de 125 gramos.

TABASCO
SEC
BLAN
CAVA